Herderbücherei

Band 998

Über das Buch

Susanne Leonhard schloß sich schon als Studentin der Spartakistischen Jugend an und schrieb für linksstehende Zeitschriften. Später war sie in Berlin publizistisch tätig, wobei ihr besonderes Bemühen der Organisierung eines geistigen Widerstandes gegen den aufkommenden Nationalsozialismus galt. Sie zählte zum Kreis bekannter Linksintellektueller der Weimarer Republik. Während eines Besuches in Schweden im März 1935 erfuhr sie, daß ein Haftbefehl gegen sie vorlag. Daraufhin konnte sie nicht mehr nach Deutschland zurück. Sie nahm im Sommer 1935 Zuflucht in der Sowjetunion, wo sie 16 Monate später verhaftet wurde. Bald nach ihrer Rückkehr schrieb sie ihre Erinnerungen nieder. Ein aufsehenerregender Bericht über die Unmenschlichkeit eines 12jährigen Zwangsaufenthaltes in sowjetischen Arbeitslagern. Dieser Bericht gilt, wie „Die Zeit" kurz nach Erscheinen der Erstausgabe schrieb: „... in allen Teilen als ein Lehrbuch für die zum Denken bereiten Menschen in Ost und West." Erschütternde Begegnungen mit Emigranten und Russen, die Erfahrung des stalinistischen Terrors und die Schilderung des namenlosen Leidens der Verfolgten stehen im Vordergrund dieser von Elke Leonhard besorgten Taschenbuchauswahl.

Über die Autorin

Susanne Leonhard, geboren am 14. Juni 1895, studierte in Göttingen Mathematik und Physik. Sie war in erster Ehe mit dem Dramatiker Rudolf Leonhard und in zweiter Ehe mit Mieczyslaw Bronski, einem engen Vertrauten Lenins, Sowjetbotschafter in Wien und später stellvertretender Minister für Handel und Wirtschaft, verheiratet.

Susanne Leonhard

Fahrt ins Verhängnis

Als Sozialistin in Stalins Gulag

Herderbücherei

Gekürzte und überarbeitete Fassung des in der
Nicolaischen Verlagsbuchhandlung, Herford,
unter dem Titel
Gestohlenes Leben
erschienenen Werkes

Alle Rechte vorbehalten – Printed in Germany
© Verlag Herder Freiburg im Breisgau 1983
Herder Freiburg · Basel · Wien
Herstellung: Freiburger Graphische Betriebe 1983
ISBN 3-451-07998-4

Inhalt

Vorwort 7

Eine Art Vita von Susanne Leonhard 9

Keinesfalls zurückfahren – Brief unterwegs 17

16 Monate in Moskau 27

Verhaftung 43

Gefängnis 48

Als Lagerhäftling in der Arktis 102

Zwei Jahre im Invalidenlager Adak 117

Als Verbannte in Sibirien 242

Vorwort

Als mir meine Schwiegermutter ihren Nachlaß anvertraute, war mir noch nicht voll bewußt, welches Erbe ich damit antreten würde. Die Genauigkeit, ja Akribie ihres gesamten Wirkens stellte sich als größtes Hemmnis bei der Wiederveröffentlichung ihres im Jahre 1955 erschienenen Buches „Gestohlenes Leben" heraus. Für die Verleger kam eine Neuauflage des 634 Seiten umfassenden Buches nicht in Frage. Sie schlugen eine Kürzung vor. Doch wo kürzen, was von den sorgfältig zusammengetragenen Beobachtungen, moralkritischen Untersuchungen und ideologischen Analysen sollte dem Rotstift anheim fallen? Es war keine leichte Aufgabe. Erschwerend kam hinzu, daß der Verlauf der Krankheit meiner Schwiegermutter es ihr unmöglich machte, bei dieser Arbeit die Feder zu führen. Dennoch erhielt ich die Legitimation zu dieser Aufgabe nicht nur mehrfach durch ihr Einverständnis, sondern ich fand im Nachlaß Briefe, die die Reduzierung dokumentarisch legitimieren. Anstelle eines Vorwortes möchte ich Teile aus zwei Briefen abdrucken. Der Sozialpsychologe Erich Fromm schrieb am 12.12.1956:

„Liebe Frau Leonhard, ich habe gestern den ersten, berichtenden Teil Ihres Buches beendet. Es nahm mehr Zeit, als ich dachte, weil ich aufgeben mußte, es am Abend zu lesen, da ich dann gewöhnlich nicht einschlafen konnte. Ich möchte Ihnen sagen, welchen tiefen Eindruck das Buch auf mich gemacht hat. Nicht nur, weil es das erste Buch ist, das ein konkretes Bild gibt vom Leben in den Arbeitslagern, sondern auch und vielleicht vor allem, weil es menschlich einfach, ohne Haß und ohne Sentimentalität geschrieben ist ...

Ihr Buch (und die Haltung, die darin ausgedrückt ist), ist eine große Ausnahme, ein Lichtblick, der mir Freude und Mut gibt, und *ich bin Ihnen ganz persönlich dankbar für dieses Buch. (Gute Freunde von mir, alte russische Sozialisten, hatten dasselbe Erlebnis).*

Auch ist das Buch so ausgezeichnet geschrieben, daß alles lebendig wird: Personen, Situationen, Ideen.

Ich möchte gerne, daß das Buch (wenigstens die erste Hälfte) in den USA veröffentlicht würde. Soll ich versuchen, einen Verleger zu finden und könnten Sie mir einige Besprechungen schicken?"

Susanne Leonhard antwortete am 12.1.1957:

„... Wenn Sie wirklich gern dafür eintreten wollen – wie Sie schreiben – ‚daß das Buch (wenigstens die erste Hälfte) in den USA veröffentlicht' wird und Sie sich der Mühe dafür unterziehen wollen, dann schicke ich selbstverständlich gern ein Dutzend Besprechungen. Ich habe deren zwischen achtzig und hundert Stück (die letzte Zeit habe ich sie nicht mehr registrieren können) gesammelt, besitze die meisten davon jedoch nur in einem Exemplar. Immerhin werde ich unter den Duplikaten auch noch genügend viele geeignete finden. Auch ich glaube, daß sich in den USA nur die Veröffentlichung des deskriptiven Teiles meines Buches – der personal story – erreichen lassen wird. Damit muß ich mich wohl leider abfinden. Auch der schwedische Verlag Bonnier hat nicht das ganze Buch verlegt, leider.

Die Sache ist so: der erste Teil des Buches kann allein veröffentlicht werden, der zweite Teil aber nur zusammen mit dem ersten."

An diese Worte hielt ich mich, und ich glaube, daß diese Aussagen die starke Reduzierung des Textes als gerechtfertigt und im Sinne meiner Schwiegermutter erscheinen lassen.

Manderscheid, August 1982 *Elke Leonhard-Schmid*

Eine Art Vita
von Susanne Leonhard

Susanne Leonhard wurde am 14. Juni 1895 als Tochter des Juristen Eugen-Otto Köhler und der Oschatzer Bankierstochter Elsbeth Maria Köhler in Sachsen geboren. Ihr Vater starb, als sie noch ein Kind war. Da es bis zum Jahre 1911 in ihrer Heimatstadt Oschatz für Mädchen keine bessere Schulmöglichkeiten gab, besuchte sie die dortige achtklassige „Bürgerschule". Danach wurde sie zwei Jahre nach Leipzig in ein Pensionat geschickt: in das „von Steyber'sche Institut", ein Internat mit privater sogenannter Höherer Töchterschule. Anschließend bestand sie die Aufnahmeprüfung für die Obersekunda der „Städtischen Höheren Mädchen-Bildungsanstalt" in Chemnitz und machte im März 1915 dort ihr Abitur.

Während des Ersten Weltkrieges gehörte Susanne Leonhard mit zu den wenigen weiblichen Studenten in Deutschland; sie studierte in Göttingen Mathematik, Physik und Philosophie. Hier legte sie den Grundstein für ihre weitere publizistische Tätigkeit. Seit 1916 gehörte sie als überzeugte Kriegsgegnerin und Sozialistin zu den Anhängern des „Spartakusbundes". Sie verbreitete illegal die Schriften ihrer Freunde Karl Liebknecht und Rosa Luxemburg. Aber sie war keineswegs nur im engeren Sinne des Wortes politisch tätig, sondern schrieb in den letzten Jahren des Ersten Weltkrieges auch in Blättern der Jugendbewegung (insbesondere für eine von Max Hodann herausgegebenen Schriftenfolge) und in mehreren Zeitschriften.

Im Frühjahr 1918 heiratete Susanne den expressionistischen Lyriker und Dramatiker Rudolf Leonhard (1889–1953). Trotz einer lebenslangen Freundschaft lebten sie nie in einem gemeinsamen Haushalt. Die Ehe wurde bald geschieden. Sie setzte ihre publizistische Tätigkeit in Berlin fort, schrieb für verschiedene KP-Zeitungen in Berlin, Dresden und Leipzig und avancierte bald zur ständigen

Rudolf Leonhard

Mitarbeiterin der „Roten Fahne". Dort war sie zuständig für das Ressort Kultur und Außenpolitik. Gleichzeitig arbeitete sie als Redakteurin der illegalen „Kommunistischen Rätekorrespondenz", deren politischer spiritus rector ihr späterer Mann M. Bronski war. Die Zeitschrift existierte von Juni 1919 bis August 1920. Außerdem übersetzte sie für die „Kommunistische Internationale" (Westeuropäisches Komitee der Kommunistischen Internationale).

Trotz dieser vielfältigen publizistischen Tätigkeit fand sie noch Zeit, sich ihren bibliophilen Interessen zu widmen. Während des Krieges verschickte sie nicht nur „Spartakus-Flugblätter" an die Front (weshalb ihr der Hochverratsprozeß gemacht wurde), sondern rettete diese Flugschriften für die Nachwelt. Je ein Exemplar sandte sie an die Preußische Staatsbibliothek, an das Grünbergsche Archiv und an eine geheime Stelle für sich selbst. Sie sichtete und ordnete das Material. Die KPD, der sie das daraus entstandene Manuskript vorlegte, schien zwar interessiert, jedoch wurde ihr bald klar, daß das Buch dann ein anderes Gesicht bekommen werde. Susanne Leonhard zog das Manuskript zurück. In dieser Zeit machte sie im Archiv des „Vorwärts", wo sie Material suchte, die Bekanntschaft des Vorwärts-Archivars Ernst Drahn. Als sie ihm von ihrem Buch-Projekt berichtete, zeigte er sich stark beeindruckt von ihrer Materialsammlung, die auch ihm zum größten Teil unbekannt war. Drahn schlug ihr einige Tage später vor, dem Werk einen zweiten Teil – mit Propaganda-Material des Auslandes – anzugliedern. Dieses Material hatte er selbst im Archiv. So erschien das Buch im Januar 1920 im Verlag „Gesellschaft und Erziehung" (Berlin-Fichtenau) unter dem Titel „Unterirdische Literatur im revolutionären Deutschland während des Weltkrieges". Den verbindenden Text und eine historisch-politische Einleitung hatte sie bereits im Herbst 1919 geschrieben. Die „Unterirdische Literatur" gilt noch heute als die wichtigste Quelle der revolutionären Publizistik während des Ersten Weltkrieges 1914–18 und wird überall als authentisch zitiert, so z. B. in Feltrinellis Dokumentarwerk über die Kommunistische Partei als „die berühmte Sammlung ...".

In den Jahren 1919 und 1920 überarbeitete Susanne Leonhard mehrere Broschüren Karl Radeks und schrieb auch selbst zwei Broschüren über den Kapp-Putsch und die Entwicklung der ersten Jahre nach der, wie sie es nannte, „sogenannten Revolution".

Susanne Leonhard und Botschafter Bronski in Wien

Im September 1920 ging sie nach Wien, wo sie die Leitung der Presseabteilung der sowjetischen Botschaft übernahm (damals als „Polpred", d. h. Bevollmächtigte Vertretung Sowjetrußlands bezeichnet), eine Stellung, die es ihr ermöglichte, engen Kontakt mit bekannten europäischen Publizisten zu pflegen.

In Wien heiratete Susanne Leonhard 1921 den sowjetischen Botschafter M. Bronski. Sie wirkte ein Jahr als Frau des Botschafters, eine Aufgabe, die ihr durch Herkunft, Erziehung und Bildung leichtfiel. Als Bronski im Jahre 1922 nach Moskau abberufen wurde, folgte sie ihm nicht. Sie kehrte mit ihrem 1921 geborenen Sohn nach Deutschland zurück und arbeitete in Berlin vorübergehend für das sowjetische Volkskommissariat für Bildung. Anschließend wurde sie Leiterin des Zeitungsarchivs der sowjetrussischen Handelsvertretung.

Im Sommer 1924 nahm Susanne Leonhard als Journalistin am V. Weltkongreß der Kommunistischen Internationale in Moskau teil, wo sie häufig mit Karl Radek zusammentraf. Auch in dieser Zeit arbeitete sie freiberuflich für verschiedene KP-Zeitungen und die von Eugen Varga herausgegebenen „Jahrbücher".

Gegenüber der Entwicklung der Sowjetunion und auch der Kommunistischen Partei Deutschlands wurde sie zunehmend kritisch. Sie erkannte schon sehr früh den Widerspruch zwischen weltrevolutionärer Zielsetzung und sowjetischen außenpolitischen Staatsinteressen. Im November 1925 trat sie aus der KPD aus.

In dieser Zeit wurde es sehr schwer, auch nur eine einzige Zeile in der KP-Presse zu veröffentlichen. Sie gestand jedoch: „So katastro-

Susanne Leonhard mit ihrem kleinen Sohn Wolfgang
1922 in Wien

phal war das garnicht, obwohl ich natürlich auch meine Arbeit in der Handelsvertretung verloren hatte. Dem offiziellen Parteiorgan mußte ich valet sagen. Es geschah ohne großen Seelenschmerz. Außer der „Roten Fahne" gab es ja mehrere mir nahestehende Blätter („Welt am Abend", „AIZ", etc. etc.) und es gab eine große Anzahl unabhängiger linksbürgerlicher Zeitschriften." So schrieb Susanne Leonhard Buchbesprechungen und Berichte über wissenschaftliche Tagungen und Kongresse. Ihre Gebiete waren Kunstgeschichte und Philosophie. Mit der Zeit spezialisierte sie sich auf Gedenkartikel über Mathematiker, Physiker und Philosophen. Hier half ihr einstiges Universitätsstudium. In einer kommunistischen Frauenzeitschrift (Redaktion Marianne Gundermann) bemühte sie sich um sprachliche, historische und politische Bildung der Leserinnen. Kurz: es war nicht schwer, den Lebensunterhalt zu verdienen.

Seit 1923 war sie Mitglied im Schutzverband Deutscher Schriftsteller, gehörte der „Gesellschaft für empirische Philosophie", dem „Wissenschaftlich-humanitären Komitee" (Magnus Hirschfeld), dem „Bund für Mutterschutz" (Helene Stöcker) und der Revolutionären Gewerkschaftsopposition (Film, Bühne, Musik) an. Bis zum Jahre 1933 war alles in bester Ordnung.

Nach Hitlers Machtübernahme wurde sie aus dem Schutzverband Deutscher Schriftsteller ausgeschlossen, d. h. in den neugegründeten „Reichsverband" (Reichsschrifttumskammer) nicht aufgenommen. Damit fand ihre publizistische Tätigkeit vorläufig ein Ende. Schon seit 1933 war sie in der Anti-Nazi-Bewegung aktiv, darunter an der Verbreitung der illegalen hektographierten Zeitung „Die Rampe". Sie wechselte notgedrungen den Beruf und wurde Tanzpädagogin. Das war möglich, weil sie seit 1924 eine rhythmisch-tänzerische Ausbildung in der Wigman-Schule erhalten und nach mehrjährigem Ballett- und Akrobatik-Unterricht ein Diplom erworben hatte.

Am 27. März 1935 folgte sie einer Einladung nach Schweden für einen zweiwöchigen Aufenthalt im Schulinternat Viggbyholm bei Stockholm, wo sie 1933 nach Hitlers Machtübernahme ihren Sohn untergebracht hatte ...

Als Lehrerin für akrobatischen Tanz
Berlin 1929

Keinesfalls zurückfahren –
Brief unterwegs

Den letzten Abend vor der Abreise verbrachte ich zusammen mit meinem guten Freund „Klugo", dem kommunistischen Funktionär Karl-Hugo Bergmann, der unter dem Decknamen „Hans Berg" mein direkter politischer Vorgesetzter in der unterirdischen Widerstands-Organisation und Verbindungsmann zur illegalen Parteileitung war. Er erzählte mir, in den letzten Tagen seien wieder mehrere neue Verhaftungen in seinem Unterbezirk vorgekommen, aber auf meine besorgte Frage, ob er sich „beschattet" fühle, antwortete er mit einem klaren Nein.

Am nächsten Morgen ging ich auf die Kaiserallee zum Stempeln. Dann noch der Abschied von meiner Wirtin, die sich für alle Fälle die Adresse der Schule in Schweden notierte und auf ihrem Schreibtischkalender anmerkte, daß ich am 8. April zurückkommen wolle. „Bleiben Sie ja nicht länger fort, Sie wissen doch, ich warte nur auf Ihre Rückkehr, dann fahre ich auf ein paar Wochen zu meinen Kindern nach Palästina", mahnte mich Frau Priwin.

Sonst hatte ich mich von niemand verabschiedet. Zwei Wochen sind ja eine so kurze Zeit, und ich wollte, daß meine Reise überhaupt geheim bliebe.

Die Paßkontrolle verlief in ziemlich nachlässiger Weise. Auch vor der Kofferrevision hatte ich grundlos gezittert. Mein Freund Klugo hatte mir Fotokopien unserer illegalen Zeitschrift „Die Rampe" sowie einiges andere Material für die schwedische Presse mitgegeben; auch meinen echten deutschen Paß hatte ich unten im Koffer versteckt. Aber kein Mensch interessierte sich für den Inhalt unseres Reisegepäcks. In Stockholm kam der Zug morgens gegen 6 Uhr an. Als ich durch die Sperre ging, sah ich einen Knaben in halblangen Golfhosen und englischer Reisemütze stehen.

Fast hätte ich meinen kleinen Wolodja nicht wiedererkannt, so verändert hatte er sich in den eineinhalb Jahren.

Wir fuhren mit einem elektrischen Vorortzug in 40 Minuten nach Viggbyholm. Eine wunderbare Gegend. Auf der einen Seite herrlicher Nadelwald, auf der anderen Seite die tiefe Ostseebucht „Stora Värtan" in ihrer ganzen Schönheit. Das Internat, in dem Wolodja unter der Obhut meiner Bekannten Dr. Hedda Korsch, die bereits zuvor nach Schweden emigriert war, die Schule besuchte, war fast leer. Die Schüler waren für die Zeit der Osterferien nach Hause gefahren. Der Direktor, Herr Per Sundberg, hieß mich willkommen, auch einige andere Lehrer kannte ich und besonders viel waren wir mit Hedda Korsch und ihrer Tochter Barbara zusammen.

Die zwei Wochen vergingen nur allzu schnell. Mein Abreisetag war der 7. April, ein Sonntag, und der Direktor gab meinem Wolodja die Erlaubnis, diesen letzten Tag mit mir in Stockholm zu verleben. Mein Zug nach Berlin sollte gegen 23 Uhr abgehen.

Am Nachmittag sahen wir uns noch verschiedene schöne Gebäude an, vor allem das berühmte Stadthaus, gingen später am Hafen und an den Moränen entlang, saßen längere Zeit in einem hübschen Terrassencafé und schließlich landeten wir in einem Kino. Danach hatte ich meinen Wolodja bis zur Östra-Station begleiten und dann allein zum Hauptbahnhof fahren wollen, wohin ich schon mein Handgepäck gebracht hatte.

Als wir jedoch aus dem Lichtspieltheater herauskamen, legte sich plötzlich ein Arm um meine Schultern. Da stand der junge deutsche Lehrer H. aus Viggbyholm und sagte: „Erschrecken Sie bitte nicht, Frau Leonhard, Sie fahren jetzt wieder mit uns heraus nach Viggbyholm, es sind Telegramme gekommen, Sie können nicht abreisen."

In Berlin war also etwas passiert... Wenn man nur wüßte, was! Ob etwa unsere ganze Gruppe hochgegangen war? Klugo...? Meine Gedanken überstürzten sich und ich stand noch wie erstarrt da als ich den jungen Lehrer sagen hörte: „Geben Sie mir Ihren Gepäckschein, ich hole den Koffer und Sie fahren mit Wolodja ins Internat. Herr Sundberg wird Ihnen alles berichten."

Eine Stunde später waren wir wieder in Viggbyholm. Der Direktor und Hedda Korsch erwarteten uns und erzählten: Ein „Fräulein vom Amt" hatte angerufen und „Fru Leonhard" an den Apparat gebeten. Ganz erschrocken hatte sie gefragt: „Ist sie etwa schon fort?" – „Sie will heute abend abreisen, zur Zeit ist sie sicherlich noch in Stockholm" – „Es ist eine wichtige Nachricht für sie hier", und sie hatte die Telegramme telefonisch durchgegeben. Das eine Telegramm war aus Berlin-Charlottenburg. Es war an mich adressiert und lautete: „Urlaub verlängern. Nachricht abwarten." Das andere Telegramm, das an meinen Sohn adressiert war kam aus Zürich und hatte den Wortlaut: „KEINESFALLS ZURÜCKFAHREN. BRIEF UNTERWEGS."

Welche guten Freunde mochten diese Warnungstelegramme geschickt haben? Noch dazu das eine aus Zürich, wo ich niemanden kannte? Was war geschehen? Mir blieb nichts weiter übrig, als die angekündigten Briefe abzuwarten. War das aber wirklich der einzige Ausweg? Wenn ich heute nicht fuhr, dann würde ich später erst recht nicht nach Deutschland zurück können, denn dann käme noch die Sache mit dem Paß hinzu. Wir besprachen diesen Fall hin und her. Aber meine schwedischen Freunde waren der Meinung, ich dürfe keinesfalls fahren, man lasse mich einfach nicht fort, und was ich zu erwarten hätte, falls der Gestapo Beweise für unsere illegale Arbeit in die Hände gefallen waren, das konnte sich jeder gut vorstellen. Mein Freund Erich Mühsam war im KZ Oranienburg brutal gefoltert und gequält worden, bis die SS-Männer ihn schließlich aufgehängt hatten.

Sehr bald nacheinander kamen drei Briefe an, sie brachten aber nur ungenügend Aufklärung. Das Telegramm aus Zürich stammte von meiner Wirtin, Frau Sophie Priwin. Sie war – wie ich später von ihr selbst erfuhr – am 4. April in der Schweiz angekommen, hatte sofort telegrafiert und dann ihren Berliner Freunden, die inzwischen nach Paris emigriert waren, einen für mich bestimmten Brief geschickt, weil sie befürchtet hatte, daß „Briefe aus der Schweiz nach Schweden über Deutschland gehen und dann nie ankommen." In dem Pariser Brief hieß es:

„Hoffe, daß das Telegramm aus Zürich noch rechtzeitig eingetroffen ist. Aus sicherster Quelle weiß ich, daß am Tage Ihrer Abreise die Gestapo lange Haussuchung bei Ihnen gehalten hat. Daher wäre Rückkehr im höchsten Grade gefährlich. Ich rate drin-

gend ab. Diesen Brief und das Telegramm auf alle Fälle vernichten
... Gut Freund."

Den Brief aus Zürich vom 12.4.1935 hatte der Unbekannte geschrieben, der am 7.4. schon aus Berlin telegrafiert hatte. Er war – wie ich erst 23 Jahre später erfuhr – der junge Schauspieler Karl Fischer-Walden. Klugo war mit ihm zusammen ins KZ Columbia-Haus in Berlin eingeliefert worden. Dort hatte er ihm – in der vagen Hoffnung, daß dieser unpolitische junge Mann vielleicht bald aus der Haft entlassen werde – meine Adresse gegeben und den Auftrag, mich vor der Rückkehr nach Berlin zu warnen. Karl Fischer-Walden schrieb:

„Ich komme soeben aus Berlin. Ihre Freunde bitten Sie dringendst, Ihren Urlaub länger auszudehnen ... Hans Berg ist verhaftet ... In Ihrer Wohnung hat eine Hausdurchsuchung stattgefunden. Es besteht ein Haftbefehl gegen Sie. Bitte fassen Sie diese Benachrichtigung nicht etwa als eine Mystifikation auf. Mit freundlichen Grüßen – UNBEKANNT.

Der entscheidende Brief von Frau Sophie Priwin, in dem endlich die ganze Geschichte ausführlich erzählt wurde, traf Ende Mai in Stockholm ein.

Ich möchte jedoch vorgreifen und schon jetzt berichten, was sich inzwischen in Berlin zugetragen hatte. Der Brief war am 12.5.1935 geschrieben. Er kam aus Haifa (Israel), und auf dem Briefumschlag stand die rot unterstrichene Anweisung: „Nicht über Deutschland befördern!" Frau Priwin schrieb:

„Kurz nach Ihrer Abreise am 27.3. geht das Telefon und eine jämmerliche Stimme fragt: ‚Bist Du es, Susanne, ich brauche Dich, Du mußt sofort kommen!' – Ich: ‚Frau Leonhard ist nicht mehr hier, sie ist doch verreist!' – Da höre ich noch: ‚Sie ist abgereist.' – Und ich wieder: ‚Ich kann nichts ausrichten. Sie ist schon fort.' – ‚Ja', kam es verstört zurück ... Knacks. Aus. – Eine halbe Stunde später klingelt es, zwei Herren erscheinen, weisen sich aus (Gestapo) und fragen nach Ihnen. Ich sage, daß Sie verreist sind nach Schweden, um Ihr Kind zu besuchen. Wann Sie wiederkommen? Ich gebe es an, zeige die Notiz auf dem Kalender, schreibe auf Verlangen die schwedische Adresse auf ...

Dann Hausdurchsuchung in Ihrem Zimmer. Ein Glück, daß Sie ihre Bibliothek nicht hierher gebracht hatten! Trotzdem brauchten die Herren mehr als zwei Stunden. Nachdem sie fertig waren, schärften sie mir ein, daß ich über den Vorfall schweigen muß und Ihnen auch keine Nachricht zukommen lassen darf ... Nun aber das Schlimmste: Ich sollte, wenn wieder ein Anruf käme für Sie – inzwischen war mir schon klar geworden, daß man den Verhafteten in diesem Anruf gezwungen hatte – die Verabredung annehmen und die Herren über Ort und Zeit benachrichtigen ...

Nun setzte ich meine Reise unter Volldampf; denn ich wollte Deutschland so schnell wie möglich verlassen, um Ihnen Nachricht zu geben ... Und ich hatte so ‚genug' von allem, daß ich mit der Absicht fort ging, nicht mehr zurückzukehren ... Es ist sehr gut, daß Sie nicht wiedergekommen sind, denn am 8.4. und am 9.4. waren die Herren wieder pünktlich zur Stelle, das ist authentisch, meine Quelle ist einwandfrei ... Ich fahre nun auch nicht mehr zurück. Es ist ganz unmöglich. Da Sie doch nicht zurückgekehrt sind, würde man mich selbstverständlich für den Nachrichtengeber halten ...".

So war ich nun, ohne emigriert zu sein, zur „Emigrantin" geworden.

In Viggbyholm konnte ich nicht mehr bleiben, da schon am 9. April die Osterferien zu Ende waren und die Schüler zurückströmten. Eine schwere Frage war zu lösen: Wohin? Was tun?

Am liebsten wäre ich nach England gefahren. Ich hatte jedoch gehört, daß es meinen dorthin emigrierten Bekannten recht schlecht ging und daß insbesondere die Nicht-Juden in Not waren. In Schweden bleiben war auch eine Sache mit ziemlich trüber Perspektive. Die einzige Verdienstaussicht, die sich mir bot, war, als „Deutsche Bonne" mit schwedischen Kindern spazieren zu gehen. Da der Mensch nur die Möglichkeit hat, die ihm gebotenen Lebensumstände mit denen zu vergleichen, in denen er sich früher schon befunden hat, nicht aber mit jenen, die ihn in der Zukunft erwarten, lehnte ich dieses Angebot ab.

Viele meiner Freunde waren zu dieser Zeit schon in aller Welt verstreut. Ich schrieb nach London und Paris, nach Moskau und Manchester, nach Buenos Aires und New York. Eine ermunternde Antwort, ja die dringende Aufforderung, hinzukommen, kam *nur* aus der Sowjetunion. Meine Freundin Sonja Liebknecht, die Witwe des deutschen Spartakus-Führers Karl Liebknecht, die nach

Moskau emigriert war, schrieb mir, die Arbeitsfrage werde im Handumdrehen gelöst sein, und auch alles andere werde sich leicht regeln lassen. Vor allem riet sie mir, mich an Alexandra Kollontaj, die Sowjetbotschafterin in Stockholm, zu wenden.

„Die Kollontaj" – Tochter des zaristischen Generals Domontowitsch, bekannte revolutionäre Schriftstellerin und Vorkämpferin der Frauenemanzipation, temperamentvolle Opponentin Lenins auf dem X. Parteitag – wollte ich sehr gerne wiedersehen. Ich erinnere mich gut der interessanten Teestunde, zu der wir sie vor Jahren im Hotel Bristol getroffen hatten. Damals war Madame Kollontaj, nur wenige Tage, auf der Durchreise, in Berlin gewesen. Stalin hatte sie als sowjetische Botschafterin nach Mexiko geschickt, um sie von ihren politischen Freunden zu trennen und mundtot zu machen. Jetzt amtierte sie in Stockholm. Ich erfuhr durch einen Telefonanruf, daß sie einen kleinen Osterurlaub unweit der Stadt verlebe und dorthin lud sie mich ein.

Ob wohl die Sowjetbotschafterin in Schweden mir zur Reise in die Sowjetunion raten, ob sie mir dabei behilflich sein würde?

Ich wußte sehr gut, daß ich in der Alexandra Kollontaj von 1935 nicht mehr die Rebellin der frühen 20er Jahre, die Führerin der Arbeiter-Opposition vor mir hatte. Aber ich kannte damals die sowjetischen Verhältnisse und die Geistesverfassung linientreuer Stalinisten noch nicht genügend aus eigener Erfahrung. Sonst hätte ich mich wohl nicht von Madame Kollontaj überreden lassen, nach Moskau zu emigrieren.

Erst viele Jahre später habe ich verstanden, daß die schwedische Sowjetbotschafterin gar nicht anders hatte reden können. Woher konnte sie wissen, ob ich, wenn sie mich, sei es nur durch eine Andeutung, warnte, dies nicht weitergeben würde? Nur wer das Denunziantentum in der Sowjetunion kennt, der versteht, in welcher Lage Alexandra Kollontaj sich befand, als ich sie um Rat fragte.

Sie empfing mich mit zauberhafter Liebenswürdigkeit. Obwohl sie in den seit unserer ersten Begegnung verflossenen neun Jahren sehr gealtert war, leuchteten doch noch die Spuren ehemaliger Schönheit in ihrem Gesicht.

„Aber selbstverständlich müssen sie in die Sowjetunion fahren, ma chérie", sagte sie sofort in ihrer lebhaften Art. „Denken Sie doch, welche ungeahnten Möglichkeiten Sie in unserem Lande haben! Sie sind doch Schriftstellerin. Sie übernehmen sofort eine Redaktion. Oder Sie werden Professor für westeuropäische Literatur an der Universität. Man wird sich um Sie reißen. Russisch? Sie sprechen ja drei europäische Sprachen, das genügt vollkommen. Ich könnte Sie direkt beneiden. Sie werden es nicht bereuen. In Moskau pulsiert das Leben wie in keiner anderen Stadt der Welt. Im übrigen Europa stagniert alles, bei uns zu Hause dagegen ..."

Frau Kollontaj versprach mir, wegen der Einreisebewilligung nach Moskau zu telegrafieren. Als ich in mein Hotel zurückfuhr, fühlte ich mich sehr erleichtert. Ich hatte den Entschluß gefaßt, in die Sowjetunion zu fahren.

Am folgenden Tage erledigte ich alle Formalitäten im Konsulat. Nun hatte ich nichts weiter zu tun, als auf die Antwort aus Moskau zu warten. Allerdings habe ich nicht 14 Tage, wie Madame Kollontaj gesagt hatte, sondern mehr als 2 Monate auf die Einreiseerlaubnis warten müssen, aber so ungeduldig ich mich damals auch gebärdete, später schien mir diese Zeit wie ein Idyll.

Natürlich berichtete ich auch meinem Wolodja das Wichtigste über meine Gespräche mit der sowjetischen Botschafterin, die mir so lebhaft geraten hatte, nach Moskau überzusiedeln. Zwar habe Alexandra Kollontaj außerordentlich viel Positives erzählt, sagte ich ihm, aber andererseits sei ich doch nach wie vor sehr skeptisch, und auch die enthusiastischen Briefe meiner Freundin Sonja Liebknecht, die sich auf das Wiedersehen mit mir freute, konnten meine Bedenken nicht völlig zerstreuen. Ich hielt es für das beste, erst allein zu probieren, ob ich in Moskau Arbeit und Wohnung bekäme. Doch Wolodja wollte am liebsten sofort mit. „Mami, wir wollen aber lieber von jetzt ab immer zusammenbleiben, wir wollen uns nie mehr trennen", wiederholte Wolodja hartnäckig. Und so ausschließlich begann er nun mit all seinen Gedanken in einem sozialistischen Zukunftsstaat zu leben, daß ich meinen Plan, erst allein in die Sowjetunion zu fahren, verwarf. In der dritten Juni-Woche war alles zur Abreise bereit.

Bei unserer Ankunft in Leningrad waren wir schon nicht mehr irgendwelche weltverlorenen Passagiere, sondern Reisende, die mit dem Intourist-Auto ins Intourist-Hotel gebracht wurden. Das Hotel „Europe" ist mit internationaler Eleganz ausgestattet. Auf

Российская Социалистическая Федеративная Советская Республика

ДИПЛОМАТИЧЕСКИЙ ПАСПОРТ

No. 149

Предъявительница сего, российская гражданка Сусанна Оттовна ЛЕОНАРД-БРОНСКАЯ с сыном Владимиром, 1½ лет,

отправляется в Россию.

Во свидетельство чего и для свободного проезда выдан мною сей паспорт с приложением печати Венского Полномочного Представительства Р. С. Ф. С. Р.

Вена, сего августа 29 числа 1922 г.

Полномочный Представитель РСФСР в Австрии

Подпись Предъявителя: Сусанна Леонард-Бронская

Der Diplomatenpaß
der Gattin des Botschafters Bronski

République Socialiste Fédérative des Soviets de Russie

Passeport diplomatique

Le porteur du présent passeport, la citoyenne russe

Susanne LEONHARD-BRONSKI

avec son fils Vladimir né en 1921

se rend en Russie.

En foi de quoi et pour lui assurer libre passage, je lui ai délivré ce passeport avec apposition du sceau de la Représentation Plénipotentiaire de la R. S. F. des Sov. de Russie.

Vienne, le 29 août 19 22.

No. 149

(Signé)

Le Représentant Plénipotentiaire
de la R.S.F. des Sov. de Russie
en Autriche:

Signature du porteur : Susanne Leonhard-Bronski

dem Dachgarten aßen wir ein ausgezeichnetes Mittagessen und eine Konzertkapelle spielte extra für uns beide, denn weiter waren keine Gäste da.

Am Nachmittag wollten wir noch einen Bummel durch Leningrad machen, Rußlands „Fenster nach Westen". Kaum waren wir aber aus dem Hotel auf die Straße getreten, als wir auch schon von Bettlern umringt wurden. Eine zerlumpte Frau kniete vor mir und küßte den Saum meines Kleides, verhungert aussehende Kinder streckten ihre dreckigen Händchen aus. In Stockholm habe ich niemals einen Bettler gesehen, und hier, im proletarischen Sowjetstaat, umzingelten sie einen auf der Straße. Ich begann, russisches Geld zu verteilen, ohne seinen Wert zu kennen, doch plötzlich kam der Hotel-Portier herausgestürzt, und im Nu war die ganze Bettler-Bande verschwunden. „Aber Mami, und da schreiben die, in der Sowjetunion gibt es keine Bettler mehr", entrang es sich kläglich meinem Wolodja und er sah mich so vorwurfsvoll an, als ob ich daran schuld gewesen wäre.

Wir hätten uns nun, um die architektonischen Sehenswürdigkeiten – Paläste, Kathedralen, die Eremitage – zu finden, nach rechts wenden sollen, wo die schöne Hauptstraße Leningrads, der Njewski-Prospekt, ins Zentrum führt. Aber verwirrt durch das eben Erlebte bog ich nach links ein. Wir kamen durch ärmliche Anlagen in einen schmutzigen alten Stadtteil. Halbnackte rachitische Kinder mit aufgetriebenen Bäuchen spielten dort an einem Kanal. Als sie uns sahen, kamen sie auf dünnen O-Beinchen angewatschelt und bettelten wieder um Almosen. Wir gingen ins Hotel zurück. Die Lust auf weitere Ausflüge durch Leningrad war uns gründlich vergangen.

16 Monate in Moskau

Am 22. Juni 1935 kamen wir in Moskau an. Der erste Bekannte, den wir sahen, war M. Bronski. Meine Freundin, Sonja Liebknecht sei leider abgereist, erzählte er; sie habe ihn gebeten, uns vom Bahnhof abzuholen. Er brachte uns in die Wohnung, in der er selbst früher zwei Zimmer bewohnt hatte; ich erinnerte mich ihrer gut, da ich bei meinem sechswöchigen Aufenthalt in Moskau im Jahre 1924 ein paarmal dagewesen war. Jetzt gehörte das eine Zimmer seiner Tochter Wanda, das andere war Bronskis Bruder zugeteilt worden.

Die Wohnungsverhältnisse hatten sich offenbar in den 11 Jahren noch nicht gebessert. Die großen „herrschaftlichen" Wohnungen wurden zimmerweise vermietet; Badezimmer, Toilette und Küche durften von allen Bewohnern gemeinsam benutzt werden. In den Küchen der älteren Häuser gab es weder Gas noch elektrische Kochherde. Es standen Dutzende Petroleumkocher da, auf denen die Mieter kochten. Der ursprüngliche Eigentümer war der am 17. November 1917 zum Vorsitzenden des Zentralexekutivkomitees ernannte Swerdlow gewesen, der im Jahre 1919 gestorben war. Seitdem war sein Bruder Hauptmieter.

Am ersten Tage nach meiner Ankunft in Moskau suchte ich den offiziellen Vertreter der deutschen Kommunistischen Partei, Wilhelm Pieck, auf, der im Hotel Lux, Zimmer Nr. 7, residierte. Ich hielt es für meine Pflicht, mich als politischer Emigrant zunächst bei ihm zu melden. Er ließ sich von unserer illegalen Widerstandsarbeit gegen Hitler erzählen und gab seiner Freude darüber Ausdruck, daß ich durch eine so sonderbare Reihe von Zufällen der Verhaftung durch die Gestapo entgangen war. Ich hatte nicht die Absicht, meinen geselligen Verkehr ausgerechnet auf deutsche Kommunisten zu beschränken oder etwa den „Deutschen Club" zu besuchen. Durch meine Freundin Sonja würde ich sicherlich bald Zugang zu viel interessanteren Kreisen haben.

Ganz unerwartet lief ich in diesen Tagen auf der Straße einem guten Bekannten, dem Regisseur Gustav von Wangenheim, in die Arme. Begrüßung hin und her; dann: keine Arbeit, kein Zimmer ... „Hm, siehst nicht gerade blendend aus." – „Bloß unausgeschlafen, verstehst du?" – „Du, da habe ich eine fabelhafte Idee", rief er plötzlich. „Komm morgen früh um 9 Uhr zu mir ins Atelier; ich drehe einen Film. Pro Tag 20 Rubel; vielleicht auch 25 Rubel, als Edelkomparse, und dabei kannst Du sogar noch im Bett liegen und Dich ausruhen." Wangenheim gab mir die Adresse: Leningrader Chaussee, Meshrabpom-Film, gegenüber dem Aerodrom.

Am nächsten Morgen fand ich mich pünktlich im Studio der IAH (Internationale Arbeiterhilfe) ein. Der Film hieß „Kämpfer"; er handelte von Dimitroff, erfuhr ich. Wangenheims Frau, Inge Franke, spielte die weibliche Hauptrolle und es sollte gerade die Szene gedreht werden, wo sie – Gefangene im Krankensaal eines Konzentrationslagers – von Genossen, die als SA-Leute verkleidet eindringen, aus dem KZ entführt wird. Wir Stalinisten lagen als kranke KZ-Gefangene in den Betten und hatten beim Eindringen der vermeintlichen Nazis erschrocken aufzuspringen. Aber stundenlang kamen die Lampen nicht in Ordnung. Als Wangenheim wieder einmal bei mir vorbei kam, sagte er: „Was guckst Du herum? Schlaf Dich aus. Dafür habe ich Dich doch engagiert. Wenns los geht, wecke ich Dich." So habe ich mich denn drei Tage lang ausgeschlafen. Eine Sensation für mich waren immer wieder die Begegnungen mit den jungen russischen Statisten in SA-Uniform. Jedesmal gab es mir eine Art Schock – und später, als sowjetische Soldaten „der innerstaatlichen Bewachung" mich herumkommandierten, habe ich noch manchmal an das Filmatelier gedacht. Was ist Wirklichkeit und was ist Verkleidung?

Im August kam meine Freundin Sonja Liebknecht von der Urlaubsreise zurück, und nun begann eine Intensivierung der Arbeits- und Wohnungssuche. Einem unerforschlichen Beschluß der Miliz zufolge bestand in der Sowjetunion der circulus vitiosus, daß kein Mensch eine Arbeit bekommen kann, wenn er keine Wohnung hat, daß ihn aber keine Hausverwaltung als Mieter einschreibt, wenn er nicht nachweisen kann, daß er eine Arbeit hat.

M. Bronski
(Aus der Großen Sowjetischen Enzyklopädie)

Zwei Monate haben wir uns mit diesem Problem herumgeschlagen. Endlich, Anfang oder Mitte September, bekam ich ein Zimmer und eine Anstellung als Sprachlehrerin.

Sonja arbeitete damals (1935) in der kleinen „Staatsbibliothek für fremdsprachliche Literatur" als Lehrerin für deutsche und französische Sprache, und es gelang ihr, auch mich in dieser Bibliothek unterzubringen. Man beauftragte mich, einmal in der

Woche abends eine zwei-bis zweieinhalbstündige Konversationsstunde mit russischen Pädagogen abzuhalten. Für diesen Kursus bekam ich zwar nur das lächerlich geringe Unterrichtshonorar von 10 Rubel pro Abend, aber mit dem Anstellungsdokument konnte ich bei der Hausverwaltung als Untermieter eingetragen werden.

Jetzt hieß es nur noch, genügend Geld zu verdienen. Mit der Zeit bekam ich viele Privatschüler, und mein monatliches Einkommen stieg rasch auf 1000 Rubel. Nach Abzug der Miete aber war das nicht so viel, daß wir uns irgendwelche Extravaganzen hätten leisten können. Und ich hatte nie vorher in meinem Leben so wahnsinnig viel arbeiten müssen, um den Lebensunterhalt für mich und meinen Jungen zu verdienen, wie in Moskau.

Während ich in der Stadt herumgelaufen war, um Arbeit und Wohnung zu suchen, hatte Wolodja die freie Zeit ausgenützt und war unter die „Schriftsteller" gegangen. Von seiner Roman-Idee hatte er früher schon einmal gesprochen. Jetzt überraschte er mich mit dem fertigen Werk. Es hieß „Kurts Vater wird Kommunist". Nun, es war eine dieser Klischeegeschichten, wie man sie um 1930–31 herum öfters zu lesen bekommen hatte: ein bisher indifferenter Arbeiter schließt sich den Kommunisten an, nachdem er die Gefahren des drohenden Hitler-Regimes erkannt hat.

Was tun ehrgeizige Mütter nicht alles für ihre hoffnungsvollen Sprößlinge! Ich nahm mich der Sache an, merzte die zahlreichen Sprachschnitzer aus, überarbeitete den holprigen Stil und beriet mich dann mich Vali Adler, der Tochter des Professors für Individual-Psychologie Alfred Adler, mit der ich seit vielen Jahren in freundschaftlicher Verbindung stand. Sie schlug vor, wir sollten Wolodjas Roman dem „Verlag ausländischer Arbeiter" einreichen, an Kinderbüchern sei empfindlicher Mangel. Tatsächlich nahm der Verlagsdirektor Otto Borg (alias Joachim Unger) das Manuskript an, nur wollte er, daß ein bekannter Schriftsteller ein Vorwort schreiben solle. Wolodja entschied sich für Ernst Ottwalt, der kurz vorher auf einem Autorenabend aus seinen Werken vorgetragen hatte. Ottwalt rief mich auch bald an, und wir trafen uns im Café „Krassnyj Mak". Während Wolodja mit ihm seine „Autorenbesprechung" hatte, unterhielt ich mich mit Frau Traute Ottwalt. Als ich aber zwischendurch mit einem Ohr hinüberlauschte, konnte ich feststellen, daß die beiden „Autoren" bereits vom Thema Kinderroman zu Wolodjas Hobby, einer Analyse der chinesischen Revolution, übergegangen waren.

Am 1. September beginnen in der Sowjetunion das neue Schuljahr. Für die deutsche Schule, die vorher auf der Ssadowaja in einem alten Hause untergebracht gewesen war, wurde 1935 ein neues schönes Gebäude auf der Kropotkin-Straße gebaut, das am 31. August 1935 eingeweiht wurde. Jeder Schuljahrgang der Unter- und Mittelstufe hatte mindestens drei Parallelklassen, im ganzen wurde die Schule von 750 Schülern besucht. Es bestand Koedukation. Wolodja wurde in die 6. Klasse aufgenommen, obwohl er in den meisten Fächern viel „weiter" war, und so begann er, noch nebenher etwas zu studieren. Er saß viel in der Bibliothek und besuchte gern die Redaktion der Iswestija, wo er den Ruhm genoß, Spezialist für Fragen der chinesischen Revolution zu sein.

Ich sah mir mit großem Interesse die neuen Schulbücher an, die Wolodja nach Hause brachte. Die naturwissenschaftlichen Lehrbücher waren ganz hervorragend; daß es so gute Mathematik- und Physikbücher geben könne, hätte ich nie gedacht. Auch das Geographiebuch und die Atlanten waren ausgezeichnet. Die Lektüre für den deutschen und englischen Literaturunterricht hingegen konnte mich nicht begeistern.

Sehr eingehend konnte ich mich leider mit den Schularbeiten meines Sohnes nicht beschäftigen. Ich war den ganzen Tag beruflich tätig, und so kam es, daß wir uns erst am Abend sahen.

An solchen Tagen aß Wolodja in der Kantine des Hauses der Gelehrten. Bronski hatte die Einlaßscheine besorgt. Alle diese geschlossenen Restaurants und Clubs, die zu irgendeiner bestimmten Organisation gehören, bedeuten ein ungeheures Privilegium für die Mitglieder.

Für Wolodja war es eine große Freude, als er in Moskau seinen früheren Berliner Schulfreund Frido Seydewitz wiedertraf. Der Vater, Max Seydewitz, hatte im Oktober 1931 eine neue sozialistische Partei gegründet, die SAP. Nach Hitlers Machtantritt war er nach Prag emigriert und hatte seine beiden Söhne, Horst und Frido, in die Sowjetunion geschickt.

Auch mit Frido Seydewitz – wie mit den anderen, die wir von „drüben" her kannten – sprachen wir natürlich, wenn auch mit großer Zurückhaltung, über die Enttäuschung, die wir erfahren hatten, als wir genauer mit der Sowjetwirklichkeit bekannt geworden waren. Unsere Kritik befaßte sich vor allem mit dem krassen Unterschied zwischen der Lebenshaltung der „höheren" und „niederen" Gesellschaftsschichten, mit dem Militarismus und Nationalismus in der Jugenderziehung, mit der ins Groteske gesteigerten nationalen Überheblichkeit und der tendenziös entstellten Berichterstattung über die Verhältnisse im Ausland.

Die vielen Reibungen im täglichen Leben trugen dazu bei, daß wir es schwierig fanden, uns einzugewöhnen. Und so wie uns ging es den meisten Ausländern. Als wir einmal bei Vali Adler zu Besuch waren, fand diese Unzufriedenheit mit dem Leben in der Sowjetunion einen drastischen Ausdruck. Es wurde von dem neuen Film „Zirkus" gesprochen, der die Gleichwertigkeit aller Rassen zum Thema hatte. Einer der Gäste erzählte eine Begebenheit, die sich vor einiger Zeit in Dnjepropetrowsk zugetragen haben sollte. Dorthin war ein amerikanischer Ingenieur, ein Neger, verpflichtet worden. In der Mittagspause nahm er an einem weißgedeckten Tisch in der Kantine Platz. Kurz darauf kam ein anderer amerikanischer Ingenieur, ein Weißer, und herrschte den Farbigen an, er solle sich sofort an einen ungedeckten Tisch setzen; dies hier sei der Tisch für die Ingenieure. „Gestatten Sie, ich bin der neue Ingenieur Soundso." – „Sofort verlassen Sie diesen Platz, frecher Nigger", brüllte der andere. Nun sprang auch der Farbige auf. In der Sowjetunion seien Andersrassige nicht Menschen zweiter Klasse, schrie er. Man schimpfte hin und her und schließlich holte der amerikanische Ingenieur aus und versetzte dem Neger eine Ohrfeige. „Vor dem sowjetischen Gericht bekam der Farbige natürlich sein Recht", sagte der Erzähler, „und der andere Ingenieur, der Weiße, wurde ausgewiesen." – „Ausgewiesen?" fragte einer der Anwesenden interessiert, und indem er den rechten Arm nach rückwärts ausstreckte, als ob er zu einer Ohrfeige aushole, rief er: „Kinder, wo ist ein Neger?"

Derartige Äußerungen in größerer Gesellschaft zu wagen, war eigentlich sehr unvorsichtig. Ich habe mich immer zurückgehalten, Kritik an irgendwelchen Mißhelligkeiten zu üben, vor allem deshalb, weil man befürchten mußte, falsch verstanden zu werden. Die Ursache der zahlreichen, uns Ausländern so lästigen Unbequemlichkeiten im täglichen Leben war – das wußten wir ja – in jenen ökonomischen und soziologischen Faktoren zu suchen, die charakteristisch sind für den Aufbau einer modernen Industriemacht. Daher war ich der Meinung: schimpfen und „meckern" dürfen wir nur im Gespräch mit „unseresgleichen". Glücklicherweise hatte ich zwei mir nahestehende Menschen, von denen ich dieses politische Verständnis erwarten konnte: Sonja Liebknecht und Hans Rodenberg.

Da der letztgenannte mein späteres Schicksal in der Sowjetunion entscheidend beeinflußt hat, möchte ich über meine Beziehung zu ihm, die bis auf das Jahr 1919 zurückging, eingehender berichten. Hans Rodenberg war ein junger, begabter Schauspieler am Charlottenburger Theater „Tribüne". Mein Mann, der Dichter und Dramaturg Rudolf Leonhard, hatte mir öfters von ihm erzählt und schließlich lernte ich diesen Rodenberg, dem Karl-Heinz Martin, Walter Hasenclever und Leonhard eine große Karriere voraussagten, auf höchst amüsante Weise kennen.

In Berlin herrschte Verkehrsstreik. Geschäftstüchtige Fuhrunternehmer improvisierten schnellstens eine Art Omnibusse aus Lastwagen. Ich war zu einer wichtigen politischen Besprechung auf dem Potsdamer Platz gewesen und überlegte gerade, daß ich zur Generalprobe in der „Tribüne", bei der ich Rudolf Leonhard treffen wollte, zu spät kommen würde, als ich einen „Pferdeomnibus" mit der Aufschrift „Charlottenburger Knie" entdeckte. Rasch kletterte ich hinauf – die Pferde hatten schon angezogen –, und ich landete auf den Knien eines jungen Mannes. „Gott, wie leichtsinnig die Jugend heute ist! Auf den fahrenden Wagen zu klettern!" jammerte eine Dame neben mir. „Sie hätten kopfüber hinunterfallen können, Fräulein, und sich das Genick brechen!" – „Na, wie sie sehen, habe ich es vorgezogen, mich in die Arme eines jungen Mannes zu retten", lachte ich. „Aber es wäre mir schon recht geschehen, herunterzufallen, warum steige ich auch auf einen Streikbrecherwagen!" setzte ich aggressiv hinzu, denn ich wollte gleich die Gelegenheit zu politischer Propaganda ausnutzen.

Der nette junge Mann, der mir inzwischen seinen Sitzplatz überlassen hatte, stimmte mir eifrig zu. In zwei Minuten hatten wir festgestellt, daß wir beide auf der Seite der streikenden Arbeiter standen. „Also Spartakisten sind Sie", sagte die ältliche Dame. „Ach, Du meine Güte, wo soll denn das noch hinführen, wenn gebildete junge Leute ..." – „Jedenfalls nicht in einen Weltkrieg", sagte ich, „wie den, den wir gerade unter Führung Wilhelms samt seinen Junkern und Finanzmagnaten verloren haben." Der junge Mann strahlte mich aus veilchenblauen Augen an. Er freute sich offensichtlich über die politischen Anschauungen seiner neuesten Straßenbekanntschaft. Wenige Minuten später hatte er heraus, daß ich die Frau Rudolf Leonhards, und ich, daß er der Schauspieler Hans Rodenberg war, den in der „Wandlung" zu sehen, ich gerade in die „Tribüne" fuhr. Dort begrüßte uns ein begeistertes Hallo, als wir einträchtig miteinander ankamen. Von diesem Tage an datierte meine Freundschaft mit ihm, die allerdings nicht immer ungetrübt war, da Rodenberg zwar politisches Interesse und künstlerische Begabung, aber einen leichtsinnigen Charakter hatte. Er trieb sich in Nachtlokalen und Spielclubs herum, machte Schulden und brauchte oft meine freundschaftliche Hilfe, wenn auch ohne wirklichen Nutzen.

Nachdem ich Hans Rodenberg einige Zeit aus den Augen verloren hatte, traf ich ihn in den Jahren 1926–1929 mehrmals in der schönen Villa meiner Freundin Anita Gonzala auf der Ballenstedter Straße in Berlin-Wilmersdorf. Aus dem kleinen Schauspieler an der „Tribüne" war inzwischen der namhafte Charakterdarsteller und Regisseur geworden. Ich war freudig überrascht, ihn so arriviert zu sehen. Er machte einen gefestigten, selbstsicheren Eindruck. Meine letzte Begegnung mit Hans Rodenberg in Deutschland fand 1933 statt. Karl-Hugo Bergmann, der Leiter der Revolutionären Gewerkschaftsopposition (RGO) hatte Rodenberg mit einem Referat über die politische Lage beauftragt. Es handelte sich um eine illegale Zusammenkunft unserer RGO-Mitglieder in der Wohnung der Tänzerin-Schriftstellerin Jo Mihaly.

Der Vortrag Rodenbergs war in jeder Beziehung ausgezeichnet. Klare Analyse der politischen Situation, unzweideutige Zielsetzung, strenge Kritik der politischen Fehler in der Vergangenheit, Verzicht auf alle nebelhaften Illusionen für die Zukunft. Ich konnte dem jungen Luftikus von einstmals nur aufrichtig Glück wünschen zu dem Menschen und Politiker, den er aus sich gemacht hatte.

Kein Wunder, daß er in Moskau zu meinen Vertrauten gehörte, um so mehr, als er vom ersten Tage unseres Wiedersehens dieses Wiederaufleben einer alten Freundschaft sehr zu fördern schien. Was lag näher, als gerade mit ihm über die fundamentale Frage zu sprechen, die uns Sozialisten mehr als alles andere interessierte: Wohin geht Sowjetrußland? Befinden wir uns in der Sowjetunion trotz alledem noch auf dem Wege zum Kommunismus, zur Weltrevolution? Sind diese Abweichungen, denen unser angstvoller Blick kaum zu folgen wagt, nur die Amplituden eines Zickzackweges, der durch die innen- und außenpolitischen Notwendigkeiten und durch den Zwang der gesellschaftlichen Entwicklung aufoktroyiert wird, oder ist es ein Weg, von dem aus es längst keinen Anschlußpfad mehr zu dem einzig richtigen Weg gibt, zu dem Weg, an dessen Ende das Ziel – die Verwirklichung des Kommunismus auf der Welt – winkt?

Mit niemandem konnte ich so gut über alle Zweifel sprechen wie mit Hans Rodenberg. Fühlte ich doch, daß auch er um Klarheit rang. Mehr und mehr kamen wir in unseren Diskussionen zu dem Ergebnis, daß die Sowjetunion in eine Sackgasse geraten ist. Stalin, der getreue Schüler von Marx, der das kommunistische Programm verwirklichen wollte, ist zum Testamentsvollstrecker Peters des Großen geworden. Er regiert ebenso absolutistisch wie die alten Zaren und baut sein neues Rußland genau wie jene auf den Knochen der ausgebeuteten Arbeiterschaft aus, sagte Rodenberg. „Eine Diktatur des Proletariats sollen wir in der SU haben? Lachhaft! Die Arbeiterklasse hat die Macht nicht in den Händen. Das Sowjetsystem hat sich zu einer Diktatur über die Arbeiter entwickelt ..." Bei allen unseren Diskussionen waren auch Rodenbergs Frau und mein Sohn anwesend. Während Hanni wenig interessiert schien, ließ sich Wolodja kein Wort entgehen.

Es war Dezember und Weihnachten stand vor der Tür. Auch schon früher in Deutschland war die Frage, ob man Weihnachten feiern solle oder nicht, in Freidenkerkreisen viel diskutiert worden. Ich hatte meinem Jungen Weihnachten als altes Volksfest erklärt. Alle Völker der Erde haben von altersher die Sonnenwende gefeiert; vom Christentum und der besonderen Bedeutung des „Heiligen Abends" für Gläubige konnte man ganz absehen. Wenn sie, Katholiken und Protestanten, Weihnachten als „Geburtsfest

Christi", des Gottessohnes, für sich allein usurpiert hatten, so feierten wir das Fest des Friedens und der Freiheit für alle Völker und alle Rassen, das Fest der Freundschaft und der Liebe für alle Menschen, ein Fest, an dem man nach Herzenslust Freude schenken konnte. „Was meinst Du?" fragte ich diesmal meinen Wolodja. „Wollen wir uns einen festlichen Weihnachtsabend machen?" Erschrocken wehrte Wolodja ab. „Womöglich kommt noch eine Umfrage in der Schule. Wie stehe ich dann da!" Unter den vorwurfsvollen Blicken des Jungen verstummte ich. Ich bereitete nichts vor. Wer beschreibt aber unser Erstaunen, als am nächsten Tage die Mutter eines meiner Schüler anrief: „Wissen Sie schon das Neueste? In diesem Jahr gibt es zum ersten Male wieder Weihnachtsbäume!" „Weihnachts...?" – „Ja, ich habe soeben in der ‚Prawda' einen großen Artikel von Postyschew gelesen. Die verpönte ‚Jolka', der geschmückte Tannenbaum, wird nicht nur erlaubt, sondern direkt propagiert – allerdings als Neujahrstanne. Sie werden sehen..." Und richtig! Schon am folgenden Tage stand diese sensationelle Nachricht auch in der deutschsprachigen Zentral-Zeitung. Die Jolka mit einem fünfzackigen Stern an der Spitze sehe mindestens ebenso schön aus wie ein Christbaum mit einem Weihnachtsengelchen, hatte Pawel Postyschow erklärt.

Wer während der nächsten Tage frühzeitig auf den Beinen war, konnte lange Züge von Bauernschlitten sehen, die – hoch mit Tannen und Fichten beladen – von verschiedenen Seiten in die Stadt hineinfuhren. Die Bäume wurden überall auf den Boulevards und Plätzen verkauft, und auch wir erstanden ein hübsches Bäumchen. So war mit dem kleinen Unterschied, daß die Jolka vom Weihnachtsbaum zur Neujahrstanne avancierte, das, was eben noch eine „dem Sowjetvolk fremde Äußerung bourgeoiser Gesinnung" gewesen war, plötzlich auf Befehl von oben zum „sinnfälligen Ausdruck der berechtigten Lebensfreude sowjetischer Kinder" geworden.

Während sich die Lehrer auf dem Katheder mit roten Köpfen abmühten, für alles die rechten Worte zu finden, taten die Kinder unschuldig und grienten verstohlen. Wolodja erzählte es lachend. Nun freute er sich auch auf Weihnachten. Sonja Liebknecht erschien mit Geschenken für den Jungen und verbrachte den Abend bei uns.

Susanne Leonhard
als „Lehrerin für Körperkultur" 1935

Materiell ging es uns jetzt gut. Ich hatte viele Schüler – Kinder und Erwachsene – und ich brauchte nicht mehr von einem zum anderen zu hetzen. Die meisten kamen zum Unterricht zu mir. Aber es nahte der Sommer, und die Frage der Existenz während der Schulferien mußte gelöst werden. Ich hatte damit zu rechnen, vom 15. Juni bis 1. September keine oder sehr wenige Schüler zu haben, da die meisten Kinder in dieser Zeit verreisen und die Erwachsenen ebenfalls auf mindestens einen Monat irgendwohin zur Erholung gehen. Sonja Liebknecht riet mir, mich an die Zentralleitung der Sanatorien zu wenden und vermittelte mir eine Rücksprache.

Ich bewarb mich um eine Stellung als Fiskulturniza (Lehrerin für Körperkultur). Im Fragebogen gab ich an, daß ich das Diplom einer Lehrerin für Tanz und rhythmische Gymnastik, ferner das Sportabzeichen und das von der Berliner Universitäts-Poliklinik ausgestellte Zeugnis über die Absolvierung eines Lehrgangs für orthopädisches Turnen und Heilgymnastik hätte. Ich wurde für 12 Wochen in das Pioniersanatorium Solotscha im Moskauer Bezirk verpflichtet, und meine Bedingung, meinen Sohn mitzunehmen zu dürfen, wurde angenommen. Ich war froh, daß Wolodja mitkommen durfte und gab gerne drei Viertel des mir zustehenden Gehalts dafür ab. Es wurde in diesem Pioniersanatorium den Kindern wirklich viel Gutes geboten, auch Theater und Konzerte mit den besten Moskauer Schauspielern und Musikern, und natürlich gab es außerdem viele Liebhaber-Veranstaltungen. Die Kinder erholten sich prächtig und verlebten eine schöne Ferienzeit. Aber nicht weit entfernt waren Dörfer, in denen rachitische, zerlumpte Kinder herumliefen und hungerten. Oft schlichen sie sich in Lager ein und tauchten bei den Speisesälen auf. Da standen sie draußen, drückten die Nasen an den Fensterscheiben platt und starrten mit sehnsüchtigen Blicken hinein. Manche unserer Kinder ließen dann wohl ein paar Scheiben Brot mit Schinken oder Wurst in die Tasche verschwinden, um den Dorfkindern das Geraubte heimlich zuzustecken. Sie faßten gierig danach und rannten so schnell sie konnten weg.

Gegen Ende der Ferien trafen uns zwei schwere Schicksalsschläge, die leider den gesundheitlichen Erfolg, den der Sanatoriumsaufenthalt bei Wolodja gezeigt hatte, fast zunichte machten.

Wir erhielten die Zeitungsberichte über den Prozeß gegen Sinowjew, Kamenew, I. N. Smirnow und Genossen, und gleich darauf kam die Nachricht vom Verlust unseres Zimmers.

Daß ich noch so schlecht Russisch konnte, hatte mich während der ganzen Zeit in Solotscha sehr gestört, niemals aber hatte ich es so bedauert, wie am 15. August 1936, als die Meldung von der neuerlichen Anklage gegen Sinowjews Leute durch die Presse ging. Die Zeitungen brachten Tag für Tag lange Berichte, und wir konnten sie nicht lesen. Ein junger Komsomolze, Schüler der 10. Klasse einer Moskauer Schule, erbot sich, mir die Presseberichte ins Französische zu übersetzen.

Der Prozeß dauerte fünf Tage, vom 19.–24. August. Ich wagte nicht, mit der Wimper zu zucken. Widerspruchslos nahm ich all' diese sinnlosen Ungeheuerlichkeiten in mich auf. „Die Verräter, diese schändlichen Schurken! Gegen Stalin sogar wollten sie Attentate machen. Da steckt natürlich Trotzki dahinter. Für solche ist die Kugel noch zu schade. Ehrlos gehängt müssen sie werden!" schloß der junge Komsomolze gewöhnlich seine Übersetzungen. „Quelle horreur!" stammelte ich und beeilte mich, in unser Zimmer zu kommen, wo ich nun meinem Wolodja berichtete. Flüsternd besprachen wir die fürchterlichen Geschehnisse. Wir waren ratlos. Wie ist das möglich? Was bedeutet es? Mit Rechtsfindung hatte diese Verunstaltung der Sowjetjustiz nichts zu tun. Es handelte sich um ein propagandistisches Unternehmen. Wer eine von Stalin abweichende Meinung hatte, der mußte in den Augen des Volkes zum Saboteur, Verräter und Mörder gestempelt werden; denn wären die Massen wohl dazu zu bewegen gewesen, das Todesurteil über einen Menschen zu fällen, der – im Gegensatz zu Stalin – der Auffassung war, daß man in einem Staate, in dem die Arbeiterschaft ausgebeutet wird, nicht von Diktatur des Proletariats sprechen könne, oder der die Meinung vertrat, daß Sozialismus mehr sei als die Verstaatlichung der Industrie? Wohl schwerlich!

Wir waren tief niedergeschlagen über diese fürchterlichen Entartungserscheinungen des stalinistischen Einparteienprinzips, und irgendwie lag es in der Luft, daß dieser starre Totalitarismus noch weitergreifen würde. Man fühlte das Wüten eines gefährlichen Sturms, der die Wasser aufwühlt; die Wogen konnten auch noch andere erfassen. Wenn man doch erst wieder in Moskau wäre und mit jemanden sprechen könnte! Ob wohl auch andere das Gefühl hatten, daß dieser Prozeß, der später als „erster Schauprozeß" in die Geschichte der Stalin-Ära eingegangen ist, für jeden eine persönliche Bedrohung bedeutete?

Das zweite Unglück, das nur uns selbst betraf, folgte dem ersten auf dem Fuße. Wir erhielten an einem der letzten Tage unseres Aufenthaltes in Solotscha einen russischen Brief. Eine Ärztin, die etwas Deutsch sprach, las uns vor, daß wir unser Zimmer verloren hätten. Sehr bedrückt traten wir die Rückreise nach Moskau an.

In Moskau traf ich Bronski und war entsetzt über die Veränderung, die mit ihm vorgegangen war. Der Prozeß hatte ihn offenbar völlig verstört. Alles, was er sagte, war indirekt den Leitartikeln der „Prawda" entnommen. Mich irritierte das maßlos. „Mit Dir reden hat überhaupt keinen Sinn", warf ich ihm vor. Er guckte sich nur hastig nach allen Seiten um, obwohl niemand in Hörweite war und flüsterte: „Scht! Scht!!" Nun, eigentlich war es nicht verwunderlich. Selbst wenn diese alten Bolschewiki nie mit einer Opposition sympathisiert hatten, lag es nahe, daß Stalin sich ihrer entledigen mußte. Jetzt, da die geschichtlichen Ereignisse jener Epoche systematisch gefälscht, da die Rollen Trotzkis, Stalins und anderer in den Oktobertagen umgelogen wurden, konnte man das gute Gedächtnis der persönlichen Freunde Lenins nicht mehr brauchen.

Eine Lähmung hatte alle Menschen befallen. Man konnte nicht atmen. Alle Gespräche stagnierten. Die Obdachlosigkeit hatte mittlerweile katastrophale Umstände für uns im Gefolge. Der arme Wolodja nomadisierte von einer Schlafstelle zur anderen. Nirgends fand er Ruhe, seine Schulaufgaben zu machen. Manchmal mußte er ohne Frühstück zur Schule gehen, oft klappte meine Verabredung mit ihm nicht. Es war eine schreckliche Zeit. Ich hatte verschiedenen meiner im Kindesalter stehenden Schüler den Unterricht aufgesagt, weil ich mich auf lukrativere Stunden beschränken wollte. Nun aber war es so weit gekommen, daß ich ernstlich an Geldmangel litt, denn die Pläne mit neuen Verdienstmöglichkeiten verwirklichten sich nicht so rasch.

Ich war schon vor Monaten – natürlich auf Anregung und in Begleitung von Sonja Liebknecht – bei Nadjeshda Krupskaja, der

Witwe Lenins gewesen, die mich für ihre Erwachsenen-Schule engagiert hatte. Die Räumlichkeiten befanden sich aber noch im Bau. Eine andere Sache, die mir als Arbeit lohnend zu sein versprach – es handelte sich um orthopädische Gymnastik für Schüler der Moskauer Musterschule Nr. 25 – brachte vorläufig nichts als Lauferei.

Endlich schien ein Lichtblick unser dunkles Vagabundendasein zu erhellen. Eine Teilnehmerin an meinem Deutsch-Kursus bot mir ein Zimmer an, in dem sie vorläufig selbst noch wohnte. Sie hatte aber ihre Versetzung nach Swerdlowsk beantragt und wollte das Zimmer gleich nach dem November-Feiertagen abgeben. So schön wie unser früheres war es zwar nicht; es hatte keine Zentralheizung und in der Küche gab es kein Gas. Auch sollte es 350 Rubel im Monat kosten. Ich machte mich aber trotzdem sofort an einen Mietvertrag und zahlte im voraus 240 Rubel, obwohl mir danach kaum ein paar Rubel in der Tasche blieben.

„Immerhin", meinte Wolodja seufzend, „vergehen noch fünf bis sechs Wochen, bis wir in unser Zimmer einziehen können." Ich gab ihm völlig recht, daß dies noch eine recht lange Zeit sei, und wir beschlossen jetzt, daß Wolodja bis dahin im Kinderheim der österreichischen Schutzbundkinder wohnen sollte. Die Protektion meiner Freundin Sonja Liebknecht ermöglichte es, diesen Entschluß schnell zu verwirklichen. Übrigens hatte Erich Weinert, Dichter und Kabarettist, Autor vieler populär antifaschistischer Lieder, der 1933 nach Moskau emigriert war, seine Tochter Marianne ebenfalls zeitweise in das Heim gegeben, weil er keine Wohnung finden konnte. Die Kinder, die im Schutzbundheim erzogen wurden, waren in der Mehrzahl Waisen; ihre Eltern waren in den Wiener Februarkämpfen 1934 umgekommen. Diejenigen Heimzöglinge, die Angehörige in Moskau hatten, durften nur einmal im Monat, am 18., zu ihren Verwandten gehen. Eine solche Trennung hatten Wolodja und ich nicht gewollt. Nun da ich aber Wolodja nur auf anderthalb Monate in das Kinderheim abgab, war das eine ganz andere Sache. Wir trafen uns fast täglich, da wir annahmen, daß bei Wolodja, einem vorübergehenden Pensionär, niemand an diesem „Disziplinarvergehen" Anstoß nehmen werde.

Inzwischen hauste ich ein paar Tage in einem noch unfertigen

Neubau in einem Zimmerchen, in dem es eine höchst interessante – weil noch nicht „gereinigte" – Bibliothek gab. Ich schmökerte in allen möglichen Büchern, die längst auf dem Index librorum prohibitorum standen: John Reeds „Ten Days", Trotzkijs „Literatur und Politik", Istratis „La Russie nue". Nun waren wir endlich alle Sorgen los, und ich konnte mich in die Arbeit stürzen. Mit Wolodja traf ich mich mehrmals die Woche, zumeist in einer Milchbar am Arbat. Als wir uns am 25. Oktober trafen, freuten wir uns: „In zwei Wochen ziehen wir in unser neues Zimmer ein!" Wir sprachen über dies und jenes.

„Mami", fing plötzlich Wolodja an, „eigentlich hätte ich gar nicht so lange hier sitzen dürfen. Ich habe eine ganz große technische Zeichnung auf." Und mit schmeichelnder Stimme: „Mami, kannst Du das nicht für mich machen? Das ist doch eine deiner Spezialitäten!" – „Captatio benevolentiae, Du Schlingel", lächelte ich. Und schon wußte Wolodja, daß er gesiegt hatte. Reißzeug, Tusche, Papier, alles hatte er mitgebracht. Es handelte sich um eine ziemlich schwierige Projektionsaufgabe. „Verstehst Du es denn auch?" wollte ich mich vergewissern, denn ich hatte pädagogische Gewissensbisse. „Was ist denn da weiter zu verstehen! Natürlich weiß ich das alles aus dem ff, aber wenn man es akkurat ausführen will, dann dauert es scheußlich lange." Wir verabredeten, daß Wolodja am nächsten Tage zwischen 5 und 6 Uhr die Tuschzeichnung bei mir abholen sollte, und gingen noch in Wolodjas Lieblingsgeschäft, Ecke Nikitinstraße, wo es die wunderbarsten „östlichen Süßwaren" zu kaufen gab, die man sich denken kann. Ich konnte ihm leider diesmal nur 100 Gramm Nußchalwa spendieren.

„Nächstes Mal mehr", vertröstete ich ihn, und dann trennten wir uns. Ich stand noch lange da und sah ihm nach, bis sein Figürchen hinter den Autos verschwunden war.

Zu Hause korrigierte ich erst einige Hefte, dann machte ich mich an Wolodjas Projektionsaufgabe. Die Sache nahm mehr Zeit in Anspruch, als ich gedacht hatte. Endlich lag die Zeichnung in tadelloser Ausführung vor mir. Zufrieden löschte ich um halb zwei Uhr das Licht und schlief ein.

Verhaftung

Am 26. Oktober 1936 morgens zwischen zwei und drei Uhr wurde ich verhaftet. Ich habe mir später die Geschehnisse jener Nacht noch oft vergegenwärtigt. Das völlige Unverständnis, mit dem ich damals auf eine an sich nicht schwer zu begreifende Situation reagierte, war erstaunlich. Ich hatte schon davon gehört, daß die Leute verhaftet wurden oder daß sie „spurlos verschwanden". Aber daß i-c-h verhaftet werden könne, das hielt ich für unmöglich!

Gewiß! Wir hatten bisweilen über dies und jenes „gemeckert"; ich hatte mich im Stillen mit dem Problem gequält, den Punkt in der Vergangenheit zu finden, an dem die Sowjetunion endgültig die Rätedemokratie aufgegeben hatte und den Weg gegangen war, der zur Diktatur eines Parteiklüngels über die ganze Bevölkerung führte. Aber ich hatte mich als politisch Verfolgte aus Nazi-Deutschland dem Sowjetstaat gegenüber, der mir Asyl gewährt hatte, stets loyal verhalten. Unmöglich könne ich doch meiner kritischen Gesinnung wegen in einem Kerker des NKWD verschwinden. Sowas gibt es nicht. Die Fassungslosigkeit darüber, daß es das *doch* gab, legte sich wie eine Lähmung auf die Funktion meiner Gehirnzellen.

Ich mochte kaum geschlafen haben, als ich durch Poltern aufgestört wurde. Ich gab mir Mühe, nicht wach zu werden; ich wollte schlafen, schlafen. Aber wieder schreckte ich auf. Es wurde heftig an eine Tür geklopft, hin- und hergebrüllt, die Tür wurde zugeschlagen. Schwere Männertritte näherten sich. Wieder ein Klopfen. Eine schüchterne, piepsende Antwort erklang auf barsche Fragen. Bums! krachte auch diese Tür ins Schloß. So ging es weiter. Auf einmal hörte ich ganz dicht vor meiner Tür die Wirtin sagen: „Nein doch, eine Ausländerin" und schon donnerten Fäuste an meine Tür. Vier Uniformierte – drei Männer und eine Frau – standen vor mir. „Miliz" (Polizei), dachte ich; ich hatte mir nämlich noch nie die Unterschiede zwischen Miliz, Roter Armee und NKWD erklären lassen. Sie fingen an zu fragen, aber ich verstand gar nichts und zuckte mit den Achseln. Einer machte sich an meinem Stadtköfferchen zu schaffen, besah sich Lehrbücher und Hefte, warf dann einen Blick in meine Handtasche, wo er den Paß fand, und zeigte ihn mit triumphierendem Lächeln seinen Kameraden. Da sie sich anscheinend so freuten, den Paß gefunden zu haben, lächelte ich auch. Sofort war mir alles klar. Es handelte sich um eine Polizeistreife; unangemeldet irgendwo wohnen ist nämlich strafbar. Nun, bei mir war alles in Ordnung. Wenn nur diese Milizer bald weggehen, dachte ich, ich bin wahnsinnig müde. Die machten aber gar keine Anstalten fortzugehen. Einer interessierte sich für meinen Wäschesack, der andere fing an, meinen Koffer zu durchsuchen. Die Frau tastete mich ab. Komisch, ich wußte nicht, was, außer einem Taschentuch, man in den Taschen eines Pyjamas und eines Morgenrocks herumtragen könnte.

Schließlich bedeutete man mir, mich anzukleiden. Die Frau blieb im Zimmer. Dann zog der eine Mann ein Papier aus der Tasche, wobei er fragte: „Russische Buchstaben lesen können Sie doch?" Ich las das Wort ORDER. In diesem Moment hätte ich natürlich normalerweise kombinieren müssen, daß dieses Wort „Haftbefehl" heißt. Aber ich wollte ja nicht wahrhaben, daß ich verhaftet werden könnte – und lächelte verständnislos. Da zuckte auch der Mann mit den Achseln. Er wies mich an, ihnen zu folgen. Jetzt schien mir alles wieder ganz klar. Offenbar war eben doch in der Wohnungsangelegenheit nicht alles in Ordnung, deswegen heulte auch die Wirtin, die jetzt erschien. Sie hat gewiß diesen Verschlag ohne Erlaubnis vermietet. Sicherlich soll ein Protokoll aufgenommen werden, etwas anderes *kann* es ja nicht sein.

Wir verließen das Zimmer. Plötzlich machten sich die Männer an der Tür zu schaffen. Was soll denn das bedeuten?

Morgen kommt Wolodja und findet eine versiegelte Tür. Hätte ich gewußt, daß die Leute mich mitnehmen, dann hätte ich doch wenigstens die Zeichnung bei der Wirtin gelassen.

Ich wurde hinausgeführt. Der Wagen fuhr zum Lubjanka-Platz. Also nicht zum Haus der Miliz, sondern zum NKWD. Durch eine

Art Wachstube wurde ich in einen kleinen Nebenraum geführt. Keiner sagte mir etwas, keiner wollte etwas von mir. Ich blieb allein und – überdachte die Situation. Oder richtiger gesagt: meine Gedanken bewegten sich unablässig im Kreise.

Wie lange ich dort gesessen habe, weiß ich nicht mehr. Ein NKWD-Soldat holte mich endlich.

Das ganze Leben lang habe ich mich über Leute gewundert, die, wenn sie in einem komplizierten Gebäude gewesen waren, genau angeben konnten, ob sie einen Korridor rechts oder links lang gegangen, wieviel Treppen sie hochgestiegen und ob sie dann nach rechts oder links abgebogen waren. Ich hingegen konnte mich nie orientieren. Am wenigsten natürlich an diesem Morgen.

Nur an einen Moment erinnere ich mich. Eine große Eisentür wurde aufgeschlossen, die in einen engen Hof führte. Dort stand ein schwer bewaffneter Soldat. „Jetzt werde ich erschossen!" dachte ich und das Herz schien mir stillzustehen. Mein Kopf war leer. Erst als ich neben mir „Los!" (Dawajtje) hörte, löste sich meine Erstarrung, und nun kamen mir alle möglichen Gedanken und Vorstellungen. Sind es die letzten vor meinem Tode?

Inzwischen waren wir über Treppen und Gänge gewandert und vor eine schmale Tür gekommen. Rechts und links waren ebensolche Türen. Der Uniformierte bedeutete mir einzutreten. Ich befand mich in einer Gefängniszelle. Eine vielkerzige Birne gab unangenehm helles, weißes Licht. Ein Fenster war nicht vorhanden. Der Beamte schloß die Zelle ab; ich setzte mich auf den Schemel und wartete. Worauf wartete ich eigentlich? In erster Linie natürlich auf mein Verhör. Aber niemand ließ sich sehen. Auf dem Korridor war ein ewiges Kommen und Gehen. Türen wurden auf- und zugeschlossen. Namen wurden aufgerufen. Um mich kümmerte sich niemand.

In den Einzelzellen des Polizeigefängnisses und Untersuchungsgefängnisses in Berlin, mit denen ich im Jahre 1918 Bekanntschaft gemacht hatte, gibt es Klosetts mit Wasserspülung. Hier war nichts. Ich zögerte lange, endlich aber wagte ich, an meine Tür zu klopfen. Ein Uniformierter kam. „Ubornaja" (Toilette) sagte ich. „Es ist gerade besetzt", entgegnete er freundlich. „Ich hole Sie gleich." Dann zeigte er mir die Toilette. Sie war sauber, und man konnte sich dort auch waschen. Als ich wieder in die Zelle ging, schaute der Soldat hinein. „Warum sitzen Sie auf dem Schemel? Sie verstehen wohl nicht, das Bett aufzuklappen?" und er half mir. Die Wärter sind nett. Wenn sie es hier mit Schwerverbrechern zu tun hätten und mich für schuldig hielten, würden sie mich anders behandeln, dachte ich. Vielleicht ist dies hier eine Art Polizeigewahrsam, wo man Leute vorübergehend festhält, um sie zu verhören. Ein richtiges Gefängnis wird es kaum sein.

Wie lange ich in dieser Einzelzelle geblieben bin, auch wann und wo die „Aufnahme" vor sich ging, ist mir aus dem Gedächtnis entschwunden. Wenn ich mich nicht irre, wurde ich am nächsten Vormittag abgeholt. Natürlich glaubte ich, es ginge nun endlich zum Verhör. Der Soldat führte mich von neuem über Treppen und Gänge und übergab mich schließlich einer Frauensperson. Im Vorraum gab sie mir einen eisernen Ring mit Haken und bedeutete mir, die Sachen aufzuhängen zur Desinfektion. „Den Pelz nicht", sagte sie und legte den pelzbesetzten Mantel zur Seite. Dann sah sie das Kleid, das seidene Unterkleid, die Wäsche, befühlte die Stoffe und sagte bewundernd: „Mein Gott, alles Seide! Hat man sowas gesehen! Nein, das nehme ich nicht, das wird verdorben in der Desinfektionskammer." Sie schien aber doch zu zögern. Wahrscheinlich handelte sie wider die Vorschrift. „Ihre Sachen sind ganz neu", sagte sie auf einmal sehr laut, „die brauchen nicht in die Desinfektion ... Das wäre ja Sünde", setzte sie leise hinzu und legte den Zeigefinger auf den Mund. Ich nickte mit einem Lächeln des Einverständnisses. „Tragen alle bei Euch im Ausland so feine seidene Wäsche?" wollte sie wissen. „Es gibt verschiedene", war meine unbestimmte Antwort. „Alles aus Paris", sagte sie begeistert. „Aus Berlin", korrigierte ich. Das ist ein und dasselbe, meinte sie. Da widersprach ich nicht mehr.

Die nächste Station war schon viel unangenehmer. Aus den Händen dieses nach Eleganz hungernden bäurischen Weltkindes kam ich in die Klauen einer vertrockneten Hexe, der es oblag, die Leibesvisitation vorzunehmen. Sie nahm mir die Handtasche weg, die Brille, die Lorgnette, eine Schmucknadel und meine goldene Armbanduhr. Nur meinen Taschenkamm und die beiden Taschentücher ließ sie mir. Ich mußte mich abermals splitternackt ausziehen. Die Körperuntersuchung, die nun begann, ist wohl das

Widerlichste und doch zugleich Grotesk-Komischste, was ich im Gefängnis erlebt habe.

Ich erinnere mich, irgendwo – war es bei Traven? – davon gelesen zu haben, wie Eingeborene, die in Gold- oder Diamantengruben arbeiten, beim Verlassen der Arbeitsstätte körperlich untersucht wurden; aber die NKWD-Methoden waren noch viel raffinierter. Ich ließ alles über mich ergehen und schwieg. Als ich mich wieder anziehen wollte, fehlte mein Hüftgürtel. „Nicht gestattet, los, weiter!" Wie sollen denn nun die Strümpfe halten! Ich stand ratlos und folgte ihr mit rutschenden Strümpfen auf den Korridor, wo mich wieder ein Uniformierter in Empfang nahm und abermals durch Gänge und über Treppen führte. Wir machten vor einer Tür Halt. Die Tür wurde geöffnet und man führte mich in ein Zimmer, in dem vier Betten standen. Drei davon waren besetzt. Jetzt erst wußte ich ganz sicher: ich war verhaftet. Ich war in den Händen des NKWD, aus denen keiner, ob schuldig oder unschuldig, sobald wieder heraus kommt.

Gefängnis

Nachdem es mir zur Gewißheit geworden war, daß ich eine Gefangene bin, dachte ich nur noch an meinen Wolodja. Welche Folgen wird meine Verhaftung für ihn haben? Werden sie ihn aus der Schule ausschließen? Wird er im Schutzbundheim bleiben können? Mein armer geliebter Junge, der unbedingt hatte mitkommen wollen nach Moskau, damit wir uns „nie wieder trennen ..." Irgendwann ging die Tür auf. Ein Uniformierter – später erfuhr ich, daß es der Oberaufseher (Korpusnoj) war – zeigte auf mich und fragte die anderen: „Warum weint sie?" – „Wie sollte sie nicht, wahrscheinlich hat sie kleine Kinder zu Hause zurückgelassen." Nicht weinen (Nelsja plakatj) meinte er kopfschüttelnd. „Sprechen Sie doch mit ihr" – Aber die Frauen waren verständnisvoll genug, mich nicht mit Fragen oder billigen Trostworten zu quälen.

Erst am folgenden Tage wurde ich mit meinen Zellengenossinnen bekannt. Mein Gegenüber, eine ältere dicke Frau namens Schmidt, verstand nur Russisch, obwohl sie doch vermutlich deutscher Abstammung war. Sie ging ununterbrochen auf und ab und knetete aus nassem Brot kleine Figürchen: Katzen, Pferde, Hunde, Papageien, Antilopen; sie war Bildhauerin von Beruf. Das Bett am Fenster hatte eine Frau Ostrowskaja inne. Sie war schon acht Monate im Gefängnis. Da sie Deutsch sprach, schloß ich mich zunächst etwas mehr an sie. Sie sei des „Trotzkismus" angeklagt, sagte sie mir. Ihr Mann, ein alter Parteifunktionär, war vor ihr verhaftet worden. Die dritte Zimmergenossin, eine schwer magenleidende ältere Frau, die Diätverpflegung erhielt, kam schon zwei Tage später aus unserer Zelle heraus.

Wenn der Oberaufseher mit der Liste kam, um jemanden zum Verhör zu holen, sagte er – beispielsweise – nicht „Ostrowskaja", sondern rief: „auf O?" Dann nannte die, deren Name mit O begann, ihren Familien-, Vor- und Vatersnamen. Eine andere Eigentümlichkeit war, daß niemandem gesagt wurde, ob er zum Verhör gerufen wird oder ob er ganz aus der Zelle herauskommt. War das letztere der Fall, so kam der Oberaufseher nach einer Weile zurück und ordnete an, daß die Sachen der herausgeholten Gefangenen abgegeben würden. Von den drei Gefangenen, die ich bei meinem Eintritt in die Zelle antraf, blieb Frau Ostrowskaja. An die Stelle der kranken Arbeiterfrau kam eine Ärztin, an die Stelle der Bildhauerin erst auf ein paar Tage eine Bibliothekarin und dann eine junge Chemiestudentin.

Die Ärztin, die ich auf Anfang der Fünfzig schätzte, sprach Französisch. Sie wurde gleich am ersten Tage verhört. Als wir sie fragten, wessen man sie beschuldigte, antwortete sie, man habe ihr noch nichts Konkretes gesagt; sie habe den Eindruck, man wolle erst durch längere Unterhaltungen mit ihr irgendeinen Anhaltspunkt gewinnen. Ich war fassungslos. „Sehen Sie", meinte sie unbekümmert, „bei Ärzten ist das ein besonderer Fall. Wenn auch das Leben der Menschen in den Zwangsarbeitslagern nicht besonders hoch veranschlagt wird, Ärzte für sie werden trotzdem gebraucht. Und wenn nicht genug da sind, dann müssen eben welche verhaftet werden. Wer geht schon freiwillig nach dem Hohen Norden?"

Später habe ich oft die Erfahrung gemacht, daß russische Bauern eine Verhaftung als so etwas wie Hagelschlag, Dürre oder Überschwemmung betrachteten, als eine unabwendbare Naturkatastrophe, die demütig zu tragen Bestimmung der Menschen ist. Daß aber jemand wie diese Ärztin zu einer solchen fatalistischen Auffassung kommen konnte, das erschütterte mich.

Ich wurde erst am vierten Tage nach meiner Verhaftung zum ersten Male aus der Zelle gerufen. „Auf L?" – „Leonhard, Susanne, Jewgenjewna", antwortete ich vorschriftsmäßig. „Kommen Sie mit." Draußen fügte der Beamte hinzu: „zum Verhör" (Na dopros). Mein Untersuchungsrichter war eine junge, elegant gekleidete Frau. Sie sprach ziemlich gut Deutsch, wenn auch mit Akzent und gelegentlich mit grammatikalischen Fehlern.

Mit starkem Pathos begann sie: „Wenn Ihnen Ihr Leben lieb ist und Sie jemals Ihr Kind wiedersehen wollen, dann sagen Sie die Wahrheit! Uns ist bekannt, daß sie als Kurier Trotzkijs in die Sowjetunion gekommen sind. Legen Sie ein Geständnis ab, und unterschreiben Sie!" Dabei schob sie mir ein Blatt Papier hin. Das war denn doch zu plump. „Hören Sie mal, damit wir gleich miteinander Bescheid wissen. Solchen Bluff lassen Sie besser bleiben! Der verfängt bei mir nicht," sagte ich abweisend. „Waa-waas erlauben Sie sich? Sie haben hier nicht frech zu werden!" – „Ich bin durchaus nicht frech, sondern sachlich und ich habe auch keine Veranlassung, nicht die Wahrheit zu sagen. Aber es ist doch lächerlich, völlig grundlose Anschuldigungen zu erheben und zu glauben, mich damit einschüchtern zu können." – „Lächerlich ist das?! Lächerlich, sagen Sie??!! Das Lachen wird Ihnen noch vergehen." Damit hatte sie allerdings recht, und es sollte sich bald herausstellen, daß sie mir mit ihren NKWD-Methoden weit überlegen war. Doch fürs erste schien meine Untersuchungsrichterin genug von mir zu haben. Sie telefonierte mit der Wache, wobei ich erfuhr, daß meine Zelle sich im „Zweiten inneren Isolator" befindet, und ich wurde abgeführt.

„Schon wieder zurück? Sind Sie auf Deutsch vernommen worden?" empfing man mich in meiner Zelle. „Haben Sie irgendetwas unterschrieben?" – „Sie müssen sehr vorsichtig sein", mahnte die Ärztin, „denn wenn Sie ein deutsches Protokoll unterschreiben und man ihnen dann die angebliche Übersetzung vorlegt, wissen Sie nicht ..." – „Na, soweit wird doch der Schwindel nicht gehen, daß die eine falsche Übersetzung unterschieben. Oder – meinen Sie?!" Beredtes Schweigen war die Antwort, und ich wußte Bescheid.

„Übrigens", ich sprang auf, „darf ich mich vorstellen? Kurier Leo Trotzkijs aus Stockholm" – „Wieso?" – „Ja, meine Untersuchungsrichterin behauptet, ich sei als trotzkistischer Sonderkurier nach der Sowjetunion gekommen. Trotzkij befindet sich seit seiner Ausweisung aus der Sowjetunion auf einer der schönen Prinzen-Inseln unweit von Istanbul. *Ich* komme aus Schweden und soll Trotzkijs Kurier sein! Türkei und Skandinavien – beim NKWD ist offensichtlich alles möglich!" – „Aber Trotzkij ist wirklich in Schweden gewesen", warf die Ärztin ein. „Ausgeschlossen! Bei uns war allgemein bekannt, daß er seit 1929 auf einer Insel im Marmarameer, auf Prinkipo (türkisch: Büyük Ada) lebt."

Nun mischten sich auch die anderen ein. Nein, hieß es, Trotzkij habe die Türkei 1933 verlassen, sei dann in Paris gewesen und habe schließlich, von dort ausgewiesen, Zuflucht in Norwegen gefunden. „Wirklich?" Ich hatte nie etwas davon gehört oder gelesen. „Wann denn, wann?" wollte ich wissen. So genau konnten meine Zellengenossinnen es mir nicht sagen, aber früher als Ende des Jahres 1935 könne es wohl nicht gewesen sein. „Na also!" atmete ich auf. „Und ich bin doch schon im Juni 1935 aus Schweden weggefahren. So habe ich wenigstens noch die Chance, hier herauszukommen."

„Ich will Ihnen die Hoffnung nicht rauben," sagte die Ärztin ernst. „Aber urteilen Sie selbst! Wird das NKWD jemanden verhaften und dann wieder freilassen mit der Erklärung, man habe sich geirrt? Ich glaube das nicht. Und ich glaube es um so weniger, als ja nach der alten russischen Tradition aus der Zarenzeit ein Menschenleben bei uns keinen Pfifferling wert ist. Man muß sich abfinden ..."

Unser Leben in der kleinen Gemeinschaftszelle verlief in gutem Einvernehmen. Frau Ostrowskaja war Zellenälteste und Bibliothekarin. Je zwei hatten abwechselnd Tagesdienst: Zelle ausfegen, Brot, Zucker und Zigaretten entgegennehmen. Wieviel Brot pro Person ausgefolgt wurde, weiß ich nicht. Wer Geld hatte, konnte sich Lebensmittel kaufen, auch Toilettenartikel, Trikotagen, Handtücher und Wolldecken, und wer Angehörige hatte, konnte von ihnen monatlich 50 Rubel überwiesen bekommen. Aber ich wußte ja, daß ich nichts zu erwarten hatte.

Alle fanden es sehr beunruhigend, daß ich so unvorbereitet, ohne warme Sachen, ohne Decke ins Gefängnis gekommen war. Mein schwarzes seidenes Kleid war gar nicht strapazierfähig. Die dünnen Seidenstrümpfe bekamen schon Löcher. Nähnadeln waren nicht erlaubt. Man präparierte sich Streichhölzer, mit denen gestopft und genäht wurde. Die Fäden zum Nähen zogen wir aus den Bettlaken oder den Matratzen heraus. Auch das Problem der Strumpfhalter wurde gelöst. Man machte sich Schnürchen aus zusammengedrehten Fäden. Es gehörte zu den idiotischen Bestimmungen des Gefängnisregimes, daß einem diese „Strumpfbänder" bei den häufigen Durchsuchungen (Obyiski) immer wieder weggenommen wurden. Natürlich wurden sie unverzüglich neu hergestellt. „Wie werden Sie bloß in ihren Schuhchen und Seidenstrümpfen und ohne Wäsche zum Wechseln, ohne warmen Pullover oder ähnliches ins Lager fahren!" sorgte sich die Ärztin. Wir beschlossen, ein Gesuch zu schreiben. Die Antwort, die ich erhielt, war sehr unbefriedigend, wenn auch, vermutlich, zutreffend: von meinen Sachen sei nichts mehr vorhanden.

Zu den Merkwürdigkeiten des Gefängnislebens in der Lubjanka gehörte es, daß wir stets erst mitten in der Nacht ins Bad geführt wurden. Wir durften uns alle sechs Tage unter der Dusche warm waschen. Auch zum „Spaziergang" wurden wir nachts gegen zwei Uhr geweckt, zwei- oder dreimal in der Woche. Meist führte man uns in den Hof, einmal aber auf den Dachgarten. In Moskau ist ja Anfang November schon richtiger Winter, und die herrliche frostklare Winternacht, der Sternenhimmel über uns, das schlafende Moskau zu unseren Füßen, machten uns allen einen tiefen Eindruck. Stumm gingen wir in unsere Zelle zurück, und lange konnte ich damals keinen Schlaf finden.

Ich wurde, solange ich im Lubjanka-Gefängnis war, ziemlich häufig zum Verhör gerufen. Die Brille, um die ich gebeten hatte, erhielt ich nicht; der Oberaufseher gab mir für die Zeit der Vernehmung die Lorgnette. Ein Verhör bei einer raffinierten Untersuchungsrichterin, deren Gesichtsausdruck man nicht beobachten kann, bedeutet zweifellos eine große Benachteiligung. Ich beschwerte mich. Schließlich könnte ich meine Untersuchungsrichterin nicht stundenlang durch die Lorgnette anstarren. Außerdem ging diese bald entzwei. Irgendein NKWD-Soldat hatte offenbar zu lange mit dem Patentverschluß gespielt, und nun hing das linke Augenglas herunter. Aber die Brille erhielt ich trotzdem nicht.

Auf den angeblichen Auftrag von Trotzkij kam meine Untersuchungsrichterin noch öfters zurück. Da ich von meinem Beweis der zeitlichen und räumlichen Unmöglichkeit, Kurier Trotzkijs gewesen zu sein, nicht abging, versuchte sie, mir eine Beziehung zu dem Sohn Trotzkijs, Ljowa Sedow, anzudichten. Schließlich beschränkte sie sich darauf, mich zu beschuldigen, ich hätte Bücher von Trotzkij gelesen. Ich leugnete das nicht, aber ich sagte ihr, wenn sie zur Zeit der Oktober-Revolution schon erwachsen gewesen wäre, dann hätte sie – als gute Parteigenossin – das wohl *auch* getan, ja, sie wäre sogar verpflichtet gewesen, Trotzkijs Werke zu lesen. Nur die Tatsache, daß sie zehn Jahre jünger sei als ich, habe sie vor diesem schrecklichen „Verbrechen" bewahrt. „Lassen Sie diese unangebrachte Ironie", sagte die Untersuchungsrichterin verärgert und mit rotem Kopf.

Sie hatte nun aber eingesehen, daß sie mich auf keine Weise *direkt* des „Trotzkismus" beschuldigen könne und entschloß sich, einen Umweg zu versuchen. Sie wollte unbedingt protokollarisch aufnehmen, daß ich zu einer Oppositionsgruppe gehört hätte. Das stimmte aber nicht. Weder hatte ich je der Brandler-Gruppe angehört, noch der Maslow-Gruppe. Ich war ja auch nicht – wie viele andere – als Mitglied einer der oppositionellen Gruppen aus der KP ausgeschlossen worden, sondern ich war schon vorher selbst aus der Partei ausgetreten. Später erst hatte ich mich mit einigen Ultralinken näher befreundet, vor allem mit Karl Korsch. „Ich kann überhaupt nicht begreifen, warum sich das NKWD für politische Diskussionen der Korsch-Gruppe interessiert, an denen ich vor 10 Jahren in Berlin teilgenommen habe. Es ist einfach absurd", sagte ich. „Das müssen Sie doch selbst zugeben, Bürgerin Untersuchungsrichter." Sie tobte über meine „Frechheit".

Die Gründe, die mich veranlaßt hatten, 1925 aus der Partei auszutreten, wollte sie wissen. Nun, den Hauptgrund, nämlich meine kritische Stellung zur Sowjetunion, sagte ich ihr nicht. Dafür erzählte ich ihr etwas von der wechselnden pro- und antisozialdemokratischen Tendenz in der KPD, die mir nicht gefallen habe. Das eine Mal seien die Sozialdemokraten als Zwillingsbrüder der Nazis, das andere Mal als die natürlichen Verbündeten der Kommunisten bezeichnet worden. Ich erwähnte die Abstimmung über den Bau des Panzerkreuzers B, wobei die Sozialdemokratie für den Bau eingetreten und von der KPD deswegen mit Recht heftig bekämpft worden sei, und dann das Zusammengehen beider Parteien in der Frage der Fürstenabfindung, wobei die KPD-Hofsänger überall das Liedchen gegröhlt hatten: „SPD und KPD ziehen nun an einem Strick." Ich ließ sie eine Fülle verwirrender Einzelheiten aufschreiben, aus denen sie offensichtlich nicht klug wurde. „Ist das alles zu diesem Punkt?" fragte sie streng. „Unterschreiben Sie!" Ich unterschrieb.

Gern hätte ich einen der zuständigen NKWD-Abteilungs-Chefs zu diesem Teil des Protokolls gehört. Ob er daraus ersehen könnte, daß ich mich über diese sinnlose „Untersuchung" lustig machte? Aber ich hatte zu früh triumphiert. Es kam ganz anders. Meine Untersuchungsrichterin sagte: „Sie werden noch tief bereuen, daß Sie sich so benehmen vor einem sowjetischen Untersuchungsrichter. Ich hatte Ihnen die Chance geben wollen, ihre Lage zu verbessern. Aber – wie Sie wollen. Vielleicht werden Sie Ihr Leugnen aufgeben, wenn ich Ihnen sage, daß Sonja Liebknecht hier war und alles erzählt hat, was Sie gesprochen haben. Und Ihren Sohn haben wir auch verhaftet, er hat alles bestätigt. Sie haben ihn trotzkistisch erzogen." – „Ich habe ihnen schon einmal gesagt, daß ich mich nicht einschüchtern lasse. Mein Sohn wird nie gegen mich als Zeuge auftreten, und es ist ja auch nichts, was er sagen könnte. Einen Jungen aus dem Kinderheim heraus zu verhaften, das werden Sie sich wohl noch überlegen." – „Bei uns werden schon Zwölfjährige verhaftet und verurteilt", sagte sie, und sie schien sehr stolz auf diese Errungenschaft der Sowjetjustiz zu sein. Ich hatte den Gesetzeserlaß vom 7. April 1935 gelesen, der besagte, daß Kinder vom vollendeten 12. Lebensjahre an unter das allgemeine Strafgesetz fallen, daß also sogar die Todesstrafe an ihnen vollstreckt werden kann. Trotzdem glaubte ich weder, daß Wolodja verhaftet sei, noch daß meine Freundin gegen mich ausgesagt habe. „Sie haben Zeit, in sich zu gehen. Nach dem Fest rufe ich Sie wieder." Damit war ich entlassen.

Mein erstes Verhör nach dem 7. November begann mit der alten Frage, ob ich mein Geständnis über meine antisowjetisch-trotzkistische Agitation ablegen wolle. Ich sagte, ich hätte nichts zu gestehen. „Nun, dann werde ich es Ihnen vorlesen." Sie nahm ein an die 30 Blatt dickes Schriftstück und las mir etwas stockend – denn sie übersetzte aus dem Russischen – Wort für Wort alle Gespräche vor, die ich in Moskau mit Hans Rodenberg – und nur mit ihm – geführt hatte, mit dem einzigen Unterschied, daß nicht nur meine eigenen Worte, sondern auch die provokatorischen Reden Rodenbergs in dieser Niederschrift als *meine* Äußerungen protokolliert waren. Es fehlte nichts. Alle Themen, die jemals Gegenstand unserer Diskussionen gewesen waren: militärische Jugenderziehung, Heroenkult und Byzantinismus, Machthunger Stalins, fiktive Verfassung, Knechtung der freien Meinungsäußerung, Staatsmonopol der Presse und falsche Berichterstattung über das Leben im Ausland, kulturelle Rückständigkeit der Massen, niedriger Lebensstandard in der Sowjetunion, soziale Ungleichheit, Stachanows System und progressive Leistungslöhne – aber auch ernste theoretische politische Themen, die wir diskutiert hatten: Lenins Etatismus, Entmachtung der Räte, Einsatz der Staatsmacht als Werkzeug zur Umgestaltung der Gesellschaft, Verstaatlichung statt Vergesellschaftung der Produktionsmittel, Primat der monolithischen Partei, Unterordnung der Komintern unter das Politbüro der Bolschewiki, permanente Revolution – alles, alles, jedes Gespräch war ausführlich niedergeschrieben, sogar die Trotzkij-Broschüre war erwähnt und unsere Unterhaltung über die verbotenen Bücher ...

Darauf war ich allerdings nicht gefaßt gewesen. Rodenberg in NKWD-Diensten! Darum die vielen Verhaftungen unter seinen Freunden! Daher die Möglichkeit, seine Gäste mit Torte und Weintrauben zu bewirten. Deshalb hatte es ihn glücklich gemacht, in mir einen Menschen gefunden zu haben, mit dem man sich mal so richtig aussprechen könnte!

Öfters hob die Untersuchungsrichterin, während sie übersetzte, den Kopf und sah mich an. So groß der Sturm auch war, der in mir tobte, ich tat ihr nicht den Gefallen, äußerlich zu reagieren ... „Na und?" fragte ich, als sie geendet hatte. „Was soll das Ganze? Warum lesen Sie mir die Stilübungen von Hans Rodenberg vor?!"

Sie überhörte den Namen geflissentlich und fauchte mich an: „Wollen Sie jetzt ein Geständnis ablegen, daß sie eine konterrevolutionäre trotzkistische Tätigkeit entfaltet haben?" – „Ich habe weder trotzkistische Agitation getrieben, noch sonst eine konterrevolutionäre Tätigkeit entfaltet. Lassen Sie diese Verdrehungen. Ich habe mich in der Privatwohnung meines Freundes – denn bis vor 10 Minuten war er das in meinen Augen noch – über verschiedene Probleme des sowjetischen Lebens, die uns beide als Sozialisten und als Westeuropäer interessieren mußten, unterhalten. Von sowjet-feindlicher Wühlarbeit kann keine Rede sein. Was habe ich denn getan. Ich habe einem einzigen Menschen gegenüber verschiedene kritische Bemerkungen gemacht, die überdies Wort für Wort der Wahrheit entsprechen. Mein Pech war nur, daß mein Freund ihr Vigilant und agent provocateur ist."

„Das ist nicht wahr!" schrie sie, hochrot vor Wut. „Niemals hat ..." – „Regen Sie sich doch nicht auf! Ich weiß sehr wohl, daß das

NKWD ebensowenig Denunzianten beschäftigt, wie die Stalinsche Verfassung das Recht auf freie Meinungsäußerung einschränkt." – „Unterstehen Sie sich nicht, höhnische Reden zu führen, Sie, Sie ...", japste die Untersuchungsrichterin mit überschnappender Stimme. „Sie werden das alles noch sehr zu bereuen haben." – „Daß ich hier die Wahrheit sage, das werde ich bestimmt nie bereuen. Und im übrigen weiß ich, daß Sie die Macht haben ..." – „Ich werde Sie wegen Mißachtung der Behörden zur Rechenschaft ziehen! Nach Butyrki werde ich Sie schicken. Sie werden noch ganz klein werden." – „Nach Butyrki?" fragte ich interessiert. „Was ist das?" Sie sah mich zweifelnd an. Dann aber schien sie zu der Überzeugung zu kommen, daß ich als Ausländerin vielleicht wirklich nicht wisse, was jeder Moskauer achtjähriger Junge weiß. „Butyrki ist ein großes Gefängnis. Dort kommen solche hin, die frech leugnen wie Sie. Da werden Sie noch an die Lubjanka zurückdenken."

Wieder nahm sie das Schriftstück zur Hand. Sie wollte nun vermutlich die einzelnen Punkte als „Geständnisse" protokollieren, denn natürlich konnte sie mir die Denunziation nicht einfach zum Unterschreiben hinlegen. Aber als intelligente Person sah sie wohl selbst, daß sie bei einer Diskussion unvermeidlich den kürzeren gezogen hätte. Sie war längere Zeit in Berlin gewesen –, wie hätte sie nicht wissen müssen, daß der Lebensstandard des deutschen Arbeiters, sogar der des Arbeitslosen, *über* dem des sowjetischen qualifizierten Arbeiters lag? Aber diese Feststellung war doch nicht „konterrevolutionär". Mir, einem Menschen, der sich 20 Jahre lange mit Fragen des Sozialismus beschäftigt hatte, hätte sie wohl glauben müssen, daß ich genügend über die Härten der frühkapitalistischen Ära, der ursprünglichen Akkumulation, informiert bin. Und was hätte sie mir, die ich zur Zeit der Oktoberrevolution schon Studentin im 6. Semester gewesen war, entgegnen können, wenn ich ihr die wahre Geschichte der Machtergreifung durch die Bolschewiki erzählt, wenn ich insbesondere von der Rolle Trotzkijs, des nächsten Mithelfers Lenins, des Lieblings der sowjetischen Jugend und des Begründers der Roten Armee berichtet und ihr bewiesen hätte, daß die Geschichte dieser Revolution jetzt verfälscht wird?

In keiner meiner Äußerungen war irgendeine Hetze oder gar

„konterrevolutionäre Agitation" enthalten. Und hätte man sich vernünftig über alles ausgesprochen, dann hätte ich das auch – trotz des tendenziösen Denunziantenberichts – nachweisen können.

Rodenbergs Bemerkung fiel mir ein: „Schon wenn Du bezweifelst, daß die Moskauer U-Bahn die beste der Welt ist, kannst Du ins Gefängnis kommen." Tatsächlich stand auch in dem Protokoll, ich hätte mich abfällig über die „Metro" geäußert. „Bin ich denn ein Feind der Sowjetregierung oder gar des Sozialismus, wenn ich die Berliner, die Londoner oder die Pariser Metro für ebenso gut halte? Sind wir schon so weit gekommen, daß man nur noch applaudieren und hurra schreien darf?

Meiner Meinung nach ist es überhaupt ein Fehler, daß man in der Sowjetunion, statt auf die enormen Erfolge hinzuweisen, die in den 18 vergangenen Jahren in jeder Beziehung erzielt worden sind, stets das Ausland zum Vergleich heranzieht. Viel vernünftiger wäre es, den Menschen immer wieder den Fortschritt im Vergleich zum zaristischen Rußland klarzumachen, statt über das Ausland falsche Vorstellungen zu erwecken ..." – Meinen Mitgefangenen erzählte ich diesmal nichts über das Verhör. Auch später habe ich niemals davon gesprochen, daß ein „Freund" mich dem NKWD in die Hände gespielt hat. Meine Enttäuschung war zu tief. Hans Rodenberg hatte es vorgezogen, mich an das NKWD zu verschachern, statt – nach Spanien zu gehen. Auf den Trümmern des Lebens einer Mutter und ihres Kindes hatte Rodenberg sich eine neue Existenz aufgebaut. Und er hatte das nicht etwa unter dem Druck quälender Verhöre, wüster Beschimpfung und schrecklicher Drohung getan, sondern zu einer Zeit, als es diese NKWD-Methoden noch nicht gab; er hatte seinen Verrat begangen, nicht um sein Leben zu retten, sondern um Lebeschön zu machen. Während alle seine Freunde ins Gefängnis wanderten, konnte Rodenberg unter dem Schutz seines Brotgebers, des NKWD, ruhig schlafen.

In der Nacht vom 13. zum 14. November kam der Oberaufseher in unsere Zelle. Ich war sofort hellwach, als ob ich erwartet hätte, hinausgerufen zu werden. Der schwarze Rabe (Gefängniswagen) brachte mich in den Hof eines großen Gebäudekomplexes. ‚Wahrscheinlich Butyrki', dachte ich.

Nach der „Aufnahme" wurde ich in eine winzig kleine Zelle eingesperrt, eine sogenannte „Hundezelle" (Sobatschnik). Es wiederholte sich die Prozedur, die ich am 26. Oktober in der Lubjanka durchgemacht hatte. Danach führte mich ein Soldat durch einen langen, mit gelben geriffelten Fliesen ausgelegten Gang. Als er an eine Tür kam, klopfte er in einem besonderen Rhythmus.

Hinter der Tür öffnete sich wieder ein breiter gekachelter Gang, aus dem mir eine unangenehme dumpfe Kellerluft entgegenschlug. Hier waren rechterhand Fenster und linkerhand Zellentüren. Die Frau, die mich jetzt führte, öffnete die eine und – – ich blieb erstarrt stehen. „Los – los!" sagte die Frau, schob mich hinein und schloß die Tür. Ich stand in einem großen hellerleuchteten Raum, in dem – wie Sardinen in einer Büchse – eine Menge halbnackter Frauen auf kahlen Brettern lagen. Der ganze Raum war von einem weißlichen Dunst angefüllt. Die Luft war kaum zu atmen. Einige Frauen richteten sich auf, strichen ihre wirren Haarsträhnen aus dem Gesicht und glotzten mich an. ‚Das kann man nicht aushalten. Lieber auf der Stelle sterben als so etwas ertragen', dachte ich schaudernd.

Ich habe mehr als 200 Tage und Nächte in dieser Massenzelle des Butyrki-Gefängnisses zugebracht und – habe es ertragen.

Der Raum hat zur Zarenzeit 24 Gefangene beherbergt – damals gab es einzelne Pritschen hier – jetzt waren 74 Menschen untergebracht. Eine Frau begrüßte mich: „Übrigens, welche Nationalität sind Sie?" – „Deutsche". – „Wir haben gerade vor 6 Stunden eine Neue bekommen, eine Reichsdeutsche." – „Ich bin auch Reichsdeutsche, aus Berlin." Sie führte mich zu meiner Landsmännin. Alma König, so hieß sie, stammte auch aus Berlin. Sie war ungefähr 35 Jahre alt. Im Gefängnis hieß sie Burg-König, da sie mit einem Paß auf den Namen Burg in die Sowjetunion emigriert war. Ihr Mann war schon vor einigen Monaten in Odessa verhaftet worden, erzählte sie.

Die Zelle war ungefähr 10 Meter lang und 6 Meter breit. Sie hatte drei Fenster, die aber durch vorgebaute Blechkästen keinen Ausblick gestatteten. An den beiden Längswänden und der Fensterwand liefen in etwa 60 Zentimeter Höhe Holzbretter von zwei Meter Breite entlang, so daß ein riesiges, hufeisenförmiges Massenbett gebildet wurde. Jeder hatte Anspruch auf zweieinhalb bis drei Bretter, das heißt auf einen Platz von 30 Zentimeter Breite. Auf der einen Seite schliefen 34 Frauen, mit den Köpfen zur Wand und den Füßen zur Mitte; auf der gegenüberliegenden Seite hatten nur 31 Platz, weil die Bretter nicht bis zur Vorderwand gingen, denn dort war Raum für die Abortkübel (Parascha) gelassen. Sieben Frauen schliefen an der Fensterwand.

Und nun hatte man noch fünf Bretter am Fußende dieser sieben angebracht, damit Alma König und ich Platz bekamen. Wir lagen rechtwinklig zu den sieben Frauen hinter uns. Wer an der Kante schlief, war in Gefahr, herunterzufallen; wer hinten schlief, bekam nicht selten Fußstöße in die Seite. Es gab weder Matratzen noch Kopfkissen, weder Decken noch Bettwäsche. Wer keine eigene Decke mitgebracht hatte, lag auf den kahlen Brettern. Zweimal am Tag wurden wir zur Gemeinschaftstoilette geführt. Auch in Krankheitsfällen gab es keine Ausnahme. Für die kleinen Bedürfnisse stand der Abortkübel da, der jedesmal bei der Morgentoilette (Oprawka) von den Diensttuenden ausgeleert werden mußte. Es war üblich, in drei Schichten von je 20–30 Personen in die Gemeinschaftstoilette zu gehen.

Alma König und ich hatten uns bei der ersten Schicht angestellt. Daß ein russischer öffentlicher Abort weder Klosettbecken noch Brille hat und nur aus einem Loch besteht mit zwei etwas erhöhten fußgroßen Platten an den Seiten, auf die man sich stellt und in die Hocke niederläßt, war mir bekannt. Als ich jedoch diese Gefängnistoilette sah, wo es dicht nebeneinander sechs solcher Abort-Plätze gab, die weder voneinander noch von den in dichter Reihe davorstehenden Wartenden irgendwie abgeteilt waren, als ich die Menschen sah, die hier ihre Notdurft verrichten sollten, eng nebeneinander hockend, während andere ungeduldig davorstanden und zuguckten, da ergriff mich ein solcher Schauder, daß ich in die Zelle zurücklief. Alma im gleichen Entsetzen hinter mir her.

„Das ist ja eine fürchterliche Barbarei! Nein – ich gehe nicht auf dieses Klosett und wenn ich krepiere", rief ich und Alma brach in Tränen aus. Man sah uns neugierig an, wir hatten aber deutsch gesprochen. Da trat ein junges Mädchen an uns heran, Ira Lilienthal, und redete uns gut zu. „Ich verstehe ihre Hemmungen, aber Sie müssen sich überwinden. Kommen Sie, wir gehen jetzt bei der zweiten Schicht alle drei zusammen und ich helfe Ihnen", und wirklich ging Ira mit uns, ließ uns die beiden letzten Plätze einnehmen, stellte sich mit dem Rücken vor uns und hielt noch ein ausgebreitetes Handtuch vor. Wer nie solche Situationen mitgemacht hat, kann nicht begreifen, daß gerade eine an sich so belanglose Sache, die im Vergleich mit dem Kummer darüber, daß der Mensch die Freiheit verloren hat und von seinen Lieben getrennt ist, gar nicht ins Gewicht fällt, zu den Momenten gehört, die einen Gefangenen zur Verzweiflung treiben können.

Die Verpflegung in Butyrki war erheblich schlechter als in der Lubjanka. Es gab zwar auch zweimal täglich warmes Essen, aber um zwölf Uhr mittags nur Kohlsuppe und um fünf oder sechs Uhr nachmittags einen dünnen Brei (Kascha) aus Graupen, Hafer oder Hirse. Außerdem gab es zweimal täglich heißes Wasser, „Tee" genannt, mit einem Stückchen Zucker und 600 Gramm Brot. Das russische Schwarzbrot ist sehr naß, so daß 600 Gramm nicht ein so großes Stück ist, wie man annehmen könnte. Ich aß in der ersten Zeit nur die Rinde. Später, als ich die Folgen der Unterernährung spürte, zwang ich mich dazu, auch das saure „Weiche" zu essen.

Um vier oder fünf Uhr nachmittags wurden wir zu einem halbstündigen „Spaziergang" in den Hof geführt. Ganz so schlimm wie auf dem unvergeßlichen Bild von George Grosz war es zwar nicht, aber immerhin schlimm genug. Während des Spaziergangs durfte kein Wort gesprochen werden. Man lernte aber sehr schnell, sich leise zu unterhalten, ohne die Lippen zu bewegen, indem man den Mund leicht geöffnet hielt und unter Weglassung aller Labiallaute sprach.

Im Laufe des Vormittags erschien der Heilgehilfe (Lekpom) zur Verteilung der vom Arzt verschriebenen Medikamente. Ärztliche Reihenuntersuchungen fanden alle drei Monate statt. Wenn jemand akut ernstlich erkrankte – ob „ernstlich", das wurde durch ein von der Krankenschwester gereichtes Fieberthermometer festgestellt –, dann hatte die Stubenälteste das Recht, auf dem Wege über die Diensttuende den Arzt zu benachrichtigen. Schwer Kranke kamen ins Krankenhaus. Die Aufnahme ins Gefängnislazarett schien allerdings nicht allein aus medizinischen Gründen zu erfolgen. Beziehungsweise die Nichtaufnahme war wohl in den meisten Fällen auf den Einspruch des Untersuchungsrichters zurückzuführen.

Während meines Aufenthaltes in Butyrki fanden zwei Massenuntersuchungen statt. Der Arzt sprach nur Russisch, und ich konnte nicht alle seine Fragen beantworten. Er verschrieb mir Rezept Nr. 7. Der Brauch, die Medikamente nicht mit Namen, sondern mit Nummern zu bezeichnen, war typisch für die konspirativen NKWD-Methoden. Niemals erfuhr der Kranke vom Arzt, woran er leidet oder womit er geheilt wird. Die Auswahl der Medikamente war übrigens sowieso nicht groß. Zwölf war die höchste Nummer. Es gab Glaubersalz, Salol, Opiumtropfen, Urotropin, Calcex, Strophantin, Adonis ...

Als ich zum ersten Mal mein Medikament Nr. 7 bekommen hatte, sagte eine ältere Frau, die es ebenfalls verlangte: „Ach, Sie sind auch herzkrank?" – „Herzkrank? Nein!" – „Ich bin Ärztin. Was Sie eben eingenommen haben, das ist Tinctura Strophanti. Wußten Sie denn nicht, daß Sie ein Herzleiden haben?" fragte sie. „Ich wußte sogar ganz bestimmt, daß ich *keins* habe ... oder wenigstens, daß ich bisher keins *hatte*", setzte ich zögernd hinzu. „Wie alt sind Sie?" – „Einundvierzig." – „Schon über vierzig? Ich habe sie für achtundzwanzig, allerhöchstens für dreißig gehalten. Da sieht man, wie die Ausländer sich gut konservieren. Sie haben unsere Hungerjahre nicht mitgemacht", sagte sie mit einem Anflug von Neid. – „Ich war immer gut trainiert ..." – „Aber jetzt haben sie einen Herzknacks weg, Sie Arme! Wenn es nicht unbedingt nötig ist, gibt der Arzt kein Herzstärkungsmittel, da können Sie sicher sein."

Einmal im Monat gab es Bücher. Die Bibliothek war recht reichhaltig. Außer den großen russischen Prosaschriftstellern des 19. Jahrhunderts und einigen zeitgenössischen sowjetischen Autoren – Maxim Gorkij, Ilja Ehrenburg, Michail Scholochow, Konstantin Fedin, Leonid Leonow – gab es russische Übersetzungen aus dem Französischen, Englischen, Italienischen, Deutschen: es gab Balzac, Zola, Victor Hugo, Mérimée, Vigny; es gab Dickens, Scott, Dreiser, Jack London, dos Passos, Hemingway, Sinclair Lewis; es gab Ignazio Silone, Moravia und d'Annunzio, Lion Feuchtwanger, Kellermann und Willi Bredel.

Für die vielen nichtrussischen Leser unserer Zelle wurde *ich*

Anfang Dezember zum Bibliothekar gewählt. Die Auswahl an fremdsprachigen Büchern war nicht gerade überwältigend, aber immerhin konnte man einiges finden, das auch eine wiederholte Lektüre lohnte. Ich las sehr viel: sämtliche Werke von Oscar Wilde, einige Romane von Dickens und von Walter Scott, „Vanity Fair" von Thackeray, die gesammelten Werke von Mark Twain in einem unheimlich dicken Band auf Dünndruckpapier, mehrere Bücher von Pierre Loti, „Louis Lambert" von Balzac, „Thais" von Anatole France, „Cinq-Mars" von Vigny und Novellen von Jack London. An deutschen Büchern war die Gefängnisbücherei leider ganz arm. Außer zwei dicken Bänden aus einer Prachtausgabe von Schiller, in denen die Jugenddramen und einige Prosawerke standen, gab es nur noch einen stark zerlesenen Roman von Spielhagen, ein Bändchen Erzählungen von Peter Rosegger und ein Dutzend christlicher Andachtsbücher. Die mochte einmal zur Zarenzeit jemand dem Gefängnis gestiftet haben, und da keiner in der Bibliotheksleitung Deutsch konnte, fristeten sie nun, 20 Jahre nach der politischen Umwälzung, noch immer ihr klägliches Dasein. Alma König stürzte sich auf Schiller. Im „Don Carlos" hatten begeisterte Leser vor uns die strafenden Worte König Philipps an die Hofdame Marquise Mondecar:

> ... Deswegen
> Vergönn ich Ihnen zehen Jahre Zeit,
> Fern von Madrid darüber nachzudenken ...

Dick unterstrichen. Auch die berühmten Worte aus der Rede des Marquis Posa:

> Die Ruhe eines Kirchhofs ...
> Sie wollen pflanzen für die Ewigkeit
> Und säen Tod? Ein so erzwungenes Werk
> Wird seines Schöpfers Geist nicht überdauern ...
> Der Mensch ist mehr, als Sie von ihm gehalten ...
> Ein Federzug von dieser Hand, und neu
> Erschaffen wird die Erde. Geben Sie
> Gedanken Freiheit ...

waren mit schwarzen Strichen – wahrscheinlich mittels abgebrannter Streichhölzer – eingerahmt.

Ende Dezember las ich zum ersten Mal etwas auf russisch. Ich wählte die kleine Geschichte von Tschechow: „Schlafen möcht ich" („Spatj chotschetsa"), da ich sie von früher her in deutscher Übersetzung kannte. Wenn ich sage: ich las diese Novelle, so ist das euphemistisch ausgedrückt. Ich habe diese vier oder fünf Seiten vielleicht sechsmal mechanisch gelesen, ehe ich etwas verstand, und wenn ich nicht gewußt hätte, wovon die Rede ist, dann hätte ich die Sache wohl aufgegeben. So aber ließ ich nicht locker. Manchmal übersetzte mir Ira Lilienthal einen Abschnitt, und ich las ihn dann immer wieder, bis ich mir die Wörter und Redewendungen eingeprägt hatte. Es ist sehr schwierig, eine fremde Sprache ohne Lehrbuch und Wörterbuch, ohne Papier und Bleistift zu studieren.

Inzwischen hatte es sich herumgesprochen, daß ich außer Deutsch noch Französisch und Englisch konnte, und bald gab ich in unserer Zelle vom Morgen bis zum Abend Sprachunterricht. Die meisten interessierten sich für Englisch, und das ging auch am besten, weil ein Lehrbuch vorhanden war. Eine junge Ingenieurin, Olga L., war morgens gleich nach der Morgentoilette zur Stelle, dann arbeitete sie selbständig, und nachmittags nahm sie die zweite Stunde. Auf diese Weise konnten wir die zweibändige Grammatik in drei Monaten durchnehmen.

Anfänger-Unterricht in Englisch und Französisch konnte ich natürlich nur übernehmen, wenn der Schüler – wie Olga – Deutsch beherrschte, da mein Russisch als Unterrichtssprache bei weitem nicht ausreichte. In den Konversationszirkeln aber rettete Ira Lilienthal, deren „zweite Muttersprache" Russisch war, oft die Situation.

Eines Tages erkannte Ira in einer Neuen ihre ehemalige Klassenschwester Ljena. Sie war eine Aristokratin aus altem Adel, die einen Rajewskij geheiratet hatte, den Urenkel eines im Jahre 1825 hingerichteten Dekabristen. Ljena Rajewskaja hatte als Bibliothekarin in der Kreml-Bibliothek gearbeitet und war nach der Ermordung Kirows 1934 verhaftet worden. Beschuldigt wurde sie – gemeinsam mit anderen Mitarbeitern der Bibliothek – der Vorbereitung eines Attentats auf Stalin. Hinter den Büchern sollte eine Bombe versteckt gewesen sein. Selbstverständlich war das eine freie Erfindung des NKWD – auf Weisung des Regierungschefs.

Immer neue „Verbrechen" hatten damals „entdeckt" werden müssen, um Stalins eigenes Verbrechen, den Mord an Sergej Kirow, glaubhaft zu verschleiern.

Während ihrer langen Haft im Polit-Isolator hatte Ljena Rajewskaja autodidakt Englisch gelernt. Ich fragte sie also auf englisch nach ihren Studien. Sie war verwirrt, schien kein Wort zu verstehen und konnte auch nicht sprechen. Deutsch konnte sie ebenfalls nicht. Wie sollte sie da am Kursus teilnehmen? Groß war dann mein Erstaunen, als Ljena schon in der dritten oder vierten Stunde nicht nur fehlerlos las, sondern auch ein Märchen von Wilde recht nett nacherzählte. Später erzählte sie mir, sie habe doch im Isolator nur allein nach dem Buch gelernt, ohne jemals ein Wort laut auszusprechen und ohne je englisch sprechen zu hören, daher habe sie zunächst gar nichts verstanden.

Einige meiner Schülerinnen bezahlten den Unterricht mit Lebensmitteln; das war natürlich für mich, die ich mir nichts kaufen konnte, sehr viel wert und ich genierte mich nicht, es anzunehmen. Daß ich nicht etwa Bedingungen stellte, versteht sich wohl von selbst.

Außer den Sprachkursen gab es in unserer Zelle auch noch andere Bildungszirkel. Eine Bulgarin hielt Vorträge über die Geschichte der östlichen Kunst, sie war Kunsthistorikerin. Leider konnte ich nicht viel verstehen. Andere Vorträge – über Parteigeschichte und „Polit-Ökonomie" – hatten weniger Zuspruch. Viel wurde rezitiert. Außer modernen Gedichten hörte ich im Gefängnis zum ersten Mal einige Kapitel aus „Jewgenij Onjegin", Alexander Puschkins berühmtem „Roman in Versen", vorgetragen, und Valentina (Vali) Adler, die im Februar 1937 in unsere Massenzelle eingeliefert worden war, deklamierte einmal einen Gesang aus der „Ilias" auf griechisch, was große Bewunderung hervorrief.

Wie im Lubjanka-Gefängnis, so gab es auch im Butyrki die Möglichkeit, einmal in der Dekade auf private Rechnung Lebensmittel zu kaufen. Der in manchen Massenzellen herrschende Brauch, diese eingekauften Lebensmittel an alle Zelleninsassen gleichmäßig zu verteilen, bestand bei uns nicht. Wohl aber gab es einige mit reichen Lebensmitteln versehene Frauen, die unbemittelten Mitgefangenen ein Geschenk machten. Ich fand oft auf meinem Platz Butter und Konfekt, auch Alma wurde stets bedacht.

Streng verboten war das Kartenspielen. Und doch wurden wieder und wieder aus winzigen Papierabfällen Miniaturspielkarten hergestellt, die bei plötzlicher Zellendurchsuchung schnell in den Abortkübel geworfen werden mußten. Allerdings wurden die Karten in den Frauenzellen nicht zu Glücksspielen verwendet, sondern zum Wahrsagen. Aus den Handlinien und aus blind geformten Brotklümpchen wurde die Zukunft vorausgesagt. In Bücher wurde „gestochen", und die Worte, die die Nadel traf, wurden „ausgelegt". Träume wurden „gedeutet".

Erstaunlich viele Traumgesichte kündigten angeblich einen „langen Weg" oder „eine Reise" an, also die Entlassung aus dem Gefängnis: lange Haare, Zwirnsfäden, Schuhe, eine fliegende Vogelschar, der Sonnenaufgang und anderes mehr. Manche Träume bedeuteten sogar direkt Rückkehr nach Hause oder Freilassung aus der Haft: die Geburt eines Kindes, der Beginn des Eisgangs, ein Wolkenbruch, und was weiß ich noch.

Beim Kartenlegen war es ähnlich. Andauernd kam das „staatliche Haus", also das Gefängnis, vor; dann klappte es meistens, daß irgendeine andere wichtige Karte daneben zu liegen kam, und da war der ersehnte „große Weg" aus dem „staatlichen Haus" frei. Wenn man die besonders häufige Prophezeiung hörte: „Du kommst bald in die Freiheit", dann mußte man sich doch logischerweise fragen, was wohl der Wahrsager bei demselben Verlauf der Handlinien, bei demselben Traum und derselben Kartenkombination seinen Kunden „in der Freiheit" gesagt hätte. Aber Logik ist ja nicht die stärkste Seite der Chiromanten, Traumdeuter und Kartenleger. Trotz ungezählter Möglichkeiten, sich empirisch davon zu überzeugen, daß die Prophezeiungen Mumpitz waren, blieb der Glaube an die unfehlbar richtigen Wahrsagungen unerschüttert, sowohl bei den Kartenlegern selbst, als auch bei ihrer Kundschaft.

Am meisten wunderte ich mich über die Ungarin Maria Krauss, die – nach fünfjährigem Lageraufenthalt – wieder nach Butyrki zurückgekommen war und in unsere Zelle gesteckt wurde. Sie war alte Kommunistin, Emigrantin aus Ungarn nach dem Zusammenbruch der Räterepublik (1919), eine äußerst intelligente, lebhafte Frau und belesene Marxistin. Ich wollte meinen Augen nicht trauen, als ich sah, daß sie Karten legte.

„Wie, Sie auch, Maria?" – „Urteilen Sie nicht vorschnell! Wenn Sie einmal fünf Jahre Lager hinter sich haben werden, dann werden Sie ganz anders denken als jetzt, da Sie noch in Gefängnis-Kinderschuhen stecken." – „Ich verstehe sehr wohl, daß Sie ein besonders schweres Schicksal haben, aber kann es durch Aberglauben besser werden? Das einzige, was uns Anti-Metaphysiker befähigt, den Kopf oben zu behalten, ist doch die klare Einsicht in die kausalen Zusammenhänge, und Sie lassen sich den Kopf mit Okkultismus vernebeln." – „Ich war auch Atheistin, früher, aber im Lager habe ich wieder beten gelernt. Und nun, da ich um alle Hoffnungen, frei zu werden, betrogen bin, suche ich den Trost, wo ich ihn finden kann." – „Im Selbstbetrug!" warf ich ihr vor. „Vor fünf Jahren hätte ich wahrscheinlich ebenso gesprochen wie Sie. Aber auf sich allein gestellt, ganz allein unter den Trümmern dessen, wofür man gekämpft hat, das hält niemand aus. Auch Ihnen wird es so gehen, wie es mir und anderen gegangen ist. Ich möchte jede Wette machen, wenn Sie im Zwangsarbeitslager sind, werden Sie auch wieder zu Ihrem Kinderglauben zurückkehren." – „Und ich bin felsenfest davon überzeugt, daß ich das nie tun werde. Marx schreibt einmal – erinnern Sie sich? – die Kritik der Religion ende mit der Erkenntnis, daß der Mensch das höchste Wesen für den Menschen sei, und mit der Forderung, alle Verhältnisse umzuwerfen, in denen der Mensch ein erniedrigtes, ein geknechtetes und verlassenes Wesen ist. Es ist eine jener Stellen, die nie veralten werden." – „Gewiß, ich erinnere mich, Marx sagt auch in diesem Zusammenhang, die Aufhebung der Religion als des illusorischen Glücks. Das ist ein Zukunftsziel. Aber Marx nennt die Religion das ‚Opium des Volkes' und den ‚Seufzer der bedrängten Kreatur'. Sehen Sie, und dieses Opium braucht jeder Mensch in der Bedrängnis. Ich kann ohne diesen Trost nicht leben. Auch Sie werden es wieder mit der Religion halten und vielleicht sogar mit dem, was Sie heute so verächtlich ‚Aberglauben' nennen. Denken Sie an meine Worte!"

Aus dem Gleichmaß der vielen grauen Tage, in denen Kummer und Leid schon zur Gewohnheit geworden war, ragten nur wenige Stunden in der Erinnerung hervor, Stunden, in denen das düstere Gefängniseinerlei durch etwas besonders Aufregendes oder Schmerzvolles unterbrochen wurde. Eine junge Gefangene, die, eben eingeliefert, in unsere Zelle kommt, bäumt sich wild auf gegen ihr Schicksal – sie hieß Heller und war die Frau eines hohen sowjetischen Offiziers, der zur Botschaft in Berlin gehört hatte –; eine Herzkranke wird nach schweren Anfällen sterbend, so scheint es uns, aus der Zelle getragen; eine junge Frau hat gleich in der ersten Nacht eine Fehlgeburt; eine andere hat plötzlich die Sprache verloren. Aber die Erinnerung an all' dies ist verschwommen, und die Ereignisse lassen sich nicht zeitlich einordnen. Für mich war der 16. April 1937 der traurigste Tag im Gefängnis. Es war der 16. Geburtstag meines Sohnes. Mit vollendetem 16. Lebensjahr bekamen die Kinder in der Sowjetunion im allgemeinen selbständige Pässe, sie durften dem Komsomol (Allrussischer Leninscher Kommunistischer Bund der Jugend) beitreten. Wie würde sich meine Verurteilung auf Wolodja auswirken?

Vor dem 1. Mai setzte eine neue Verhaftungswelle ein. Schon protestierte unsere Zellenälteste bei Neueinlieferung, aber die Gefängnisleitung stellte sich taub. Wir rückten den Tisch ganz vor bis an die Tür und legten abermals Zwischenbretter zwischen die beiden Seiten, die den Raum bis zum Tisch einnahmen. Für viele Menschen mag es unter diesen Umständen tatsächlich leichter sein in strenger Einzelhaft zu leben.

Während meines langen Aufenthalts in der Massenzelle des Gefängnisses Butyrki habe ich eine Menge Menschen kennen gelernt; aber nur wenige ragen aus diesem nebelhaften Chaos hervor. Da ich noch nicht Russisch sprach, blieb mein näherer Verkehr in der Hauptsache auf Deutsche beschränkt. Da war zunächst Alma König, die Berliner kommunistische Funktionärin, mit der ich in Kontakt kam. Sie hatte ihr ganzes Leben lang so sehr in der Kleinarbeit gesteckt, die eine Parteifunktion mit sich bringt, daß es ihr nie in den Kopf gekommen wäre, einmal die politischen Grundprobleme auf ihre Richtigkeit zu überprüfen. Alma sah in der Sowjetunion nicht die vielseitig schillernde, widerspruchsvolle Wirklichkeit, sondern das Produkt einer nie verstummenden Propaganda. Allem in der Sowjetunion kann man nur mit Superlativen des Enthusiasmus gerecht werden – das war das Leitmotiv! Zu welchen grotesken Fehlschlüssen Alma dabei kam, möge durch eine kleine Episode gezeigt werden.

Im Sommer 1935 war die Familie König in einem der schönen

Kurorte an der Schwarzmeerküste gewesen. Sie hätten gern an Bekannte geschrieben, aber im ganzen Ort gab es keine Briefumschläge und kein Schreibpapier zu kaufen. Da setzte sich Almas Mann hin, verfaßte ein „Eingesandt" und schickte es an die Moskauer Deutsche Zentral-Zeitung. Er hatte Glück. Es wurde gebracht, es wurde sogar von einer zustimmenden redaktionellen Vorbemerkung begleitet. Nach kaum 3 Wochen konnte man sich in jenem schönen Kurort Briefpapier und Umschläge kaufen. Ein sensationeller Erfolg. Alma war von Stolz geschwellt. Man bedenke! Ein Wort aus dem Volke hatte es bewirken können, daß man jetzt von seinem Sommeraufenthalt aus Briefe schreiben konnte. „In keinem anderen Land der Welt wäre so etwas denkbar!" rief Alma mit leuchtenden Augen. „Hm, schon möglich!" entgegnete ich trocken. „Aber glaubst Du, in einem anderen Land könnte es überhaupt vorkommen, daß in einem vielbesuchten Kurort keine Briefumschläge zu kaufen wären?" Das war zuviel. Eine solche Blasphemie! „Wie Du mir bloß so dumm kommen kannst", sagte Alma tief beleidigt. Zwei Tage lang sprach sie nicht mehr mit mir.

In Zukunft vermied ich es natürlich, mich in ihrer Gegenwart abfällig über irgendeine Erscheinung des sowjetischen Lebens auszulassen; weniger deswegen, weil ich glaubte, Alma könne ein „Papagei" sein, als aus einem rein menschlichen Mitgefühl heraus, denn diese rührende, durch nichts zu erschütternde Bewunderung Almas für das „Land des Sozialismus" zu verspotten, schien mir nicht fair. Alma konnte in ihrem primitiven Enthusiasmus nicht begreifen, daß man über irgendetwas schimpfte, ohne damit die revolutionären Errungenschaften der Sowjetunion verkleinern zu wollen. Wenn die Straßenbahnen nicht fahrplanmäßig fuhren, wenn es kein Einwickelpapier gab, wenn die Telefonautomaten nicht funktionierten, wenn man in Dutzenden von Geschäften keinen Zucker kaufen konnte, wenn die Streichhölzer nicht brannten und was der Unbequemlichkeiten mehr sind, so „mekkerte" man eben mal darüber, aber dieses „Gemecker" mußte cum grano salis verstanden werden – und das ging unserer Alma nicht ein. Sie nahm – wie die meisten, die aus kommunistischer Gesinnungsverwandtschaft in das „Sowjetparadies" gekommen waren, den hoffnungsvollen Anfang für die Vollendung, den guten Willen für die Tat, das goldene Versprechen für die Verwirklichung. Wer diese optische Täuschung, die auf romantischen Grundanschauungen basierte und durch agitatorisch verlogene Parolen gefestigt wurde, richtigstellte, war in Almas Augen ein Feind.

Und ganz unmöglich war es – wie sich zeigte – mit Alma über unsere Inhaftierung wie über die fragwürdige Rolle des NKWD zu sprechen. Alma duldete nicht den leisesten Zweifel an der Unfehlbarkeit der Sowjetjustiz. Sprachen wir dagegen über Berlin und unsere Kinder, dann verstanden wir einander viel besser. Es stellte sich heraus, daß Alma lange Zeit in der Zuntz-Kaffeestube am Bayerischen Platz als Bedienerin tätig gewesen war, wo ich oft im Vorbeigehen ein Tässchen „Schwarzen" getrunken hatte. Wenn sich unsere Gespräche auf die Geheimnisse des guten Kaffees beschränkten, dann waren wir uns einig.

Mit Vali Adler, die inzwischen in unsere Zelle gekommen war, hatte ich natürlich viel mehr Berührungspunkte als mit Alma. Sie beglückte mich mit der Nachricht, daß mein Wolodja dank den Bemühungen meiner Freundin Sonja Liebknecht im Kinderheim der Schutzbündler hatte bleiben dürfen.

Vali berichtete vom Beginn des sogenannten „Radek-Prozesses" am 23. Januar 1937, von dem sie gerade noch Kenntnis bekommen hatte, ehe sie und ihr Mann verhaftet worden waren. Über den Verlauf des Prozesses erfuhren wir natürlich nichts im Gefängnis, aber da wir den ersten Schauprozeß im August 1936 erlebt hatten, war uns der Ausgang des zweiten in keiner Weise zweifelhaft.

Interessant war, wie die Bevölkerung im allgemeinen zur Schuldfrage der Angeklagten stand. Vali erzählte ein Erlebnis, das viel zu denken gab. Valis Mann, Gyula Schasch-Aquila, hatte aus seiner ersten Ehe zwei Töchter, Vera und Agi, die zwar bei ihrer Mutter lebten, aber häufig beim Vater zu Gast waren. Die beiden Mädchen, damals siebzehn- und fünfzehnjährig, gingen in die deutsche Schule in Moskau. Agi Schasch besaß verschiedene Fotos von ihrer Klasse, auf denen auch die Deutschen Lüschen und Gerschinsky abgebildet waren. Als diese jungen deutschen Pädagogen verhaftet wurden, beschuldigte Vera ihre jüngere Schwester des Mangels an Sowjetpatriotismus, weil sie die Bilder mit den „Vaterlandsfeinden" nicht sofort vernichtete. Agi hatte diese beiden Lehrer jahrelang glühend verehrt. Sie geriet in Zweifel. Nun, die höchste Autorität in ihrem jungen Leben war der Vater. Sie fragte ihn: „Papa, Du weißt doch, unsere Lehrer sind ins Gefängnis gekommen. Sind sie denn wirklich Volksfeinde und muß ich die Bilder verbrennen?" – „Ja, Agi, NKWD verhaftet keinen Unschuldigen", antwortete der Vater pflichtschuldig, und doch wußte er schon in diesem Moment, daß auch seine Stunde bald geschlagen haben würde. War doch Radeks Stellung damals schon tief erschüttert, und mit Radek mußte Gyula Schasch-Aquila, sein Mitarbeiter, fallen. „Nun wird Agi die Fotos ihres Vaters vernichten und sein Bild aus ihrem Herzen reißen", sagte Vali.

Zu den Deutschen im Gefängnis Butyrki muß ich auch Ira Lilienthal rechnen, denn sie stammte, obwohl sie in Moskau geboren war, aus einer deutschen Familie. Dem Namen und dem Typus nach zu urteilen, war sie jüdischer Abstammung, aber ihr selbst war das nicht bekannt. Ihr Vater war Geistlicher an der deutschen evangelischen Kirche. Ira und ihre Zwillingsschwester hatten die deutsche Schule besucht; die Mädchen waren, als Ira verhaftet wurde, einundzwanzig Jahre alt. Während die Schwester sich der Musik widmen wollte, hatte Ira Sprachen studiert und war als Dolmetscherin im Intourist-Büro tätig gewesen. Das genügte natürlich, sie für spionageverdächtig zu halten. Ira war verlobt. Am Abend vor ihrer Haftung war sie mit ihrem Verlobten in „Fidelio" gewesen. „Zwei Jahre hat der unglückliche Florestan im Kerker geschmachtet, und seine Leonore hat ihn nicht vergessen", hatte Iras Verlobter auf dem Heimweg gesagt. „Wenn ich nun eines Tages plötzlich ins Gefängnis käme, würdest Du mir auch treu bleiben, Irotschka, selbst wenn ich viele Jahre von Dir getrennt wäre?" – „Ganz bestimmt, ich würde nie einen anderen Mann lieben, sondern auf Dich warten", hatte Ira versichert. Drei Stunden später hatten sich die Gefängnistüren hinter Ira Lilienthal geschlossen.

Als interessante und aparte Erscheinung fiel Wilhelmine Müller auf, die ich „Mischka" nennen ließ. Brünett, sehr schlank und feingliedrig, wirkte sie in ihrem einfachen weißen Reformkleid etwas ätherisch. Sie habe schon 14 Monate in Einzelhaft gesessen, erzählte sie, als sie in unsere Zelle kam. Mischka beherrschte fünf

Sprachen: Russisch, Deutsch, Französisch, Englisch, Italienisch, und war sehr redegewandt und belesen.

Über den mutmaßlichen Grund ihrer Inhaftierung äußerte Wilhelmine Müller sich nicht. Sie habe die Zeit gut ausnutzen und den ganzen Lenin studieren wollen in ihrer Einzelzelle; als sie aber bis zu einem bestimmten Band gekommen sei – leider erinnere ich mich nicht, der wievielte Band es war – habe man ihr die weitere Lenin-Lektüre verweigert. „Also ist Lenin jetzt auch schon der Zensur unterworfen", sagte sie. Ebenso wie Ira Lilienthal hatte auch Mischka am Abend ihrer Verhaftung die Oper besucht, und zwar zusammen mit Georgi Dimitroff, der ihr Freund war. Länger als ein Jahr schon hatte diese Freundschaft mit dem Chef der Komintern gedauert; als Mischka aber verhaftet wurde, rührte er keinen Finger.

Gern unterhielt ich mich mit einer aus Wien gebürtigen Deutschen, Frau Meese, die ihres Mannes wegen in Butyrki schweren und anhaltenden Verhören unterzogen wurde. Ihr Mann – ein Italiener aus Triest namens Alberto Zenari – war im Jahre 1936 als „Trotzkist" verhaftet worden.

Durch Frau Meese erfuhr ich noch manches Interessante über gemeinsame Bekannte. Frau Meese erzählte mir, daß Zensl Mühsam, die Frau des revolutionären Dichters Erich Mühsam, schon Ende April 1936 verhaftet, aber 6 Monate später wieder freigelassen worden sei. Zensl Mühsam war im August 1935 auf Einladung Jelena Stassowas, der Leiterin der Internationalen Roten Hilfe (MOPR), nach der Sowjetunion gekommen. Ihre Prager anarchistischen Bekannten – Zensl hatte sich ein Jahr lang in der Tschechoslowakei in der Emigration befunden – und alle Freunde Erich Mühsams hatten sich über ihren Entschluß, zu den „Bolschwiken" zu gehen, sehr gewundert. Ich sah darin jedoch nur die Konsequenz einer Auffassung, die damals noch sehr viele teilten – unter ihnen auch ich selbst – der Auffassung nämlich, daß die Sowjetunion ein geschlossenes Gebiet der unerbittlichsten Feindschaft gegen den Nationalsozialismus darstelle, daß sie also für alle von Hitler verfolgten, ja für alle Revolutionäre aller Schattierungen das Exil katexochen sein müsse. Mit Erich Mühsam war ich seit vielen Jahren befreundet gewesen; mit Zensl wurde ich aber erst nach Erichs Verschleppung ins KZ näher bekannt. Bei der

Nachricht von Erichs angeblichem Selbstmord im KZ Oranienburg eilte ich sofort zu ihr. Ich fand sie gefaßt und wild entschlossen. „Bisher – neben Erich – habe ich nichts zu sagen gehabt, aber ihr werdet sehen ... Ich werde reden und reden, ich werde schreien, das Weltgewissen werde ich wachrufen. Jetzt habe ich nur noch *eine* Aufgabe im Leben: Rache für Erich!"

Am 16. Juli 1934 wurde Erich Mühsam auf dem Waldfriedhof in Dahlem begraben, wo zwei Wochen vorher die Beisetzung des ermordeten „Roten Generals" Schleicher stattgefunden hatte. An der Kapelle bestand unsere Trauergemeinde nur aus 14 Menschen. An der Gruft gesellten sich noch ein halbes Dutzend hinzu, nicht mehr. Nur diese kleine Gruppe von Leuten hatte es gewagt, ihre Sympathie für den toten Dichter zu zeigen. Kein einziger prominenter Schriftsteller war dabei.

Während wir Erich begruben, hatte Zensl Deutschland bereits verlassen. Ich habe sie erst Anfang 1936 in Moskau wiedergesehen. Sie befand sich dort in Begleitung ihres Neffen Elfinger. Zensl erzählte damals mit leuchtenden Augen von ihrer Vortragsreise im Auftrag der Internationalen Roten Hilfe. Sie war in vielen Städten der Sowjetunion gewesen, wo sie in Betriebsversammlungen über den Hitler-Terror und über den Märtyrertod ihres Mannes und anderer aufrechter Revolutionäre gesprochen hatte. Das, was sie sich zu tun gelobt hatte, Erich zu rächen und die Welt gegen die Nazi-Diktatur aufzurufen, das hatte ihr die Sowjetunion, so schien es, ermöglicht. Mit Erich Mühsams Namen wurde eine Riesenpropaganda gemacht. Zensl war stolz darauf. Und nun erzählte mir diese Frau Meese, Zensl sei verhaftet gewesen, da sie angeblich die „Gastfreundschaft des Asyllandes mißbraucht" und sich „unwürdig im Sinne der politischen Moral der Sowjetunion" benommen habe. Wir befürchteten beide, daß die große Verhaftungswelle Zensl zum zweiten Male ergreifen und für immer hinwegschwemmen könne. Tatsächlich erfuhr ich später im Lager, daß Zensl Mühsam 1937 abermals verhaftet und dann in ein Lager nach Sibirien verschickt worden sei.

Das Schicksal vieler, vieler Mitgefangener ist den Zurückbleibenden nie bekannt geworden. Es gab in der Zelle endlose Diskussionen darüber, inwiefern man aus der Art und Anzahl der Verhöre, aus dem korrekten oder unfairen Verhalten des Untersuchungsrichters, aus der Überführung des Inhaftierten in eine Massenzelle oder in den privilegierten Gebäudeteil des Gefängnisses (Spezkorpus), aus der Bewilligung von Angehörigenbesuch, von Geldüberweisungen und anderen Vergünstigungen einen Schluß auf die Schwere des bevorstehenden Urteils ziehen könne. Die Versuche, ein Schema herauszufinden, schlugen aber alle fehl.

Es ist uns damals – denn es war ja ganz zu Beginn der Massenverhaftungen (Jeshowschtschina) – noch nicht klar gewesen, daß zwischen der Verhaftung eines Menschen und einer Gesetzesübertretung, die er begangen hat oder deren er verdächtig scheint, nicht notwendigerweise ein kausaler Zusammenhang zu bestehen braucht. Ein individuelles Verschulden oder gar Verbrechen lag bei den allerwenigsten politischen Häftlingen vor. Es wurde vielmehr erst nachträglich konstruiert, damit der Verhaftete in die Kategorie der politisch suspekten Menschen eingereiht werden konnte. Am meisten gefährdet waren *die* Menschen, die aus der breiten Masse hervorragten. Sitzt nicht jeder selbständig denkende Kopf auf den Schultern eines präsumtiven Gegners? Denunziationen allein konnten wohl gelegentlich den „Mann auf der Straße" ins Gefängnis bringen; bei Menschen, die eine politische Vergangenheit hatten oder eine wichtige Funktion ausübten, war die Denunziation höchstens ein willkommener *Anlaß* zur Verhaftung, nicht aber ihr tieferer Grund.

In unserer Zelle gab es ein buntgemischtes Publikum, und dementsprechend waren auch die Anklagen verschieden. Gewöhnliche Kriminelle hatten wir nicht, nur einige Spekulantinnen und mehrere „Schädlinge", die wegen Sabotage, Fahrlässigkeit oder mangelnder „revolutionärer Wachsamkeit" angeklagt waren. Die meisten von uns waren „konterrevolutionäre Agitatoren", „Trotzkisten", „Spionageverdächtige" und „Profaschisten". Da gab es Frauen, die Freundschaften mit Ausländern gehabt hatten und nun als „Spione" bezeichnet wurden, da gab es die „Witzeerzähler", die einen der vielen antisowjetischen Witze nicht einmal selbst weiterkolportiert, sondern nur angehört und darüber gelacht hatten. Da gab es eine junge Frau, die mit ihrem Mann ein schönes helles Zimmer bewohnte, während nebenan in einem viel kleineren Raum eine siebenköpfige Familie gehaust hatte. Nun, sehr einfach, die Leute zeigten das nachbarliche junge Ehepaar wegen „antistalinistischer" Reden an, und schon wurden die Verleumdeten von NKWD-Beamten abgeholt. Die Denunzianten aber, die längst ein Gesuch wegen eines Zimmers eingereicht und ein besseres versprochen bekommen hatten, sobald eins frei würde, zogen in das schöne Zimmer ein. Wohnungsstreitigkeiten und Eifersuchtshändel waren in Tausenden von Fällen der wahre Grund zur Denunziation.

Eine Krankenschwester war eines Abends gebeten worden, eine Kampferspritze zu geben; der Arzt sei verreist. Erst später erfuhr sie, daß der alte Mann einen schweren Herzanfall erlitten hatte, als er die Nachricht von der Hinrichtung seines Sohnes erhielt. Obwohl die Krankenschwester also jene Familie bisher überhaupt nicht gekannt hatte, wurde sie zu zehn Jahren Lager verurteilt wegen Beziehung zu Feinden des Volkes. Man könnte Bände füllen mit der Aufzeichnung ähnlicher Fälle ...

Im Butyrki-Gefängnis wurden die Inhaftierten fast nur Nachts zum Verhör geholt. Wenn jemand „ohne Sachen" gerufen wurde, so ging es meistens zum Untersuchungsrichter, hieß es aber „mit Sachen", so konnte man annehmen, daß es sich um die Urteilsverkündung handelte oder um Verlegung in ein anderes Gefängnis.

Anderthalb Monate war ich schon im Butyrki, ehe ich zum ersten Male zum Verhör gerufen wurde. Es war an einem Nachmittag, Ende Dezember. Ein Uniformierter führte mich durch lange Gänge und mit dem Fahrstuhl ins zweite oder dritte Stockwerk. In den Korridoren gab es zwischendurch noch verschlossene Türen, die erst nach einem bestimmten Klopfzeichen geöffnet wurden. Ein ganzes Zeremoniell von konspirativen Methoden. Mit der Zeit gewöhnte man sich an diesen Ritus; das erste Mal jedoch bekam ich einen furchtbaren Schrecken, als der Soldat plötzlich direkt vor einem Treppenabsatz eine kleine Tür öffnete, mich in ein dunkles Kämmerchen von höchstens einem Meter im Geviert hineinschob und die Tür schloß. Mir war, als ob der Boden unter meinen Füßen weggezogen würde. Jetzt stürze ich in die Tiefe, dachte ich. Es kursierten nämlich Gerüchte von Falltüren und automatischen Hinrichtungen. Voll Todesangst stand ich in dem dunklen Loch, aber es passierte gar nichts. Nach einer Minute, die mir wie eine Ewigkeit vorkam, öffnete der Soldat und hieß mich, ihm weiter zu folgen. Mir schlotterten die Knie ...

Andere erzählten mir später das gleiche. Auch den Grund erfuhren wir. Es bestand die strenge Bestimmung, daß niemand einen Mitgefangenen aus einer anderen Zelle zu Gesicht bekommen dürfe. Durch die Klopfzeichen signalisierte man, ob „freie Fahrt" sei. Kam aber ein anderer Gefangener mit seinem Begleiter entgegen, so mußte der eine Häftling eben in ein Kämmerchen eingesperrt werden oder, wenn keins in der Nähe war, sich mit dem Gesicht zur Wand stellen.

Meine Untersuchungsrichterin empfing mich mit hämischem Grinsen. „Nun, habe ich recht gehabt?" fragte sie. „Inwiefern?" Ich wußte wirklich nicht mehr, worauf sie anspielte. „Ich habe Ihnen doch prophezeit, Sie würden nach Butyrki kommen." Ereignisse prophezeien, die man selber in die Wege leitet, ist kein Kunststück, dachte ich, aber ich sprach es nicht aus.

„Wie gefällt es Ihnen denn nun hier in der Massenzelle?" Ich schwieg. „Warum antworten Sie mir nicht? Tun Sie doch nicht so beleidigt! Vielleicht wollen Sie eine Tasse Kaffee haben?" fragte sie plötzlich viel freundlicher. „Nein danke, ich will nichts". Sie hatte mir in der Lubjanka schon mehrmals Tee und Sandwiches angeboten, aber ich hatte nie etwas genommen, nicht mal eine Zigarette. Übrigens wurde in der Zelle häufig darüber gestritten, ob man in einem solchen Falle annehmen solle oder nicht. Die Möglichkeit, daß einem präparierter Tee gereicht werden könne, hat damals noch niemand diskutiert. Ich habe im Gefängnis nie einen solchen Verdacht gehört. Aber viele empfanden einen so großen Abscheu vor den NKWD-Leuten, daß sie sich nicht einladen lassen wollten. Meine Untersuchungsrichterin bestellte telefonisch Tee und Weißbrot mit Schinken.

„Ach", sagte sie, „wie sie sich verändert haben! Sie sind mindestens um 10 Jahre älter geworden. Als ich Sie in der Lubjanka zum ersten Mal sah, dachte ich: Was für eine interessante Frau! Sehr gut haben Sie ausgesehen, so apart, und so jung noch, mit ihrer Knabenfigur! Aber jetzt? Direkt heruntergekommen und so gealtert." Sie redete ohne Pause. „Haben Sie einen Spiegel?" fragte sie weiter. „Ach nein, man erlaubt ihnen wohl keinen. Hier, nehmen Sie", und sie schob mir einen Taschenspiegel hin. Sie hielt ihn mir vors Gesicht. „Aber nehmen Sie doch. Schauen Sie sich doch mal an! Sie werden mir doch nicht erzählen wollen, daß Sie sich nicht mehr interessieren, wie Sie aussehen." Inzwischen wurde der Tee mit den Schinkenbrötchen gebracht. Sie bot mir wieder ein Glas an; aber ich lehnte ab. „Nun, wenn Sie so stolz sind, da kann ich es nicht ändern, dann müssen Sie eben zusehen." Und sie trank gemächlich zwei Glas Tee mit Zucker und Zitrone und aß ihre Schinkenbrote. Dann legte sie die Akten zurecht.

„Ich hatte heute vor, mich mit Ihnen über Ihre Moskauer Bekannten zu unterhalten", begann sie erwartungsvoll. „Können Sie mir die Leute nennen, mit denen Sie in Moskau verkehrt haben?" Ich nannte meine Freundin Sonja Liebknecht, aber die interessierte sie nicht. „Nun schön, das wissen wir, wer noch?" – „Hans Rodenberg" – „Rodenberg? Wer ist das?" – „Wer er ist, das können sie am besten in Ihrer Kader-Abteilung erfahren. Aber über meine Beziehung zu ihm, die bis ins Jahr 1919 zurückgeht, kann ich Ihnen Auskunft geben." – „Ist nicht nötig. Nennen Sie andere gute Freunde. – Nun, zum Beispiel Ottwalt!" – „Ottwalt?! – den kenne ich kaum. Wenn ich meine Freunde aufzählen soll, kann ich unmöglich mit Ottwalt anfangen, den ich nur zweimal im Leben gesprochen habe". – „Jetzt wollen sie von ihm abrücken? Wir haben Beweise, daß sie mit dem Schriftsteller Ernst Ottwalt gut befreundet waren."

„Wollen Sie mich anhören?", begann ich, und ich erzählte von dem Kinderroman Wolodjas, von dem Auftrag des Verlags an Ottwalt, ein Vorwort zu dem Buch zu schreiben, schließlich von unserer Besprechung. Die Untersuchungsrichterin nahm das Protokoll, schrieb die Nummer der Frage und die Überschrift: „Freunde in Moskau" und setzte als ersten „Freund" Ottwalt auf die Liste. Ich protestierte. „Sie scheinen aber über den ‚flüchtigen Bekannten', als den Sie Ottwalt ausgeben wollen, sehr gut orientiert zu sein, wenn Sie sich so gegen ihn wehren. Wahrscheinlich sind Sie über seine verbrecherische Tätigkeit im Bilde und wissen, daß er als Spion erschossen worden ist!" – „Ob Ottwalt Spionage getrieben hat oder nicht, das weiß ich nicht, kann ich nicht wissen. Nach den Büchern, die ich von ihm gelesen habe – noch vor kurzem ist hier in Moskau seine Novelle ‚Die letzten Dinge' herausgekommen, – halte ich es für völlig ausgeschlossen. Aber wessen das NKWD den Schriftsteller Ottwalt beschuldigt, das steht hier nicht zur Debatte. Ich gebe einzig und allein wahrheitsgemäß zu Protokoll, daß ich Ernst Ottwalt persönlich nicht näher gekannt habe." Sie schrieb ins Protokoll, ich hätte mich in der letzten Zeit zweimal mit meinem guten Bekannten Ottwalt im Cafe getroffen und interessant unterhalten. Alles, was ich ihr erzählt hatte, war völlig entstellt. Hin und her stritten wir. Sie brachte zwar einige Korrekturen an in meiner Aussage, aber es blieb noch so viel Wahrheitswidriges, daß ich das Protokoll nicht unterschrieb.

Plötzlich nahm sie den Telefonhörer, sie begann ein Privatgespräch. Aber bald merkte ich, daß es doch mit *mir* zusammenhing. Sie ließ sich ihr Töchterchen Galja an den Apparat rufen und plauderte mit der Kleinen; schließlich redete sie noch einmal mit der Hausgehilfin, sagte, sie solle das und das noch zum Abendbrot einkaufen, und sie solle ihr jetzt gleich ein warmes Bad richten, in einer halben Stunde werde sie zu Hause sein. „Haben Sie verstanden?" wandte sich diese Kanaille an mich. „Ich kann mich gut anziehen, kann mich amüsieren, kann mich pflegen. Meiner Galjotschka bringe ich Schokoladenbonbons mit. Sehen Sie! Und Sie lasse ich jetzt wieder in die Zelle abführen. Denken Sie nach, bis morgen, ob Sie nicht doch lieber unterschreiben wollen. Wenn nicht, dann", mit erhobener Stimme und pathetischem Ausdruck – „werden Sie nie wieder ein menschenwürdiges Leben führen, und Ihren Sohn werden sie auch nicht wiedersehen."

Gleich in der folgenden Nacht nach diesem Verhör im Butyrki wurde ich wieder geholt. Ich hatte gerade meinen Kopf in der Waschschüssel, als von draußen mein Name gerufen wurde: „Schnell, beeilen Sie sich, zum Verhör." Das war übrigens typisch für die sowjetischen Gefängnisse. Oft saß man wochenlang, ehe man verhört wurde; aber wenn man zum Untersuchungsrichter geholt wurde, dann konnte es nie schnell genug gehen. Es haben Frauen ein halbes Jahr lang und länger auf ihr Urteil gewartet, aber als sie „mit Sachen" zur Urteilsverkündung gerufen wurden, gab man ihnen nicht fünf Minuten Zeit, ihre paar Habseligkeiten zusammenzupacken. Ich beeilte mich, so gut ich konnte. Die Vernehmung fand wieder in dem Raume statt, in dem ich das erste Mal verhört worden war. Aber das Zimmer war von der Decke hellgrell beleuchtet, und auch auf dem Schreibtisch stand eine Lampe mit Scheinwerfer. Das grelle Licht irritierte mich.

„Ich habe weder Zeit noch Lust, mich von Ihnen hinhalten zu

lassen", begann die Untersuchungsrichterin. „Wir werden heute Ihr Protokoll abschließen, und Sie werden unterschreiben". Sie entnahm der Schreibtischschublade ein Schriftstück, in dem ich das alte Protokoll erkannte. Es waren einige beschriebene Blätter neu eingelegt. Das neue Protokoll enthielt folgende Anschuldigung: Beziehungen zu „spionageverdächtigen" deutschen Emigranten, angebliche Beziehungen zu russischen Oppositionellen, mit denen ich trotzkistische Gespräche geführt haben sollte – übrigens Ihren Fischer, den Trotzkisten, haben wir schon ausgewiesen, schaltete die Untersuchungsrichterin, aufblickend, ein –, ferner: Lektüre trotzkistischer Bücher, kritische Äußerungen über die Sowjetunion, insbesondere über die militaristisch-nationalistische Jugenderziehung, über das neue Abtreibungs-Gesetz, über die „Geschichtsfälschung", außerdem Korrespondenz mit dem bourgeoisen Ausland. Alle in dem Protokoll aufgeführten Beschuldigungen waren wortgetreu der Denunziation Rodenbergs entnommen. Es war nur noch nötig gewesen, Menschen zu finden, denen gegenüber ich diese kritische Äußerungen angeblich gemacht hatte, da der Kronzeuge Rodenberg natürlich in dem Protokoll nicht figurieren sollte.

Ich schob das umfängliche Schriftstück zurück. „Dieses Protokoll ist ein Konglomerat von Lügen. Ich werde es nicht unterschreiben", sagte ich ruhig. „Es ist alles hundertfach bewiesen. Täglich laufen neue Anzeigen gegen Sie ein. Ihr Sohn hat alles bestätigt", fing sie wieder an. „Auch Ihre Freundin Sonja Liebknecht und deren Verwandte: die Spielreins und die Monosons". Jetzt hatte ich genug. Ich sagte ihr meine Meinung: „Hätte ich von Anfang an gewußt, daß es sich hier nicht um Rechtsfindung handelt, sondern um Rechtsverdrehung, so hätte ich überhaupt mit Ihnen kein Wort gesprochen. Aber ich befand mich anfangs noch in dem Wahn, hier werde eine rechtsgemäße Untersuchung vorgenommen. Nun sehe ich, daß hier alles Lug und Trug ist. Ich will nichts damit zu tun haben. Sie können mich von jetzt an beschuldigen, wessen sie wollen, ich werde mich nicht mehr verteidigen." – „Glauben Sie ja nicht", unterbrach mich die Untersuchungsrichterin, „daß wir nicht das Recht haben, Sie auch ohne Ihr Geständnis mit Gefängnis oder Arbeitslager zu bestrafen." – „Als ob wir hier in einem Rechtsstaat lebten! Das Recht haben Sie nicht, aber Sie haben die Macht. NKWD verurteilt die Leute, die zu verurteilen aus irgendwelchen Gründen beschlossen worden ist, ob diese Menschen nun schuldig oder unschuldig sind, ob sie gestehen oder nicht gestehen. Ich weiß, daß Sie mich ins Lager schicken werden, ob ich nun das Protokoll unterschreibe oder nicht. Von jetzt an werde ich keine Antworten mehr geben." Das ungefähr waren die letzten Worte, die ich beim Verhör sagte. Ich war überrascht, daß die Untersuchungsrichterin mich aussprechen ließ.

Als ich geendet hatte, sagte sie in gemäßigterem Ton: „Ich könnte es dabei bewenden lassen, aber überlegen Sie sich noch einmal was Sie tun." Sie begann von neuem davon zu reden, daß ich mein Kind sinnlos opfere, daß ich meine revolutionäre Vergangenheit schände und so weiter. Der Sowjetstaat könne und müsse in dieser schweren Krisenzeit Opfer verlangen. Bald werde eine Amnestie kommen für die, die ihr Unrecht eingesehen hätten, aber die anderen würden nie wieder in ein menschenwürdiges Leben zurückkehren, nie wieder, ganz gleich, ob sie heute zu fünf oder zehn Jahren verurteilt würden ... Ich schwieg. Sie stellte mir nochmals einige Fragen. Ich schwieg. Sie sagte und fragte dasselbe, was sie schon hundertmal gesagt und gefragt hatte. Ich antwortete nicht. Da verlor sie die Geduld und brüllte mich an: „Und ich schwöre Ihnen, Sie werden nicht aus diesem Zimmer hinausgehen, solange Sie das Protokoll nicht unterschrieben haben! Stellen Sie sich dort hin!" und sie zeigte in die Mitte des Zimmers. Sie drehte die Lampe so, daß mich der Lichtkegel voll ins Gesicht traf. „So werden Sie stehen, bis sie zur Einsicht gekommen sind."

Dann bestellte Sie sich ein Nachtmahl. Sie aß, arbeitete etwas, rauchte dabei. Ungefähr nach einer Stunde fragte sie mich, ob ich mich eines Besseren besonnen hätte. Ich schwieg. Sie holte sich ein Buch aus ihrer Aktenmappe und begann zu lesen. Öfters gähnte sie, und ich mußte an mich halten, nicht angesteckt zu werden. Wie lange mochte ich schon gestanden haben? Ein Gedicht von Rudolf Leonhard kam mir in den Sinn, die Ballade von der Inderin Sawitri. Unablässig wiederholte ich in Gedanken Sawitris Schwur:

... dreier Tage Kommen, Bleiben, Gehn,
hindurch bewegungslos und stumm zu stehn.

Wieder riß mich eine Frage aus meinen Gedanken. „Nun, wollen Sie endlich unterschreiben oder nicht?" Ich schwieg.

Sie telefonierte. Ein Uniformierter erschien und nahm ihren Platz ein. Ob sie ganz fortgegangen war? Wahrscheinlich hatte sie sich in einem Nebenzimmer schlafen gelegt. Schließlich kam sie aber doch zurück. Wollte die ganze Nacht überhaupt kein Ende nehmen? Es war draußen noch ganz still. „Wie nur ein Mensch aus purem Eigensinn sich selbst das Leben zerstören kann", fing sie wieder an. „Und Sie können ja gar nicht mehr stehen. Sie zittern ja. Unterschreiben Sie schnell und ich lasse Sie sofort gehen." Ich schwieg. Das Licht blendete mich. Die Augen schmerzten. Die Knie zitterten mir vor Schwäche. Ich fror entsetzlich. Ich stand da im dünnen Kleid, ohne Wäsche, ohne Strümpfe, die Haare waren noch ganz feucht, und der Kopf begann zu schmerzen. Ich kann mir natürlich den Tod holen, dachte ich. Doch wenn ich durchhalte, wird sie mich nicht mehr quälen! Wie ich aber „durchhalten" sollte, wußte ich nicht. Gibt es das, daß man Menschen tagelang stehen läßt? Sie war wieder hinausgegangen. Der Vertreter fragte mich, wie lange ich schon beim Verhör sei. Ich antwortete nicht. Dann kam die Untersuchungsrichterin zruück. Sie las und rauchte. Dazwischen machte sie einen neuen Versuch, mich zum Reden zu bringen. Ich schwieg.

Schulter und Kreuz schmerzten, daß ich hätte schreien können. Bald hatte ich starkes Herzklopfen, bald schien die Herztätigkeit auszusetzen. Ich fühlte meine Füße nicht mehr, sie waren erstarrt. Die Augen waren dick verquollen. Ich sah gar nichts mehr. Aber ich stand und schwieg. Auf einmal fingen schwarze und grüne Kreise vor meinen Augen zu tanzen an. Das Licht spritzte in Sternen auseinander. Der Fußboden hob sich und sauste auf die Decke zu. Ich wollte nach einem Stuhl greifen und mich festhalten. Da neigten sich die Wände über mich.

Als ich zu mir kam, lag ich im Sprechzimmer eines Arztes auf einer weißen Bank. Der Arzt fühlte den Puls und stellte einige Fragen. Ob ich schon öfters solche Anfälle gehabt hätte. „Anfälle?" Die Schwester deutete mir dann etwas an von starren Krämpfen, Spasmen. „Nein", sagte ich, „ich war wohl nur ohnmächtig." Sie fragte mich, warum ich keine Wäsche anhabe, und ich erzählte, ich sei gestern abend um 10 Uhr aus dem Bad zum Verhör gerufen worden, und ich besäße keine Wäsche zum Wechseln. Der Arzt murmelte etwas Unverständliches vor sich hin. Er gab mir einen Schluck Arznei und fragte, ob ich jetzt schon an die Kontrollstelle gehen könne. Die Kontrolle war ein Durchgangszimmer auf dem Wege zum Verhör. Dort mußte man auf ein laufendes Band seinen Namen eintragen, wenn man aus der Zelle zum Verhör, und ebenso wieder, wenn man vom Verhör in die Zelle ging. Die Papierrolle lief verdeckt, und es war nur das schmale Stück für die Unterschrift zu sehen. Die Zeit wurde vermutlich automatisch gestempelt. Als mir die Schwester den Bleistift gab, fing plötzlich meine Hand derart zu zittern an, daß ich den Stift nicht in den Spalt dirigieren konnte. Ich ärgerte mich, denn ich war der Meinung, so etwas müsse man mit Energie überwinden können. Der Arzt tröstete mich freundlich, ließ mich noch zwei Meßgläschen Mixtur trinken und 10 Minuten ausruhen. Als wir danach wieder zur Kontrollstelle gingen, war ich so weit gefaßt, daß ich wenigstens ein zittriges Gekritzel zustande brachte.

Endlich wurde ich in die Zelle zurückgeführt. Ein Soldat stützte mich. Im Fahrstuhl, wo der Gefangene sonst extra eingeschlossen wird, ließ er die Tür offen und hielt mich leicht am Unterarm fest. Es ist den Gefangenen untersagt, mit dem Aufsichtspersonal zu sprechen. Auf dem langen Korridor sagte ich leise: „Ich würde gern etwas fragen." – „Nun ja, warum denn nicht", flüsterte er. „Wie spät ist es?" – „Einhalb acht Uhr". „Ach da ist die Morgentoilette vorbei", sagte ich vor mich hin. Der Soldat hatte aber offenbar erraten, was mich beunruhigte, und sagte gutmütig: „Ich finde, es wäre wohl am klügsten, wenn wir jetzt, solange wir hier sind, erst einmal auf die Toilette gingen, denn Ihre Diensttuende läßt sie dann bestimmt nicht raus." Er zeigte mir eine Tür auf dem langen Gang, es war wahrscheinlich eine Toilette für Angestellte. Glücklicherweise war niemand auf dem Korridor. Es hätte mir leid getan, wenn dieser brave Kerl seiner Anständigkeit wegen, die ein Disziplinarvergehen war, einen Rüffel gekriegt hätte.

Schließlich lieferte mich mein Soldat unten ab, und die Diensthabende ließ mich in meine Zelle. Besorgte Hände deckten mich zu. Ich schlief ein, ein paar Stunden. Wenn ich die Zeit abrechne, die ich anfangs beim Verhör hatte sitzen dürfen, und die Zeit, die ich im Arztzimmer zugebracht hatte, so blieben immer noch sieben Stunden übrig. Sieben Stunden zumindest hatte ich im Verhörzimmer frei in der Mitte und unter quälend grellem Licht gestanden.

Als wir am selben Tage nach dem Mittagessen spazieren gingen, – es war ein herrlicher Wintertag, und der Schnee glitzerte in der Sonne – wurde es ganz plötzlich dunkel vor meinen Augen. Stockfinstere Nacht. Ich blieb erschrocken stehen.

Meine Begleiterin zerrte mich weiter. Aber ich konnte nicht gehen. Der ganze Rundgang kam in Verwirrung. Was ist dort los? brüllte der Soldat, und ich hörte meine Mitgefangenen erschreckt auf ihn einsprechen. „Was ist mit Ihnen?" sagte nun eine Männerstimme neben mir. „Ich weiß nicht, ich sehe nichts mehr..." „Weitergehen!" rief er den anderen zu, und ich fühlte, wie er mich am Arm nahm. „Die Stufen, jetzt", sagte der Soldat. Er brachte mich in die Zelle. Dort blieb ich stehen. Ich bin erblindet, dachte ich schaudernd. Selbst wenn ich alles überlebe – Gefängnis und Lager und was weiß ich, was alles noch kommt – meinen Wolodja werde ich nun doch nie wiedersehen.

Als die anderen vom Spaziergang zurückkamen, führten sie mich auf meinen Platz. Ich war verstört. Alles war wie ausgelöscht in mir. Einige brachten mir irgendwelche Leckerbissen, andere sprachen mir gut zu. Jeder wußte plötzlich eine mehr oder weniger plausible medizinische Erklärung oder einen Fall, in dem Menschen Sprache oder Sehkraft verloren und wiedergefunden hatten. „Die Gefängnisärzte behaupten immer, es handele sich da um hysterische Anfälle. Aber bei Ihnen? Sie sind doch nicht die Spur hysterisch!" sagte eine ältere Frau, die schon sehr lange inhaftiert war. „Es kann auch Avitaminose sein", ließ eine andere vernehmen, und schon wollte mir jemand Knoblauch aufdrängen. Es war üblich, Brot mit Knoblauch einzureiben, viele aßen das täglich, und hätte ich den Knoblauch nicht immer kategorisch abgelehnt, dann wäre ich später vielleicht nicht so heftig an Skorbut erkrankt. Knoblauch galt als eins der besten Prophylaktika gegen Skorbut und ist es wohl auch. Den ganzen folgenden Tag blieb ich teilnahmslos gegen alles, was um mich her vorging. Als ich nach der zweiten Nacht erwachte, bemerkte ich einen Lichtschimmer. Zwar kam mir die ganze Welt verschleiert vor, aber allmählich wurde es wieder hell um mich. Alle gratulierten mir. Sogar der Wachsoldat beim Spaziergang lächelte mir zu.

Wahrscheinlich war die Untersuchungsrichterin von meiner Erkrankung benachrichtigt worden. Erst in der vierten Nacht wurde ich wieder gerufen, und ebenso noch in den zwei folgenden Nächten. Die alten Überredungskünste, die alten Drohungen, die alten Versprechungen. Ich gab keine Antwort, nicht einmal zur Begrüßung öffnete ich den Mund. Ich hatte mich ganz in die Rolle einer Taubstummen eingelebt.

Am 8. Januar fand das letzte dieser drei „Verhöre" statt. Das Protokoll blieb unvollendet. Ich habe es nicht unterschrieben.

Eines Nachts, alles schlief, gellte plötzlich ein nicht wiederzugebender, grausiger Schrei durch unsere Zelle, ein Schrei, wie er nur in letzter Todesangst ausgestoßen werden kann, und kaum war dieser Angstschrei erklungen, als neue gellende Schreie von allen Seiten dazukamen: vier, fünf, zehn, zwanzig, fünfzig, ich weiß nicht, wieviel grelle, verzweifelte Schreie ..." Aaaah – Aah – kara'ul (Hilfe!)". Schon nach dem ersten Schrei waren alle auf den Beinen. Einige stürzten zu den Fenstern, andere liefen nach vorn und trommelten an die Tür, wieder andere klammerten sich aneinander oder standen starr mit schlotternden Knien. Ich war aufgesprungen und sah mich um. Mein Herz klopfte wild. Was war geschehen? Wurde jemand geprügelt, gefoltert, zur Hinrichtung geschleppt? War Feuer ausgebrochen? „Aaaah! aaah! – aaaaah! – schrien kreischende Stimmen langgezogen von neuem. „Was ist los?" Keiner antwortete. „Sind die denn alle wahnsinnig geworden?" Die Tür wird aufgeschlossen. Drei Diensttuende, der Oberaufseher treten ein. Andere Soldaten sind bereits alarmiert und drängen nach. „Was gibt es hier?" Die Schreie verstummen.

„Wer hat hier geschrien?" Die Frauen schauen einander an. Schon fangen einige an, einander zu beschuldigen. Warum hier geschrien worden ist, verlangt der Oberaufseher zu wissen. Niemand kann es ihm sagen. „Verrücktes Weiberpack!" schimpfte der Beamte. „Die schreien, als ob sie am Spieße stäken, und jetzt weiß keine, warum." Niemand wollte es gewesen sein. Am nächsten Tage wurde aber doch festgestellt, von wem der erste Schrei ausgestoßen worden war. Tanja, eine unterernährte, sehr nervöse Person, hatte geschrien, wahrscheinlich im Schlaf. Und das Schreien hatte angesteckt, zwanzig andere hatten, zu Tode erschrocken, eingestimmt – ein wahrer Hexensabbat. Ich schlief damals an der Seite mit Vali Adler. Wir hatten beide nicht mitgeschrien, aber die Hilferufe der anderen hatten unsere Nerven aufgepeitscht. Vergebens suchten wir nach einer Erklärung. War es eine Massensuggestion gewesen, ausgelöst vom Alptraum eines Einzelnen? Eine Gefangenenpsychose? Ein Ausbruch von Klaustrophobie oder von Massenhysterie? Noch heute läuft es mir eiskalt über den Rücken, wenn ich an diese Schreckensnacht denke.

Ein anderes Erlebnis war weniger grausig, wenn auch viele Tränen dabei vergossen worden sind. Eines Tages erschien der Korpusnoj in der Zelle, las vier Namen von einer Liste ab und befahl: „Los, mit Sachen!" Wir wußten, was das bedeutete. Diesen vier wurde jetzt das Urteil verkündet. Sie packten schnell ihre Bündel, und nach tränenreichem Abschied verließen sie die Zelle. Wenige Minuten danach kam der Oberaufseher wieder und rief noch drei Frauen „mit Sachen". Wieder Abschiedstränen, Umarmungen, Küsse. Andenken werden ausgetauscht, eine illegale Nadel wird der zurückbleibenden Freundin hinterlassen. Kaum waren die drei Frauen abgeholt, rief der Oberaufseher noch einmal vier heraus. Vali Adler ist dabei. Ich drücke ihr kräftig die Hand. Werden wir uns wiedersehen?

Niedergeschlagen saßen wir da. Als er das fünfte Mal erschien, wurden wir jedoch stutzig. Was soll das? Und nun ergehen sich alle in Vermutungen. Wir werden wahrscheinlich auf andere Zellen verteilt; unsere Zelle – die Wände sind im schauerlichen Zustand, soll vielleicht geweißt werden. Ganz Butyrki wird freigemacht für andere Zwecke; es kommt eine Untersuchungskommission, und deshalb wird die Belegschaft der Zellen auf die Hälfte herabgesetzt; sogar an eine General-Amnestie glaubten ganz Optimistische. Inzwischen ruft der Oberaufseher immer neue Gruppen aus der Zelle. Wir letzten hatten nun die illegalen Kostbarkeiten von allen, die vor uns die Zelle verlassen hatten. Was tun? Man wird alles in den Abortkübel werfen müssen. Ich stecke eine Nadel vorsichtig an der Kante einer Streichholzschachtel zwischen Papierbezug und Holz. Schon werde ich auch gerufen.

Wir wurden durch unbekannte Innenhöfe und Gänge in einen großen Raum geführt, der durch eine Reihe langer Tische in zwei

Teile geteilt war. Schallendes Gelächter begrüßte uns. Alle unsere Zimmergenossinnen, von denen wir eben tränenreichen Abschied „auf ewig" genommen hatten, waren hier versammelt. Was in diesem Raume vor sich ging, wurde das „trockene Bad" genannt. Es war eine hochnotpeinliche Durchsuchung. Weiter nichts.

Wir kamen alle in unsere Zelle zurück. Es stellte sich heraus, daß auch dort in unserer Abwesenheit eine gründliche Durchsuchung stattgefunden hatte. Die Bretter waren hochgestellt, überall sah man die Spuren der Schnüffler. Wieviel „Schmuggelware" war diesem „trockenen Bad" zum Opfer gefallen! Schachfiguren aus Brot; mit Streichhölzern gezeichnete Karikaturen; Spielkarten; Papierfigürchen; aus Brot geknetete Väschen und Talismane; „Perlen" aus Brot, die auf Fäden zu Halsketten aufgereiht gewesen waren, und andere harmlose Dinge. Nur zwei Nähnadeln erwiesen sich als gerettet; die eine hatte ich in der Streichholzschachtel durchbugsiert, die andere hatte jemand im Absatz eines Schuhes versteckt gehalten. Vor allem aber war das, was wir alle dachten und einander zuflüsterten, nicht „gefunden" worden, und war das nicht viel eher staatsgefährdend als ein Brotfigürchen? Heines Worte fielen mir ein:

> Beschnüffelten alles, kramten herum,
> In Hemden, Hosen, Schnupftüchern;
> Sie suchten nach Spitzen, nach Bijouterien,
> Und nach verbotenen Büchern.
>
> Ihr Toren, die ihr im Koffer sucht!
> Hier werdet ihr nichts entdecken!
> Die Konterbande, die mit mir reist,
> die hab ich im Kopfe stecken ...
>
> Mein Kopf ist ein zwitscherndes Vogelnest,
> von konfiszierlichen Büchern.

Am 5. Juni 1937, das heißt am 223. Tag meiner Haft, wurde ich am Nachmittag „mit Sachen" aus unserer Zelle gerufen. Fünf Monate hatte ich noch in dieser Zelle gesessen, nachdem ich das letzte Mal vernommen worden war. Ich konnte die mir zur Verfügung stehenden drei oder vier Minuten nur zum Abschiednehmen verwenden, denn ich besaß nichts. Meine besten Freunde – Vali Adler, Alma König, Ira Lilienthal, Ljena Rajewskaja, – hatten schon vor mir die Zelle verlassen. Trotzdem gab es noch viele liebe Menschen hier: die sanfte Sonja, die geistreiche, musikalische Anja und meine letzten Nachbarinnen: Jelena Iwanowna, eine alte Pädagogin, die ich später im Lager wiedertraf und Klawdja Sergejewna, die mit einem hohen Parteifunktionär verheiratet gewesen, selbst aber – dem Typ nach – eine einfache, redliche Köchin war und sich nie im Leben für Politik interessiert hatte. Zum letzten Mal schweiften meine Blicke durch diesen Raum, der mir am ersten Tag wie der achte Ring des Inferno vorgekommen war, und in dem ich 204 Tage gelebt hatte.

Man reichte mir ein schmales Stück Papier, auf dem stand, daß ich wegen „konterrevolutionärer trotzkistischer Tätigkeit" zu fünf Jahren Besserungsarbeit – Lager – verurteilt sei. Als ich das Urteil erfahren hatte, brachte man mich in eine Durchgangs-(Peresilka)-Zelle. Das sind Gefängniszellen, in denen die Verurteilten bis zum Abgang ihres Transports untergebracht werden. Diese Zelle befand sich in einem alten Turm, in dem im Jahre 1775 angeblich der berühmte Rebell Pugatschow die letzten Tage vor seiner Hinrichtung zugebracht hat. Im Untergeschoß waren die „schweren" Fälle, die zu zehn oder noch mehr Jahren Verurteilten; wir „leichten" Fälle, die Fünfjährigen, waren oben.

Das Regime war hier etwas laxer als im Untersuchungsgefängnis. Die Enge in der Peresilkazelle war die gleiche wie frührer bei uns in der Massenzelle. Vali Adler traf ich nicht. Sie war überhaupt nicht in den Peresilkaturm eingeliefert worden, erfuhr ich zu meiner Beunruhigung. Wo konnte sie sein? War sie, als sie unsere Zelle verlassen hatte, nicht zur Verurteilung herausgerufen, sondern in ein anderes Gefängnis überführt worden? Niemand wußte etwas von ihr. Im allgemeinen war aber der Aufenthalt in der Peresilka-Zelle sehr aufschlußreich. Viele hörten hier Näheres über die Verhaftung von Verwandten, Freunden und Arbeitskollegen. Mir berichtete eine junge Frau ganz begeistert von Carola Neher, mit der zusammen sie in einer Massenzelle gesessen hatte. Alma König befand sich in der unteren Zelle des Turmes. Wir durften keine Verbindung zu den „Unteren" haben, sahen sie aber beim Spaziergang. Als ob es gestern gewesen wäre, sehe ich die unglückliche Alma im dunkelroten Kleid durch den Hof gehen. Ihre Augen schienen vom Weinen gerötet, aber sie lächelte. Das Leben ging irgendwie weiter ...

In der Zelle machte ich noch die Bekanntschaft von Lotte Traubenberg, die mir in den 14 Tagen so nahe kam, als ob ich jahrelang mit ihr befreundet gewesen wäre. Sie stammte aus Wien, hatte aber viele Jahre lang in Berlin gelebt und sich dort mit dem in der russischen Handelsvertretung angestellten Chemiker Traubenberg verheiratet. Im Jahre 1928 waren die Traubenbergs nach Moskau gegangen, und 1933 war der Mann zu fünf Jahren Lager verurteilt worden. Lotte, die ziemlich rasch Russisch gelernt hatte, machte literarische Übersetzungen. Übrigens erfuhr ich von ihr, daß sie vorher, in der Massenzelle, zusammen mit Traute Ottwalt und Käthe Güßfeld gesessen hatte. Die Ottwalts waren direkt vor den November-Feiertagen verhaftet worden. Lotte Traubenberg berichtete außerdem noch einmal Näheres über das Schicksal von Zensl Mühsam.

Im Sommer 1934 hatte Lotte ihren Mann in Workuta besucht, eine Vergünstigung, die es nach Einführung des strengeren Lagerregimes nicht mehr gab. Sie erzählte Schauergeschichten über die Schwierigkeiten der Reise und schließlich hatte sie sich damit noch ihre eigene Verhaftung „verdient". Lotte Traubenbergs Mann hätte 1938 aus dem Lager entlassen werden müssen. Lotte hoffte, jetzt auch nach Wortuka geschickt zu werden und ihn dort zu treffen. Sie ist nach Magadan gekommen.

Am 14. Juni 1937 feierten wir in der Peresilka-Zelle meinen 42. Geburtstag. Auf meinem Platz stand ein reizendes Miniatur-Blumenstöckchen. Lotte hatte das Blumentöpfchen aus Brot geknetet und einen winzigen Kaktus aus grünen Stoffabfällen genäht. Drei Tage später mußte ich von Lotte Abschied nehmen. Ich wurde in die „Etappe" (Gefangenentransport) gerufen. Im „Bahnhof" des Butyrki-Gefängnisses – so hieß die weite Halle, in der die „Etappen" zum Abtransport fertiggemacht wurden, herrschte ein wirres Durcheinander. Einige Uniformierte bellten in die aufgeregte Menge hinein wie Schäferhunde in eine unruhige Schafherde. Vor einem Schalterfenster stand eine lange Reihe. Dort wurden die bei der Verhaftung beschlagnahmten Sachen ausgefolgt oder Quittungen dafür gegeben. Ich erhielt mein Handtäschchen zurück, bekam für 6 Dollar, die in der Brieftasche gewesen waren, ganze 24 Rubel ausgezahlt, und für meine goldene Armbanduhr erhielt ich eine Quittung. Die Uhr, sagte man mir, werde man mir später, „am Platz" aushändigen. Meine Lorgnette hatte man mir schon zurückgegeben. Wo aber war die Brille? Ich blieb am Schalter stehen und verlangte sie hartnäckig. „Weitergehen!", und ich wurde weggedrängt. Natürlich wollte ich noch etwas anderes. Ich hielt mein hübsches schwarzes Handtäschchen wieder in den Händen, und darin befand sich ein Bildchen von meinem Wolodja. Fast 8 Monate lang hatte ich mich auf die Minute gefreut, da ich, wenn ich schon meinen Jungen jetzt nicht wiedersehen durfte, wenigstens sein Foto würde anschauen können. Ich griff nach dem Bild. Es war nicht da. Die ganze Tasche stülpte ich um. Diese Kanaille von Untersuchungsrichterin! Das hatte sie natürlich auf dem Gewissen. Wer sonst? Niemandem war ein Foto beschlagnahmt worden, nur mir.

Es hieß, der Direktor von Butyrki werde vor dem Abtransport ein paar Worte an die Etappe richten. An ihn, als die oberste Instanz, wollte ich mich mit meiner Beschwerde wenden. – Da kam er auch schon. Wie eine Simplizissimuskarikatur auf einen preußischen Feldwebel sah er aus. Ich pirschte mich zu dem Allgewaltigen durch und sprach in meinem besten Russisch auf ihn ein, ehe es jemand hatte verhindern können. Er sah mich mißbilligend an. „Ist das Kind tot?" – „Nein, mein Sohn ist in Moskau in einem Kinderheim" – „Dann schickt er ihnen bald ein neues Bild. Los, gehen sie zur Gruppe." – „Ich gehe überhaupt nirgends hin, wenn ich das Foto und meine Brille nicht ausgehändigt bekomme." Er winkte einen NKWD-Soldaten: „Nehmen Sie sie weg von hier!" Und der Uniformierte führte mich zu der Kolonne der Wartenden, die sich gerade zum Abmarsch in Achterreihen formierte.

Endlich gegen Morgen wurden unsere Gefangenenwaggons hin- und herrangiert und angekoppelt, und unsere Fahrt nach dem Osten begann. Aller bemächtigte sich starke Erregung. Ade, ade! Moskau! Zum ersten Male hörte ich hier das Lied, das mir später noch hundertmal aus den Baracken entgegengetönt ist:

> Oh Moskau, wieviel Kummer hast Du uns bereitet!
> Werden wir je im Leben diese Stadt wiedersehen.

Wir fuhren auf der großen Eisenbahnstrecke Moskau-Wladiwostok bis zur Stadt Kirow, dem früheren Wjatka. Von da zweigte eine Eisenbahnlinie in nordwestlicher Richtung nach Kotlas ab. Kotlas war damals, im Jahre 1937, der nördlichste Endpunkt der Eisenbahn. Daß es leider nicht nach Kasachstan in die Lager von Karaganda ging, wußten Übergescheite schon, als wir Gorkij an der Wolga passiert hatten, denn dann, sagten sie, hätten wir von Gorkij aus die südlichere Strecke fahren müssen. Als nun aber in Kirow unsere Waggons abgehängt wurden, da freuten sich die meisten wieder: „Also nicht nach Wladiwostok geht es, nicht in die Goldgruben von Kolyma." Wir atmeten auf. „Wahrscheinlich fahren wir ins Petschoragebiet", hieß es.

Viele hatten von ihren Angehörigen Postkarten oder frankierte Briefumschläge in die Peresilka-Zelle gebracht bekommen. Und überall sah man nun Briefschreiber am Werk. Wie gern hätte ich auch geschrieben, um so mehr, als ich die ganze Gefängniszeit über keine Verbindung mit meinem Sohn gehabt hatte. Ob ich ihm schreiben könnte? Vielleicht hatte er sich offiziell von mir „lossagen" müssen. Man hat so manches im Gefängnis gehört. Ehefrauen hatten sich von ihren verhafteten Männern scheiden lassen müssen, sonst bekamen sie nirgends Arbeit und wären außerstande gewesen, sich und ihre Kinder zu ernähren.

Ich überlegte mir, ich könnte vielleicht an Sonja Liebknecht adressieren. Der Leiter des Transports hatte inzwischen schon verschiedenen Gefangenen Briefpapier und Postkarten besorgt. Nun wandte auch ich mich an ihn und fragte, ob ich in deutscher Sprache schreiben könne. „Aber gewiß", meinte er freundlich. Übrigens gehen diese Briefe nicht einmal durch eine Zensur. Ich stecke sie selbst in den Kasten." So schrieb ich denn meinem Wolodja einen Brief, in dem mein Kummer darüber, daß ich ihn nun habe allein lassen müssen, zum Ausdruck kam, gleichzeitig aber auch mein Wunsch, dem Jungen Mut zuzusprechen. An meine Freundin Sonja legte ich ein paar Zeilen bei. Und als ich dann dem Leiter den Brief abgegeben hatte, malte ich mir stundenlang aus, mit welchen Gefühlen die Empfänger ihn wohl lesen würden. Doch der Brief ist nie in ihre Hände gelangt. Wahrscheinlich ist er zu den Personalakten gekommen. Als wir am Ziel eintrafen, gingen wir acht oder zehn Kilometer und gelangten ins Durchgangslager „Kotlas". Zunächst wurden Männer und Frauen getrennt gruppiert, dann in jeder dieser Gruppen wieder Kriminelle und Politische.

Ich verstand damals die russische Sprache noch schlecht, und über vieles, was offiziell mitgeteilt wurde, blieb ich in Unkenntnis. Vielleicht wußten die anderen alle, daß Kotlas für uns nur eine Durchgangsstation war. Ich aber war der Meinung, daß wir hier bleiben würden, und der Gedanke, so nah der Eisenbahn im Lager zu sein, stimmte mich froh. Ich träumte davon, daß vielleicht Wolodja zu mir zu Besuch kommen könne. Ja, ich hatte noch sehr unrichtige Begriffe vom Leben eines Lagerhäftlings. Bei der am nächsten Tag stattfindenden Untersuchung wurde ich als Invalide bezeichnet. Es gab nur zwei, die in diese Kategorie eingestuft worden waren. Alle anderen hatten erste und zweite Arbeitskategorie. Einige betrachteten mich mit unverhohlen neidischen Blicken, und so bekam ich zum ersten Mal eine schwache Ahnung davon, daß es im Lager unter Umständen als Glück gilt, arbeitsuntauglich zu sein. Ich war durch eine Krankheit sehr geschwächt, jedenfalls war ich fest davon überzeugt, daß ich die fünf Jahre meiner Strafzeit nicht überleben werde. Auch meine Leiche wird hier irgendwo im Norden verscharrt werden, ich werde meinen Wolodja niemals wiedersehen ...

Wenige Tage nach unserer Ankunft im Tansitlager Schor traf eine größere Gruppe, die aus einem Lager in Kasachstan kam, bei uns ein; auch einige Frauen waren dabei. Soweit der Platz reichte, kamen sie in unser Zimmer, die übrigen wurden auf einem Dachboden einquartiert. Die Wohnung unter dem Dach, in die man auf wackligen Leitern gelangte, hatte Anna Meyer, eine Deutsche, organisiert. In unser Zimmer wurde Sonja Fegelmann mit ihrem fünf Monate alten Kind, der kleinen schwarzäugigen Karina, eingewiesen. Sonja war zusammen mit ihrem Mann verhaftet worden und hatte das Kind auf dem Transport geboren. Außer der jungen Mutter kam eine Krankenschwester mittleren Alters in unser Zimmer, die sich während des Transports mit Sonja Fegelmann befreundet hatte und ganz in der Pflege des Babys aufging. Die Ehemänner dieser beiden Frauen, die im Männerzelt wohnten, bekamen einmal in der Woche Erlaubnis, ihre Frauen zu besuchen. Von ihnen lernte ich, wie man sich aus Machorka und Zeitungspapier eine erstklassige Lagerzigarette dreht.

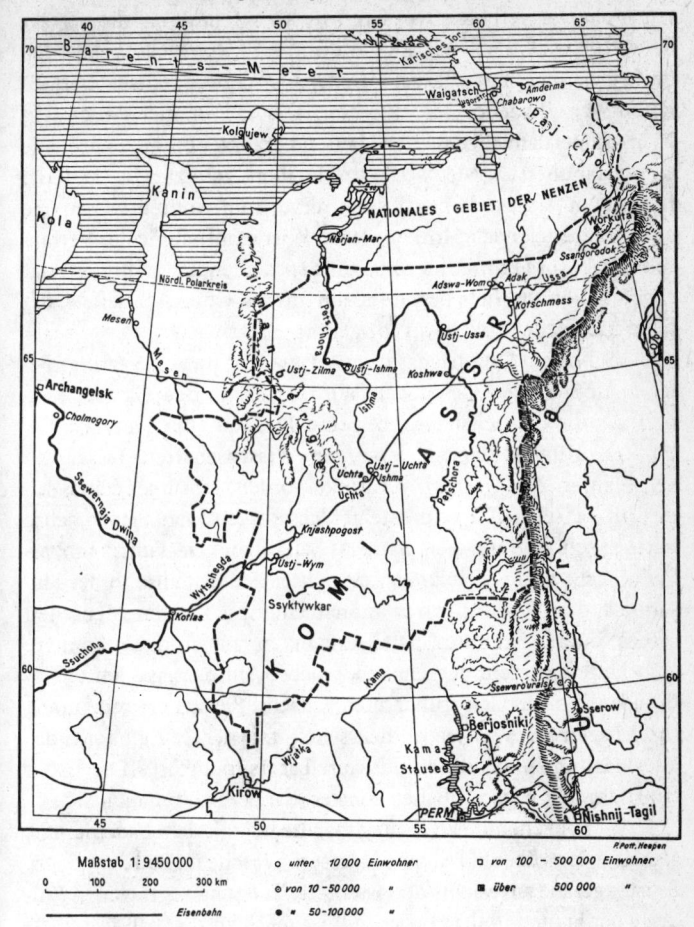

Die letzte Neue, die in unserem Zimmer Aufnahme fand, war Rosa Frumkina, eine früher in Moskau angesehene Parteipersönlichkeit. Sie war Redakteurin des Moskauer Radiosenders gewesen und war in Ungnade gefallen, weil einer der im ersten Schauprozeß Verurteilten, Lourie, ein Angestellter beim Radio gewesen war. Übrigens hatte es in Moskau noch eine prominente Frumkina gegeben, die Leiterin der Hochschule für Fremdsprachen. Auch sie war verhaftet worden. Mit Rosa Frumkina, die perfekt deutsch sprach, habe ich mich oft und gern unterhalten, aber leider wurde sie schon sehr bald wieder aus Schor abtransportiert. Es liefen verschiedene Gerüchte um, wie fast immer, wenn ein Mensch aus dem allgemeinen Haufen herausgenommen wird. Die einen fabulierten, sie werde in Freiheit gesetzt, die anderen fürchteten, sie werde erschossen, die dritten wollten wissen, sie komme zurück nach Moskau wegen Wiederaufnahme des Verfahrens. Daß Rosa Frumkina von einem speziellen Bewachungssoldat abgeholt wurde, ließ bestimmt auf nichts Gutes schließen. Ich habe nie wieder etwas von ihr gehört.

Da Schor ein Durchgangslager war, wies es nur eine geringe Belegschaft ständiger Gefangener auf. Ich lernte den Gärtner kennen, der die Gewächshäuser betreute. Das war ein ehemaliger Botaniker, Mitglied der Akademie der Wissenschaften. Er war zu zehn Jahren Zwangsarbeit verurteilt worden, weil irgendeines seiner biologischen Experimente fehlgeschlagen war. Sieben Jahre hatte er schon hinter sich, hatte als Bauarbeiter, als Fuhrmann, als Stallknecht und als Holzfäller gearbeitet. Sieben Jahre in der Einsamkeit des Nordens, wo er monatelang mit keinem Menschen seines Interessenkreises hatte Gedanken austauschen können. „Ich hätte das nicht ausgehalten – sieben Jahre", sagte ich schaudernd. „Das habe ich früher auch gedacht. Sie stehen am Anfang ihrer Lagerzeit. Aber Sie werden sehen, mit der Zeit gibt sich das alles. Halten Sie sich nur an das alte Lagersprichwort: „Die ersten fünf Jahre ist es ein bißchen schwer, dann gewöhnt man sich."

Eine unangenehme Erfahrung machte ich mit dem Bademeister, als wir, wie es überall Brauch ist, unsere Wäsche im Bade wuschen. Es ist – gerade angesichts der ostentativ zur Schau getragenen Prüderie der Frauen in der Sowjetunion – merkwürdig, daß fast überall in den Lagern männliche Bademeister angestellt sind; sie geben das heiße Wasser schöpfkellenweise aus, denn der Wasserverbrauch ist normiert, da die Heranschaffung des Wassers aus dem Fluß schwierig ist. Der Bademeister trieb zur Eile an – auch das ist immer und überall das gleiche – und ich war mit der Wäsche noch nicht fertig geworden. Da sagte er: „Ich muß in fünf Minuten das Bad schließen. Sie können am Abend wiederkommen und in Ruhe

Ihre Wäsche waschen, da drängelt Sie keiner. Ich war sehr froh über das Angebot und bedankte mich. Gegen Abend ließ ich mich, wie verabredet, in der Nähe des Bades sehen. „Hallo! Da bist Du ja, komm herein." Also machte ich mich an die Arbeit. „Heißes Wasser ist im Überfluß da. Kannst Dich ruhig nochmal waschen, wenn Du Lust hast." Auch auf dieses verlockende Angebot ging ich ein. Kaum aber hatte ich mich ausgezogen, als der freundliche Bademeister zu einem Schäferstündchen erschien. Ich konnte mich seiner nur mit Mühe erwehren. Und dann schimpfte der ekelhafte Kerl mich noch, ich hätte ihn zum besten gehabt, denn das sei „doch wohl klar", was mit einer solchen Aufforderung gemeint gewesen sei.

So idyllisch, wie unser Leben in Schor angefangen hatte, blieb es indessen nicht lange. Während die anderen Gefangenen aufs Feld zogen, ließ man uns drei Tage lang im Gewächshaus künstliche Bestäubung von Gurken vornehmen: das Steckenpferd eines älteren Armeniers, der als Apotheker im Krankenhaus arbeitete. Dann sollten wir Wäsche flicken. Die „Norm" war fünfzehn Männerhemden oder zwölf Unterhosen. Ich arbeitete den ganzen Tag ohne Pause und brachte höchstens die Hälfte fertig. Rosa Frumkina jedoch hatte ihr Soll schon gegen 4 Uhr nachmittags erledigt. Ich sah mir die von ihr geflickte Wäsche an. Mit großen Stichen waren die Löcher zusammengezogen, und wo Flicken eingesetzt waren, waren sie nur lose aufgenäht und nicht in der gleichen Richtung mit dem Gewebefaden. Ich aber hatte alle Flicken peinlich sauber mit feinen Stichen eingesetzt und alle kleineren Löcher tadellos gestopft. Als der Brigadier die ausgebesserte Wäsche abholte, lobte er Rosa Frumkina und schimpfte mich aus. Was das heißten sollte, ob ich das auf eine Nähschule zur Ausstellung schicken wolle. Hier müsse schnell gearbeitet werden, alles andere sei Unsinn. Ich versuchte es noch an einem Tag, konnte aber die Norm nicht machen. Schludrig zu arbeiten, war mir unmöglich. An diesem Konflikt, auf den ich hier in Schor zum ersten Male stieß, habe ich alle die Jahre meines Gefangenendaseins hindurch gekrankt. Ich konnte nie und nirgends lernen, nur auf Quantität statt auf Qualität der Arbeit zu sehen, und galt überall als schlechte Arbeiterin, weil ich „viel zu ordentlich" arbeitete.

Wieviele Werte vergeudet werden mit dieser Arbeit „auf Lagerart", das interessierte im Lager niemanden. Es werden nur Zahlen verlangt. Die auf Lagerart geflickte Wäsche hält nicht einen Tag, die auf Lagerart genähten Schuhe zerreißen beim ersten Griff nach der Axt, in den auf Lagerart gewaschenen Männerunterhosen krabbeln Läuse herum, das ist ganz einerlei. Wenn nur die vorgeschriebene Anzahl ausgebessert, genäht und gewaschen ist.

Am selben Abend, als ich so dasaß mit meinem Minderwertigkeitskomplex, erschien ein jüngerer Mann in Uniform in unserer Gemeinschaftswohnung und fragte, ob vielleicht jemand von uns künstlerische Talente habe. Es war der Kommandant des einen Kilometer von Schor entfernten Krankenhauses des nördlichen Eisenbahnlagers. Ein paar Blumenbeete, sagte er, sollten vor dem Krankenhaus angelegt werden, aber niemand wisse, wie man so ein Blumenbeet gestalten könne. Ich bat Rosa Frumkina, ihm zu sagen, wenn es nicht gerade ein Portrait von Stalin sein müsse, dann könne ich das wohl machen. Im Moskauer Kulturpark, in den Anlagen vom Dynamo-Schwimmbad und auch noch anderswo hatte ich nämlich den dernier cri der sowjetischen Gartenarchitektur gesehen, riesengroße Portraits von Stalin aus verschiedenfarbigen Pflanzen. Zu meiner Beruhigung sagte der Kommandant, Portraits wolle er nicht. „Irgendetwas Schönes, Buntes" solle es sein. Ob ich das Projekt an *einem* Tag aufzeichnen könne. „Geben Sie mir ein Blatt Papier, morgen früh können Sie das Projekt schon haben." Ich machte noch am selben Abend drei Entwürfe und als der Kommandant am nächsten Morgen kam und die Zeichnung sah, war er hell begeistert. Da er sich nicht entschließen konnte, welchen Entwurf er wählen sollte, beschlossen wir, ein großes Mittelbeet und vier kleinere Beete ringsherum zu machen. Ich bekam zwei Arbeiter zugeteilt, die die Erde herbeizuschaffen und Wasser zu holen hatten, und Agnessa Solnzewa sollte bei der Bepflanzung der Beete helfen. Es war ein glatter Erfolg in moralischer, ästhetischer und materieller Hinsicht. In materieller Beziehung insofern, als wir jeder eine große Portion Krankenessen erhielten.

Leider gab es sonst nirgends mehr Blumenbeete zu machen, und so wurde ich am folgenden Tage zur Feldarbeit herangezogen. Wir mußten auf einem Rübenfeld mit eisernen „Motygi" die Erde auflockern. Meine Nachbarn zur Rechten waren zwei Chinesen. Der eine direkt neben mir war offenbar ein junger Bauer, er sprach Russisch ebenso schlecht wie ich. Aber der andere, der die nächste Furche bearbeitete, hatte in Moskau studiert. Er sprach fließend Russisch und ganz gut Englisch. Leider geriet ich auch bei dieser Arbeit schnell ins Hintertreffen. Vielleicht arbeitete ich wieder mit zu großer Sorgfalt, vor allem aber fehlte mir jede Übung. Der freundliche Chinese sagte mir, ich solle mich nur ja nicht abhetzen, er habe mit seinem Kameraden besprochen, daß sie mir beide helfen würden. So grob sagte er es nicht, sondern er schlug taktvoll vor, wir könnten doch am besten zu dritt „kollektiv" arbeiten. Und wirklich machten sie abwechselnd, wenn sie ihre eigenen Reihen fertig hatten, kehrt, und arbeiteten mir auf meiner Furche entgegen. Ich gab ihnen Brot, aber konnte sie nur mit Mühe dazu bewegen, es anzunehmen. Es sei doch selbstverständlich, sagten sie, daß sie mir helfen; das chinesische Volk verehre und achte die Frauen. Wer könne denn das mit ansehen, daß einer Frau physische Arbeit zugemutet wird, die über ihre Kräfte geht. Auch an den folgenden Tagen halfen sie mir.

Den guten Eindruck, den ich von dem warmherzigen Verhalten der Chinesen hatte, habe ich in den späteren Lagerjahren immer wieder bestätigt gefunden. Nun bin ich zwar kein Freund des Generalisierens und halte es prinzipiell für falsch, aus einem Dutzend Vertretern eines Volkes auf die ganze Nation zu schließen, aber ich möchte doch sagen, daß ich unter den Chinesen in sowjetischen Lagern nicht einen einzigen rohen und unehrlichen Menschen gefunden habe, alle waren höflich, hilfsbereit, verträglich und grundehrlich, und wie sie – auch unter den mißlichsten Bedingungen – ihren Körper und ihre Kleidung peinlich sauber hielten, war bewundernswert. Wenn beim Anhäufeln ein junges Kartöffelchen versehentlich bloßgelegt wurde, wuschen die Chinesen es und aßen es roh. Sie überredeten mich auch dazu. Es sei das beste Vorbeugungsmittel gegen Skorbut. Ich machte aber die unangenehme Beobachtung, daß man durch rohe Kartoffeln Kratzen im Halse und eine rauhe Stimme bekommt, und aß keine rohen Kartoffeln mehr.

Zum Schrecken aller auf dem Felde Arbeitenden fiel ich auf einmal um, und zwar ausgerechnet in eine Jauchepfütze. Das erste, was ich vor mir sah, als ich wieder zum Bewußtsein kam, war die ekelhafte Visage des Heilgehilfen Nowack, der mir mit einem in Salmiak getauchten Wattebausch vor der Nase herumfuchtelte. „Na also, es geht schon wieder." Und ich wunderte mich gar nicht, als er mich gleich darauf anbrüllte, ich solle aufstehen und in die Baracke gehen.

Unsere kleine Gemeinschaftswohung in der Baracke bestand schon nicht mehr, auch die Dachbodenbewohner waren ausquartiert. Alle Frauen warteten in einem großen Zelt, das von Stacheldraht umgeben war. Es waren inzwischen noch zwei größere Etappen angekommen, das Zelt war gerappelt voll. Zu meiner Überraschung traf ich hier eine Bekannte aus Berlin, die deutsche Kommunistin Alice Abramowitsch. Ich hatte beide Schwestern Abramowitsch, die aus Halle stammten, jahrelang in Berlin gekannt. Die hochbegabte grazile Ruth Abramowitsch, war erste Solotänzerin an der Städtischen Oper in Berlin-Charlottenburg gewesen, bis sie unter den Nazis herausflog, sozusagen doppelt herausflog, denn sie war Kommunistin und Jüdin. Als Antwort auf diesen Affront gründete sie ein eigenes Tanzensemble. Ruths Aufforderung, in ihre Gruppe einzutreten, war ein Lichtblick in der düsteren Nazizeit; die künstlerische Arbeit brachte Entspannung und Freude. Alice Abramowitsch war mit dem Dichter Johannes R. Becher befreundet, und in seinem unvergeßlichen Atelier auf der Claudiusstraße hatte ich sie öfters getroffen. Sie arbeitete als Stenotypistin in der Kommunistischen Partei Deutschlands und nahm auch als Debattestenographin an Parteitagen und Weltkongressen teil. Eine vorbildliche Arbeitskraft war sie stets gewesen, eine, die in ihrem Idealismus nicht acht, sondern zehn und vierzehn Stunden am Tag arbeitete. Sie hatte auch keinen rechten oder linken Oppositionen angehört, und doch war sie im Lager.

Eines Tages, ganz unerwartet – überreichte mir die Krankenschwester zu meiner größten Freude ein Telegramm von meiner Freundin aus Moskau, mit der Nachricht, daß mein Wolodja im Kinderheim der Österreichischen Schutzbündler sei, und daß er die siebente Klasse der deutschen Schule mit Auszeichnung beendet habe. Mein Brief von der Fahrt war zwar nicht angekommen, wohl aber eine Postkarte, die ich gleich an einem der ersten Tage aus Schor geschrieben habe. Das Telegramm habe ich elf Jahre lang aufbewahrt, erst vor der Grenzkontrolle in Brest, bei meiner

Rückkehr nach Deutschland, habe ich es vernichtet. An diesem Abend erlebte ich noch einmal eine freudige Überraschung. Es wurde mir ein Brief von Wolodja ausgehändigt. Da in Sonja Liebknechts Telegramm nichts davon gestanden hatte, daß ein Brief an mich unterwegs sei, hatte ich so bald keine Post erwartet. Der erste Brief im Lager! Wolodja schrieb, er habe die siebte Klasse beendet und sei mit einer Dampferfahrt auf dem Moskau-Wolga-Kanal prämiiert worden. Ob Wolodja wußte, wer den Kanal gebaut hatte? Ob er wohl an die vielen Unglücklichen gedacht hatte, die ihre besten Jahre, ihre Gesundheit, ja vielleicht ihr Leben für den Bau dieses Kanals hatten hingeben müssen? So sehr ich es für nötig hielt, daß Wolodja nicht achtlos an diesen grauenhaften Nebenumständen des „Aufbaus des Sozialismus" vorüberging, so war ich doch andererseits froh, daß man offenbar die Kinder der „politischen Verbrecher" in keiner Weise benachteiligte. Wolodja redigierte in der Schule die Literaturzeitung „Der rote Funke" und hatte für diese Arbeit, wie er schrieb, einen Füllfederhalter als Prämie bekommen. Im Sommer war das Kinderheim der Schutzbündler auf der Krim, in Gursuf, gewesen. Der ganze Bericht atmete Lebensfreude und jugendliche Unbekümmertheit. Sogar die Nachricht, daß alle Kinder des Schutzbundheimes mit Beginn des neuen Schuljahres in russische Schulen übergetreten waren, schien nichts zu denken zu geben und wurde offenbar nicht bedauert. Mich alarmierte diese Mitteilung. Vielleicht war es der Beginn einer zielbewußten Russifizierung? Sollten unsere Kinder, die Söhne und Töchter Verhafteter, den Eltern entfremdet werden? Trotz der Freude, die der Brief gebracht hatte, gab es auch mancherlei zu befürchten.

Am folgenden Morgen machte sich unsere große Etappe auf den Weg. Unsere Etappenärztin, Ryshkow, verlas eine lange Liste, derzufolge unser Transport in zwei Teile geteilt wurde. Die überwältigende Mehrheit der Gefangenen mußte laut dieser Liste den beschwerlichen Weg nach Norden zu Fuß antreten. Nur die Invaliden – im ganzen 38 Frauen und 27 Männer – sollten auf Booten befördert werden. Zum Kapitän der Etappe machte sich der mir schon vom Krankenhaus her bekannte Ingenieur Fjodor Krassowskij, ein Hüne, braungebrannt und wetterfest. Im pelzgefütterten Ledermantel stand er am Steuer unseres Bootes und lavierte es zwischen den Sandbänken hindurch. Er hatte ebensoviel von einem Helden wie von einem Abenteurer, eben soviel von einem Zwingherrn wie von einem Rebellen an sich. Es wurde erzählt, er sei im Bürgerkrieg als Offizier bei den Weißen gewesen, sei von den Roten gefangengenommen und zum Tode verurteilt worden, habe sich durch eine waghalsige Flucht gerettet, und sich später als Ingenieur und Pionier des sozialistischen Aufbaues bewährt. Tatsächlich schien er mehr als alle anderen von der Tücke des versandeten Flußlaufs zu verstehen, bestimmt mehr als der Leiter des Transports, der eigentlich die Verantwortung trug.

Achtzehn Tage und Nächte bei Sturm, Regen und Schnee. Das Fortstaken besorgten meistens die Männer, aber beim Ausschöpfen der Boote – die alten Dinger waren nämlich nicht wasserdicht – wurden alle Hände gebraucht. Eine diffizile Frage war, wie wir Frauen unsere Notdurft verrichten sollten im offenen Boot, auf dem sich fast immer auch Männer befanden, und angesichts des nur wenige Meter entfernten Männerbootes. Eine Frau opferte eine Schüssel zu diesem Zweck. Drei oder vier Frauen stellten sich mit hochgehaltenen Decken ringsherum und errichteten so eine Art Kabine.

Bei der nachlässigen Bewachung durch die Schutztruppen hätten natürlich alle Gefangenen das Weite suchen können. Aber in jenen Regionen, wo sich zwischen dem 30. und 60. Grad östlicher Länge, von der finnischen Grenze bis zum Ural – auf einem Territorium von annähernd 700 000 qkm – Lager an Lager reiht, ist eine Flucht eo ipso zum Scheitern verurteilt, noch dazu, wenn der Flüchtling keinen Proviant hat.

Die Verpflegung auf dem Boot bestand wieder aus Brot und getrocknetem Fisch. In Uchta hatte man Lebensmittel kaufen können, aber bei mir hatte das Geld nur noch zu 100 Gramm Butter gereicht. Am 16. Tage unserer Wasserfahrt wurde ich krank. Heftige Kopfschmerzen und Stiche im Rücken quälten mich. Als das Fieber so hoch anstieg, daß ich mich nicht mehr auf den Beinen halten konnte und Blut im Hustenauswurf auftrat, nahm ich an, die Lunge sei angegriffen. Ich hatte im Jahre 1921 Lungentuberkulose gehabt, an die ich – nach ihrer völligen Ausheilung – nie wieder gedacht hatte; natürlich war es möglich, daß jetzt ein alter vernarbter Krankheitsherd wieder aufgebrochen war. Einen Tag später erkrankte Sonja Zezarskaja, eine zarte Blondine, ebenfalls unter hohen Fieber mit Schüttelfrost und Bluthusten. Wir wurden in die Mitte des Bootes auf Gepäckstücke gebettet. Mir machte außerdem noch ein juckender Ausschlag zu schaffen, der sich über den ganzen Körper verbreitete. Sonja meinte, es sei eine Stoffwechselkrankheit, auf Fettmangel zurückzuführen, das sei in Rußland während der Hungerjahre sehr häufig gewesen. Ich dachte eher an Überempfindlichkeit, obwohl ich sonst nie allergische Erscheinungen gehabt hatte. Die Ärztin war mit dem Fußgängertransport unterwegs. Sonja und ich legten uns nebeneinander. Inzwischen hatten wir die Entdeckung gemacht, daß wir auf der Durchgangsstation Läuse aufgelesen hatten. Mein juckender Hautausschlag, verstärkt durch die Läusebisse, ergab eine schreckliche Quälerei. Mir war ganz elend zu Mute.

Endlich gelangten wir wieder an ein Durchgangslager für Gefangene. Wir gingen an Land, das heißt: Fjodor Krassowskij trug mich ins Ambulatorium durch den Warteraum hindurch sofort ins Sprechzimmer: „Hier, Genosse Doktor, ich habe getan, was in meinen Kräften stand, jetzt ist die Reihe an Ihnen", sagte er, „gleich bringe ich die zweite Patientin." Ins Sprechzimmer war in diesem Augenblick auch unsere Etappenärztin Ryshkowa getreten. „Also, was ist los?" fragte der Arzt. „Wir haben eine sehr schwere Etappe hinter uns", berichtete sie, „mehrere Kranke, darunter zwei Schwerkranke." Gerade wurde Sonja Zezarskaja hereingeführt. „Diese hier mit offener Tbc", sie zeigte auf Sonja, „und die andere hat außerdem noch Krätze." Damit meinte sie mich.

„Scabies?" fragte der Doktor ganz entsetzt. „So eine Schweinerei! Die steckt mir ja alle Patienten an." Er würdigte mich keines Blickes und rief seinen Heilgehilfen. „Scabiesfall, außerhalb unterbringen, in drei Tagen vorführen!" – „Unsinn! Wenn das ‚Tschessotka' wäre, hätte ich mich schon längst angesteckt. Das kommt bestimmt nur von der schlechten Ernährung", ließ sich Sonja vernehmen; aber niemand achtete darauf. Mich nahm der Heilgehilfe (Lekpom) in den Hintergrund des Zimmers und erklärte mir, wie Krätze geheilt wird. Drei Tage hintereinander die vom Ausschlag befallenen Stellen mit Scabiessalbe einreiben, in meinem Falle also den ganzen Körper, dann ins Bad gehen.

Aber das mit der Krätze kam mir doch seltsam vor. In Schor war einmal von dieser Krankheit die Rede gewesen, und ich hatte erfahren, daß sie durch Schmutz entsteht. Gewiß, gepflegt waren wir nicht, aber ich hatte mich mit zäher Selbstüberwindung jeden Tag gewaschen, während andere das längst nicht mehr getan hatten, und ausgerechnet ich sollte Krätze haben? Ungeachtet meines Aufenthalts in der Außenstation wurde ich bei der Verpflegung nicht vergessen. Das Essen war gut und ich aß ein bißchen. Die Krankenschwester notierte sogar das Fieber morgens und abends. Es schwankte, ging aber nicht herunter. Der junge *Lekpom* kam und rieb mich mit der Salbe ein. Er war ein Wolgadeutscher und erzählte mir, daß auch der Arzt ein Deutscher sei, aus Riga. Am 3. Tag mußte ich ins Bad gehen, dann durfte ich zum Arzt.

„Ein besonders schwerer Fall von Scabies, und der Verlauf ist auch nicht charakteristisch...", sagte die Doktorin etwas unsicher. Jetzt erst blickte der Arzt auf und sah sich die Bescherung an. „Mein Gott! Wie soll es denn charakteristisch für Scabies verlaufen, wenn es gar nicht Scabies ist!" rief er in komischer Verzweiflung aus. „Ich sage es ja immer, man muß alles selber machen! Sie wollen Ärztin sein und können solch einfache Diagnose nicht stellen. Ein trockenes Ekzem ist es, Ekzem auf nervöser Grundlage, nicht die Spur von ansteckend... Ach, Sie armes Ding", wandte sich Dr. Neumann an mich. „Drei wertvolle Tage haben wir verloren, aber seien sie unbesorgt, ich mache Sie gesund."

Die Schwester mußte jemand umbetten im Krankenzimmer, damit ich den besten Platz bekäme. Dr. Neumann erschien und untersuchte mich sorgfältig. Dann rieb er mich eigenhändig mit Spiritus ab, was eine wunderbare Linderung brachte und ordnete an, daß die Schwester jeden Morgen das gleiche tun solle, denn Wasser dürfe nicht an das Ekzem heran. Endlich lag ich in einem richtigen Krankenhausbett und faßte Hoffnung. Auch das Fieber ging nach einigen Tagen herunter, der Katarrh ließ nach und der Hustenauswurf war frei von Blut. Ich wurde mit Packungen behandelt und bekam verschiedene Medikamente. Das beste Heilmittel war wohl die Bettwärme. In wenigen Tagen war auch die Haut frei von Ekzem. Als ich erriet, daß ich an Pleuritis erkrankt sei, gab Dr. Neumann es zu.

Der Doktor dozierte gern. Das Polargebiet mit seiner fast keimfreien, ozonreichen Luft sei klimatisch geradezu ideal für Lungenkranke, sagte er. Wenn es gelänge, diese Gegend mit kalorienreichen Lebensmitteln zu versorgen, dann könnte man die besten Lungenheilstätten und Sanatorien hier errichten.

Nach meinem Krankenhausaufenthalt ging es weiter. Erst zu Fuß, danach mit einem Schlitten. Am neunten Tag unserer Schlittenfahrt überschritten wir den nördlichen Polarkreis und kamen nach Adswa-Wom, einem größeren Lager.Dort wurden alle Kranken dem Arzt vorgeführt. Er hieß Dr. Göring. „Eine Landsmännin, ja?" fragte er mich gleich auf deutsch. Als er meine angeschwollenen Beine sah, sagte er, das komme vom Herzen, ich dürfe nicht zu Fuß gehen, er wolle mir ein Attest geben, oder ob ich mich nicht ein paar Tage in Adswa ausruhen wolle, er könne mich ins Krankenhaus nehmen, das liege ja alles in seiner Hand. Ich nahm das Angebot jedoch nicht an, denn ich wollte lieber bei meiner „Etappe" bleiben.

Auf der Etappe spürte ich – wie später noch oft– das natürliche Mitgefühl des unverdorbenen russischen Menschen den politischen Gefangenen gegenüber. Daß der Häftling ein „Verbrecher" ist, kommt niemanden in den Sinn. Ins Lager verschickt zu werden, ist ein Unglücksfall, der jeden heute oder morgen treffen kann. So wie der Freie auf den politischen Gefangenen sieht, könnte ein Gewinner in der Staatslotterie auf die Nietenzieher schauen, mit dem Gefühl des Bedauerns für den Nichtgewinner, und dem Bewußtsein, selbst eines unverdienten Glückes teilhaftig geworden zu sein. Auf dieser Einstellung der Freien, verbunden mit der landesüblichen Gastfreundschaft, beruhte der kameradschaftliche Empfang, den man uns oft bereitete.

Vom Tage der Verhaftung an gezählt waren schon 450 Tage vergangen. Im ganzen war ich zu 5 Jahren, also 1 850 Tagen, verurteilt. Da hatte ich ja schon beinahe 25% meiner Leidenszeit hinter mich gebracht, rechnete ich mir aus, ehe ich überhaupt „auf den Platz" gekommen war. Wenn man ein Viertel aushält, hält man vielleicht auch drei Viertel aus ...

Und in der Hoffnung, die ungewisse Zukunft zu meistern, schlief ich endlich ein.

Als Lagerhäftling in der Arktis

Das Staatsgut Kotschmess, in dem ich sechs Monate verbrachte, war bei den Gefangenen als ein ausschließlich von Frauen betriebenes Staatsgut bekannt. Im Jahre 1938 indessen, als ich zum ersten Male nach Kotschmess kam, waren nur ungefähr 500 Frauen dort, bei einer Gefangenenzahl von insgesamt 800 bis 850. Kotschmess unterschied sich also von allen anderen Lagpunkten, in denen durchschnittlich nicht mehr als 10% der Lagerinsassen Frauen sind, durch die relativ hohe Anzahl weiblicher Gefangener – 60% des Gesamtkontingents – war jedoch nicht ein reines Frauenlager, wie etwa Potma in Mittelrußland.

Die meisten Gefangenen – Männer und Frauen – waren in der Landwirtschaft tätig. Der Sowchos betrieb Ackerbau und Viehzucht. Die spezielle Aufgabe des Staatsguts bestand darin, das ungefähr 250 Kilometer entfernte Workuta mit Fleisch, Butter, Eiern und Gemüse zu versorgen. In Kotschmess gab es Pferde, Kühe und Schweine, es gab eine Butterfabrik und eine Hühnerzucht. Außerdem wurde Gemüse angebaut. Mit welcher Mühe diese Gemüse im Polargebiet gezüchtet werden, davon wird später noch die Rede sein. Nach Workuta wurde das Gemüse in Schaluppen (Barshi) transportiert. Die klimatisch begünstigte Insel, auf der der Kohl, Kartoffeln und Rüben gediehen, soll übrigens dem Ort den Namen gegeben haben. „Kotschmess" ist der Nenzensprache entnommen; es bedeutet: „irdisches Paradies".

Am Morgen nach unserer Ankunft wurden wir ins Bad geschickt. Eine bis ins kleinste gehende Gepäckrevision fand statt, der wohl ausnahmslos sämtliche Messer, Scheren, Rasierklingen, Nagelfeilen und ähnliche Instrumente zum Opfer fielen. Eine Leibesvisitation fand nicht statt. Dann wurden wir in unser neues Heim, ein großes Zelt, kommandiert. Die Schlafpritschen waren zweistöckig. Sie standen merkwürdigerweise in zwei Reihen, Kopf an Kopf in der Mitte des Zeltes und ließen zwei schmale Laufgänge längs der Außenwände frei. Die unteren Betten waren alle schon belegt. Ich nahm gerne ein Bett in der oberen Etage, wo man isolierter ist. Unangenehm war allerdings die Entdeckung, daß die Zeltdecke über mir mit einer dicken Eisschicht bekleidet war. Ich sprach die Befürchtung aus, daß das Eis, wenn es gut geheizt wird, schmelzen und mir Wasser auf den Kopf tropfen werde, aber man beruhigte sich. So warm werde es in unserem Zelte nie. Oben an der Decke sei die Region des ewigen Schnees.

Kaum hatten wir uns mit unseren Habseligkeiten notdürftig eingerichtet auf den nackten Holzpritschen, als wir zur ärztlichen Kontrolluntersuchung gerufen wurden. Die Ärztin war eine Deutsch-Lettin, Rosa Na'umowna Maister. Ihr Vatersname „Na'umowna" war von den dankbaren Patienten mit dem Spitznamen „Besumowna" (ohne Verstand) umgeändert worden. Sie sprach zwar nur sehr mangelhaft deutsch, doch wir verständigten uns, und ich erreichte es, daß sie meine Invalidität bestätigte. Damit war mir „sitzende Arbeit" – wie es so schön hieß – zugebilligt. Sonja Zezarskaja wurde zur Außenarbeit bestimmt. „Aber Sonja, haben Sie nicht gesagt, daß Sie Tbc haben", fragte ich teilnahmsvoll. „Laß nur, ist ganz gut so!" meinte sie. „Je schlimmer, desto besser!" Sich so schnell wie möglich gänzlich arbeitsunfähig zu machen, war das erstrebte Ziel. Aber das war eine Hasardpolitik. Viele haben dabei vorzeitig ihr Leben lassen müssen. Da man Arbeitsbefreiung am leichtesten erhielt, wenn man Fieber hatte, war das Ziel jeder vernünftigen Simulation, entweder Fieber vorzutäuschen oder es künstlich hervorzurufen. Die Manipulation am Thermometer – heimliches Reiben oder Klopfen – wurde meistens entdeckt, denn die Gefangenen, denen die Körpertemperatur gemessen wurde, mußten im Sprechzimmer sitzen und wurden beobachtet. Man hatte verschiedene Methoden, Fieber vorübergehend künstlich zu erzeugen. Sie rieben sich die Achselhöhle mit Senf oder Salz ein, ehe sie ins Ambulatorium gingen, und nach dieser Manipulation kletterte die Quecksilbersäule des Fiebermessers brav auf fast 39. Einmal schöpfte ein Lekpom Verdacht und ließ in der anderen Achselhöhle nachmessen. Da gab es einen großen Skandal, denn das Thermometer zeigte jetzt normale Temperatur. Von dieser Zeit an präparierten die Kriminellen vorsichtshalber stets beide Achselhöhlen. Mit künstlichem Fieber konnte man Arbeitsbefreiung natürlich nur für sehr kurze Zeit bekommen. Geschickte Simulanten verstanden es noch, sich auf längere Zeit Arbeitserleichterung zu verschaffen dadurch, daß sie schweren Rheumatismus, Geisteskrankehit, Epilepsie oder Lähmungserscheinungen simulierten. Unter den Deutschen der „kleinen Zone" in Kotschmess war es ein offenes Geheimnis, daß Apollon Niefeldt Geistesgestörtheit simulierte; es ist ihm jedoch nie nachgewiesen worden.

Vom Simulatentum zur Selbstverstümmelung war nur ein kleiner Schritt. Immerhin ist es ein entscheidender Schritt. Um Invaliden zu werden, sägten oder hobelten viele Kriminelle sich die Fingerglieder ab, hackten sich beim Entasten der Bäume in den Fuß, schlugen sich beim Holzkleinmachen eine Hand ab oder ließen sich von einem fallenden Balken einen Fuß zerquetschen. Andere warfen sich Machorka oder pulverisierten Tintenstift in die Augen, um zu erblinden, zogen sich absichtlich schwere Erfrierungen zu oder verschluckten Gegenstände. Bei Frauen war das Verbrühen mit kochendem Wasser beliebt, und sehr gerne spritzten sie sich auch Petroleum unter die Haut. Die dadurch hervorgerufenen Phlegmonen machten sie auf lange Zeit arbeitsunfähig. Eine Kriminelle hatte sich einmal Karbolsäure zu verschaffen gewußt und durch Karbolumschläge Nekrose mehrerer Zehen erreicht. Mit solchen Manipulationen waren allerdings oft dauernde Gesundheitsschädigungen verbunden.

Meine Bettnachbarin war eine berüchtigte Kriminelle. Sie saß wegen dauernder Arbeitsverweigerung fast die ganze Zeit im Strafisolator, von wo sie mit schweren Verbrühungen bei uns eingeliefert worden war. In der Verbrecherwelt trug sie den poetischen Decknamen „Maiglöckchen" (Landysch), und da sie auch im Krankenhaus so genannt wurde, habe ich ihren bürgerlichen Namen nicht behalten. Maiglöckchen hatte sich im Isolator einen Eimer kochend heißes Wasser über die linke Seite gegossen. Der Arm, die Hüfte, der Oberschenkel waren schwer verbrüht. Sie klagte kaum, obwohl die Brandwunden schlimm genug aussahen, aber nach zwei, drei Tagen, fing sie an, wegen ihrer rechten Brust zu jammern. Auf meine besorgten Fragen erwiderte sie: „Nein, etwas ähnliches habe sie noch nie gehabt, und sie könne sich gar nicht erklären ..."

Die Brust schwoll stark an, sonst war nichts zu sehen. Bald fiel jedoch auf, daß ein sonderbarer unangenehmer Geruch von dem Mädchen ausging. Die Ärztin untersuchte sie gynäkologisch. Aber Maiglöckchen hatte weder etwas an der Gebärmutter, noch war sie geschlechtskrank. Schließlich entschloß sich die Ärztin, die dick angeschwollene Brust aufzuschneiden. Sie fand darin einen schmutzigen Faden, der eine schwere Vereiterung der Brustdrüsen verursacht hatte. Dann vertraute uns Maiglöckchen an, sie habe einen gewöhnlichen weißen Nähfaden ein paar Mal durch einen kariösen Backenzahn durchgezogen, damit etwas Eiter daran haften bliebe; danach habe sie ihn in eine lange Stopfnadel eingefädelt und die Nadel links unten nach rechts oben durch die ganze Brust durchgezogen. „Die überstehenden Enden habe ich abgeschnitten und wie fein ich das gemacht habe, nicht? Die Einstichstellen waren gar nicht mehr zu sehen. Wenn diese ‚Kurwa' (Hure) von Doktorin den Faden nicht zufällig gefunden hätte, hätte sie es nie herausgekriegt", meinte Maiglöckchen. Sie zeigte stolz ihre zerschnittene Brust und rechnete sich wohl aus, wie lange sie nun im Krankenhaus bleiben könne. Sie wurde jedoch, sobald sie außer Gefahr war, entlassen; denn mit Selbstverstümmlern machten die Ärzte nicht viel Federlesen.

In dem großen Klubraum gab es verschiedene Arbeitsgruppen. Einige Frauen nähten. Sie standen an langen Tischen und fertigten wattierte Steppdecken für die Kinder der Kinderkrippe an. Andere spannen. Zum ersten Mal im Leben sah ich Frauen mit der Handspindel arbeiten. Die russischen und ukrainischen Bäuerinnen können alle spinnen, auch die Armenierinnen und andere Kaukasierinnen. Sie benutzten nicht das Spinnrad, wie es uns Deutschen aus den Märchenbüchern bekannt ist, sondern sie drehten die Spindel mit der Hand.

Ich wurde der „Pakla"-Gruppe zugeteilt. Die Pakla, eine Art Hede oder Werg – ich weiß nicht, aus welcher Pflanzenfaser – befand sich in arg verfilztem Zustand. Wir sollten sie sauber machen und locker zupfen. Aus der gereinigten Pakla wurden dicke Fäden gesponnen, die zu Stricken gedreht wurden. Aus mehreren Stricken wurden dann Pferdeleinen gemacht. Es gab für uns keine

„Norm", und darüber war ich sehr glücklich. Auch bemerkte ich mit Genugtuung, daß die Spinnerinnen sich darum rissen, Material von mir zu erwischen, denn sauber gezupfte Rohfaser erleichterte ihnen natürlich das Spinnen. Später, als ein „Soll" eingeführt wurde, bekam ich einen schweren Stand. Wieder das alte Dilemma: entweder nachlässig arbeiten und die Norm erfüllen, oder gutes Material liefern und das „Soll" nicht erreichen. Ich konnte nicht auf Lagerart arbeiten, und die Brigadierin schalt mich, daß ich nicht einmal die Norm mache, während andere 150% abliefern.

Es handelte sich aber öfters – wie ich bald sehen sollte – nicht nur um manuelle Geschicklichkeit oder um eine natürliche Anlage zu schnellem „Tempo" in allen Dingen oder gar um Arbeitseifer, sondern auch um – Ehrlichkeit. Ich lernte einen im Lager sehr häufig gebrauchten Ausdruck kennen: „sarjashatj tuftu" (Schwindel machen). Unter „Tufta" versteht man die Vortäuschung der Normerfüllung, während in Wirklichkeit das Leistungssoll nicht erreicht ist. Ein Gefangener hat beispielsweise täglich 25 Kg Birkenrinde zur Teerdestillation abzuliefern. Er sammelt aber nicht nur die reine äußere Rinde, sondern stopft dicke Stücke der darunterliegenden Baumschicht oder das auf der Rinde wachsende Moos mit in seinen Sack, damit das verlangte Gewicht rascher erreicht wird; er „tuftiert".

Einmal hatten wir Stricke herzustellen. Meine Partnerin und ich hatten den ganzen Tag mit äußerstem Fleiß gearbeitet. Die beiden anderen Strickedreherinnen schienen sich durchaus nicht so angestrengt zu haben. Trotzdem waren zu meiner Überraschung ihre Knäuel bedeutend größer als unsere. Die Brigadierin lobte den Eifer der beiden. Die Knäuel wurden gewogen. Meine Partnerin und ich hatten knapp 100% geliefert, das andere Arbeiterinnenpaar 120% und noch mehr. Später stellte sich heraus, daß sie den gesamten Abfall in Bälle zusammengepreßt und die gedrehten Stricke um diese Bälle herumgewickelt hatten. Ein typischer Fall von „Tufta".

Von derartigen Betrugsmanövern wollte ich nichts wissen; da blieb ich lieber eine „schlechte" Arbeiterin!

Es wurde bekanntgegeben, daß nur die Arbeiter, die eine längere Zeit hindurch ständig ihre Norm übererfüllen, Matratzen und

Decken bekommen können. Ich habe es natürlich nicht zu einer Matratze gebracht. Eine andere Bekanntmachung betraf das Korrespondenzrecht. Es gab zwar auch als Strafe für Arbeitsverfehlungen gelegentlich Schreibverbot; generell aber ging die Bestimmung dahin, daß Kriminelle schreiben dürfen, soviel sie wollen, „Achtundfünfziger" (Politische) im allgemeinen einmal im Monat, aber „Trotzkisten" nur einmal alle drei Monate, und diese Briefe durften nur an Verwandte ersten Grades in gerader Linie gerichtet sein. Ich hätte jedoch in Ermangelung von Papier überhaupt nicht schreiben können, wenn ich nicht damals Maria Joffe, die Witwe des einstigen sowjetischen Botschafters in Berlin, getroffen hätte. Sie schenkte mir ein Blatt Schreibpapier und einen Briefumschlag.

Jeden Mittag erschien unser Etappenhund Malysch bei uns im Klub. Das Tier kannte jeden einzeln von uns genau. Morgens im Zelt kam Malysch an unsere Pritschen und holte sich sein Frühstück. Dann begann er, ein zweiter Gefangenenwärter, seinen Inspektionsgang durch die Arbeitsstätten. Und wenn auch jeder von seinem Wenigen nur wenig abgab, so war unser Hund doch gut ernährt, denn er wurde von vielen Herren gefüttert.

Aber unsere Freude an dem guten Malysch war nicht von langer Dauer. Eines Nachts hörte seine frühere Herrin, Anna Peschina, sein Bellen und ein kurzes klägliches Winseln. Am Morgen rief sie ihn vergebens. Später brüsteten sich die Kriminellen, sie hätten ihn aus dem Zelt gelockt, geschlachtet, gebraten und aufgegessen. Hundebraten zu essen, galt bei ihnen als ehrenvoll und erfolgte, wie erzählt wurde, unter einem besonderen Ritus. Wer in dieses Zeremoniell nicht eingeweiht war und noch keinen Hundeschmaus mitgemacht hatte, wurde nicht als vollwertiger Krimineller angesehen.

Ende Februar verbreitete sich das Gerücht, daß im Invalidenlager Adak, wo bisher nur Männer gelebt hatten, jetzt auch weibliche Gefangene aufgenommen würden. Kotschmess hatte kein Interesse, arbeitsuntaugliche Invaliden zu halten. Fast alle Arbeiten auf dem Staatsgut erforderten Menschen mit physischer Leistungsfähigkeit. Kurz nacheinander gingen zwei Frauentransporte nach Adak ab, die „Großmütteretappen" wie sie mit gutmütigem Spott genannt wurden. Zu denen, die nach Adak übersiedelten, gehörten: Frau Almass, eine hochgebildete Endfünfzigerin, einst

Sekretärin des ehemaligen Leiters des Internationalen Gewerkschaftsbundes; Anna Peschina, das frühere „Frauchen" unseres Etappenhundes Malysch; die psychopathische Shenja Miller, eine unangenehme Querulantin; und auch Frau Smirnowa, die aber nicht lange in Adak bleiben durfte, sondern nach Workuta geschickt und dort erschossen wurde.

Da ich „zu etwas Besserem nicht tauglich" war, wurde mir der Posten des Zeltnachtwächters übertragen. Ich hatte von abends acht Uhr bis morgens sechs Uhr Dienst. Die ganze Nacht ging ich von einem Ende des Zeltes zum anderen hin und her und versorgte die drei Öfen. Um jeden Ofen herum lagen und hingen ganze Berge von Kleidungsstücken. Damit alle Sachen wirklich trockneten, mußte man sie mehrmals umdrehen und umhängen. Das war gar nicht so leicht. Viele Frauen gaben mir Spezialaufträge. Einige mußte ich zu bestimmten Zeiten wecken: zum Beispiel Wächter, die um zwei Uhr nachts Schichtwechsel hatten. Aber auch private Bestellungen zum Wecken erhielt ich, wenn Frauen nach dem abendlichen Kontrollgang, bei dem ich rapportieren mußte, das Zelt verlassen wollten, um zu einem Stelldichein zu gehen. Zu den Kundinnen dieser Art gehörte die charmante Sina Janowskaja. Sie hatte in Kotschmess ihren ehemaligen Untersuchungsrichter aus Moskau wiedergetroffen. Er hatte ihr seinerzeit fünf Jahre aufgebrummt und war nun selbst zu acht Jahren Lager verurteilt worden. Nach einigen philosophischen Betrachtungen über die Zufälligkeiten im menschlichen Leben, denen ein Mensch in einem totalitären Staat zweifellos mehr ausgesetzt ist als anderswo auf unserem Planeten, hatten die beiden sich befreundet und waren zu den Themen übergegangen, die junge Menschen überall in der Welt brennend interessieren, sogar im totalitären Staat und sogar im Lager. Ich protegierte diese Rendezvous gern.

Die Nachtarbeit bekam mir übrigens schlecht, da ich am Tage bei dem ewigen Kommen und Gehen im Zelt kaum schlafen konnte. Einige Male machte ich Spaziergänge in den Wald. Im Jahre 1938 gab es nämlich noch keine strenge Zonenkontrolle. Der Himmel leuchtete bei klarem Frostwetter in tiefem Blau und die schwer mit Schnee behangenen Bäume glitzerten in der Märzsonne. Ich besuchte Anna Meyer, die damals die Aufgabe hatte, dünnstämmige elastische, etwa zwei Meter hohe Jungfichten zu fällen und zu entasten. Sie wurden als Bindematerial für Flöße gebraucht. Die Norm war 200 Stück. Mit drei Axtschlägen hieb Anna die Stämme ab; aber wieviele Kilometer mußte sie sie schleppen!

Sonntags ging ich öfters zu ihr in den Pferdestall. Wenn Kontrolle kam, deckte Anna mich schnell mit Decken zu und setzte sich auf mich. Wir flickten meistens unsere kümmerliche Wäsche an den arbeitsfreien Tagen. Außerdem liebte es Anna, das Lageressen „umzukochen". Wirklich schmeckte es besser nach ihren Manipulationen, aber nicht immer war das Hexerei. Wer mehr als 120% des Solls leistete, hatte damals das Recht, bestimmte zusätzliche Lebensmittel im Laden für die Gefangenen zu kaufen, und das tat Anna.

Meiner Tätigkeit als nächtliche Ordnerin wurde aber leider dadurch ein frühzeitiges Ende gesetzt, daß dieser Posten aus dem Etat gestrichen wurde.

Im April begannen in Kotschmess die Vorbereitungsarbeiten für die Frühbeetbestellung. In der Geräteausgabe (Instrumentalka) händigte man uns Spitzhacken, eiserne Brechstangen und Schaufeln aus. Auf dem Terrain erhielten wir große Körbe zum Wegschaffen des Schnees. Die Frauen arbeiteten meistens zu zweit oder zu dritt. Leider kann ich mich nicht erinnern, wie groß die Norm war, aber zweifellos war es leichter, eine gewisse Arbeitsteilung vorzunehmen und die dreifache Norm zu dritt zu machen, als etwa allein herumzumurksen. Ich arbeitete die ersten beiden Tage mit einer älteren, kränklichen Frau zusammen. Wir wurden glänzend miteinander und mäßig mit der Arbeit fertig. Angestrengt haben wir uns beide – ich möchte beinahe sagen – heldenhaft, aber beide waren wir schwächlich und wahrscheinlich auch ungeschickt. Wir schafften gegen 60% unseres Solls, am zweiten Tage weniger als am ersten. Am dritten Tage hielt ich vergebens nach meiner Partnerin Ausschau. Sie lag bereits im Spital.

Jetzt teilte mich der Brigadier als dritte einer nachbarlichen Zweiergruppe zu. Die beiden waren gesunde, kräftige Frauen, die von solch einer Partnerin wie mir nichts wissen wollten. Sie kommandierten mich den ganzen Tag hin und her und überließen mir die unangenehmsten Arbeiten. Als der Brigadier die Tagesarbeit abnahm, beklagten sie sich, daß ich ihnen die Prozente verderbe. Der Brigadier wollte mich anderen Frauen als Partnerin zugesellen, aber ich bat, allein arbeiten zu dürfen. Der Gedanke, daß andere einen Teil der Arbeit für mich leisten müßten – oder auch nur befürchteten, dies könne der Fall sein – war mir unerträglich. „Na, was wirst Du denn allein schaffen", knurrte der Brigadier. „Da kriegst Du schließlich noch den Strafkessel, und dann kommst Du ganz auf den Hund." Am nächsten Morgen bestand ich auf meiner Bitte um so hartnäckiger, als niemand Lust zeigte, mich zur Partnerin zu „gewinnen". Der Brigadier zuckte die Achseln und wies mir mein Frühbeet an.

Allein zu arbeiten war physisch ein Martyrium, aber moralisch war es viel besser. Ich schaffte zwischen 35 und 50%, sank also nicht auf den Strafkessel ab, den man damals nur dann erhielt, wenn man weniger als 30% der Norm leistete. So arbeitete ich einige Tage und wurde immer elender. Durch die physische Überanstrengung stellte sich eine sehr lästige Schwächeerscheinung ein: ich konnte den Urin nicht halten. Aber ich ging nicht ins Ambulatorium. Wegen solcher Lappalien wurde keiner krank geschrieben, das wußte ich schon. Ich arbeitete also unverdrossen weiter, und eines Tages geriet ich an ein völlig vereistes Frühbeet. Trotz verbissener Anstrengungen kam ich nicht vom Fleck. Ich war schon viel zu geschwächt, als daß ich in den Hieb der Spitzhacke die erforderliche Kraft hätte legen können. Es wurde mir grün und schwarz vor den Augen ...

Als ich wieder zu mir kam, lag ich auf der Veranda des Ambulatoriums und wurde mit Schnee abgerieben. Ich war bewußtlos auf dem Grund meines Frühbeets, in das ich hinuntergefallen war, aufgefunden worden. Vermutlich hatte ich schon lange dort gelegen. Ich hatte eine Kopfwunde vom Fall, die eine Wange war erfroren, und ich sah wachsgelb aus mit blauen Flecken. Da ich mir eine schwere Bronchitis, Blasenkatarrh und Nierenreizung geholt hatte, kam ich auf eine Woche ins Krankenhaus. Ich war glücklich, keinen Schnee mehr losbrechen und herausschaufeln zu müssen. Nach der Entlassung aus dem Spital wurde ich noch einige Tage von der Arbeit befreit, weil ich fortgesetzt erhöhte Temperatur hatte. Als dieses aber so blieb, erklärte die Ärztin, ich hätte eben chronische Nephritis oder irgendetwas ähnliches, aber dabei könne man sehr gut leichtere physische Arbeiten verrichten.

Inzwischen war Tauwetter eingetreten. In Kotschmess gab es damals keine Wege und das Terrain war nicht planiert. In den Niederungen sammelte sich Wasser an. Man mußte hier und dort über Spalten in der meterhohen Schneedecke und über Sturzbäche springen und sich auf rutschigen Hängen hinauf- oder herunterarbeiten. Ohne Stock konnte ich überhaupt nicht gehen, und so manches Mal kam ich vom Essenholen mit halbleerem Feldkesselchen zurück, weil ich auf dem glitschigen Weg die Suppe verschüttet hatte. Das schlimmste war, Brot und Milch zu holen. Dazu mußte man über den Kotschmess, einen kleinen Nebenfluß der Ussa, hinweg, der zur Zeit der Schneeschmelze zu einem reißenden Strom angeschwollen war. Es wurden ein paar Baumstämme über den Fluß gelegt, auf denen man balancieren mußte.

Eines Tages traf ich auf der Brotausgabestelle einen gutaussehenden Mann im Alter von 35–40 Jahren, der offensichtlich ganz neu in Kotschmess war. Er sprach Deutsch und erzählte, er sei von Workuta in unser Staatsgut versetzt worden und werde das Amt des Gefangenenaufsehers bekommen. Sein Name war Federbusch. Wir balancierten über die „Brücke", wobei er mir Brot und Milch trug, und wir unterhielten uns. Er begleitete mich bis an mein Zelt, und nachdem seiner Meinung nach wohl das Terrain genügend rekognosziert war, stellte er die Fragen, die ich bereits befürchtet hatte: ob ich schon einen Lagermann hätte, wann wir uns wieder treffen könnten ... Im Lager sei es nun mal so, daß man gleich mit der Tür ins Haus fallen müsse. Ich solle doch meine Bedenken fallen lassen und in Betracht ziehen, welche Vorteile ich haben würde. Als Aufseher könne er ungeheuer viel für mich tun. Leichtere Arbeiten werde er mir verschaffen; Milch und Brot werde mir gebracht werden. Er bekomme dieser Tage ein eigenes Zimmerchen, dort könne man zusammensein, und mit dem Kommandanten werde schon alles geregelt. Ich lehnte ab. Federbusch hatte schon acht Jahre Lager hinter sich. Für ihn war es zur Selbstverständlichkeit geworden, an solche Fragen heranzugehen, wie an Verhandlungen auf dem Viehmarkt. Er erschien wirklich in den folgenden Tagen als Aufseher in unserem Zelt. Geschwindelt hatte er also nicht. Er steckte mir auch noch zweimal Zettel zu, mit der Bitte um ein Rendezvous, aber ich ließ sie unbeantwortet.

In Olga M. fand ich eine Frau, die mir mein Brot mitbrachte bei Überlassung einer Tagesration für je drei Tage. Sie war Anhängerin einer religiösen Sekte und sagte, es sei Pflicht der Liebe in Christo, daß man seinen Kameraden helfe. Diese christliche Nächstenliebe hinderte sie aber nicht, mir für das Holen meiner Milch als Bringerlohn die Hälfte der Milch abzuverlangen. Immerhin war mir damit gedient, denn sonst hätte ich gar keine Milch gehabt. Die Wege wurden immer schlechter, und ich hatte nichts als schlappe Gummischuhe an den nackten Füßen. Stiefel bekamen nur die guten Arbeiter.

In dem neuen Zelt schlief ich auch wieder oben; den Parterreplatz unter mir hatte Tatjana Fried. Als ich ihr das Erlebnis mit Federbusch erzählte, geriet sie außer sich. „Darauf nicht einzugehen! Solch ein Glück zu haben und es nicht auszunutzen, das ist doch unglaublich! Noch dazu hier in Kotschmess, wo die Konkurrenz unter den Frauen viel größer ist als anderswo!" Sie konnte sich gar nicht beruhigen, und ich versuchte, das Gespräch ins Theoretische zu lenken. „Bürgerliche Vorurteile? Nein, ich bin mir über die Zusammenhänge im klaren. Wo Not herrscht, herrscht auch Prostitution. Hier in den Lagern ist die materielle Not größer als ‚draußen', und so ist die Prostitution zur Selbstverständlichkeit geworden. Auch solche Frauen, die nie im Leben daran gedacht haben, ihren Körper zu verkaufen, nehmen hier Zuflucht ..." – „Nun eben", fiel mir Tatjana ins Wort, „Sie sagen es ja selbst, es ist der einzige Ausweg, und Sie werden noch sehen: kaum 25% der weiblichen Lagerbevölkerung ist *nicht* Prostituierte. Man sollte nicht soviel Wesens machen von diesem Wort! Mir haben wohlmeinende Leute, kaum daß ich ins Lager gekommen, gesagt: Wenn Sie nicht verhungern oder an der schrankenlosen Ausbeutung zugrunde gehen wollen, dann seien Sie nicht zimperlich! Nur ein männlicher Freund kann Sie vor dem Tode retten! Diese Worte habe ich mir zu Herzen genommen. Aber Sie? Sie werden es noch bereuen! Ohne Hilfe eines Mannes *kann* eine Frau im Lager nicht durchkommen. Noch dazu eine physisch Schwächliche, wie Sie, die nicht imstande ist, hohe Prozente zu erarbeiten." Ich sagte ihr, ich hätte ja kein Gelübde abgelegt, die fünf Jahre als Nonne zu leben, aber eine Verquickung von sexuellen Beziehungen mit materiellen Vorteilen sei in meinen Augen etwas schlechterdings Unmögliches. Mich sozusagen summa summarum verkaufen, das könne ich nicht. Ob sie denn das getan habe? – Ja, gewiß, nur deshalb sei sie noch so gut beieinander, sagte sie, und wenn sie Gnade vor den Augen dieses Federbusch gefunden hätte, da würde sie sich glücklich schätzen. „Außerdem ist er noch geradezu ein schöner Mann", seufzte sie. Bald wurde ihr noch deutlicher vor Augen geführt, was ich „verloren" hatte.

Federbusch trauerte mir natürlich nicht lange nach. Zwei Wochen später hatte er eine Freundin. Valentina Gromowa, so hieß sie, hatte bisher als Fuhrmann gearbeitet. Nun kam sie, obwohl sie die Kategorie „schwere körperliche Arbeit" (TFT) hatte, in die Korbflechterbrigade, und später wurde sie selbst Brigadierin. War sie unpäßlich, so wurde sie gleich ins Krankenhaus gelegt, und der Liebhaber überhäufte sie mit Geschenken. Tatjana Fried konnte es nicht verwinden, daß ich mir so etwas hatte entgehen lassen. Übrigens war Federbusch ein anständiger Mensch. Niemals benahm er sich den Gefangenen gegenüber brutal, wie es sein Vorgänger getan hatte. Aber er hätte kein gewöhnlicher Sterblicher sein müssen, wenn er die Privilegien, die das Lager einer gewissen Oberschicht der Kriminellen gibt, nicht ebenso ausgenutzt hätte, wie andere auch.

Zu meiner großen Freude bekam ich während meines Aufenthalts in Kotschmess drei Briefe von meinem Sohn aus Moskau. Wolodja schrieb, er besuche seit dem 1. September 1937 die 8. Klasse einer russischen Schule; die deutsche Karl-Liebknecht-Schule sei am 25. Januar 1938 endgültig liquidiert worden, auch der Moskauer deutsche Club bestehe nicht mehr.

Die Verhaftung seines Freundes Frido Seydewitz hatte Wolodja mir in einem dieser Briefe „konspirativ" mitteilen wollen, aber es war so ungeschickt herausgekommen, daß der Zensor sicherlich ebenso darüber gelacht hat wie ich. Die Tatsache selbst war allerdings sehr traurig. Von allen Freunden meines Sohnes war Frido mir immer der liebste gewesen.

Bronskis Tochter Wanda Bronska war im März 1938 verhaftet worden, sein Bruder schon im Februar. Daß Bronski selbst bereits im September 1937 „verschwunden" war, hatte ich schon einer

Bemerkung Wolodjas in seinem ersten Brief, den ich in Schor erhielt, entnommen. Auch seine Besuche in der Redaktion der „Iswestija" hatte Wolodja einstellen müssen, wie er schrieb. Unser Freund Julek Rosenblatt, der Redakteur, war also ebenfalls verhaftet worden. Von allen unseren Bekannten in Moskau sei – außer natürlich Tante Sonja (Liebknecht) nur Hans Rodenberg übrig geblieben, ihn besuche er öfters, schrieb mir Wolodja. Natürlich war Rodenberg „übriggeblieben".

Was sollte ich tun? Wie konnte ich meinen Jungen warnen vor diesem agent provocateur? Ich wagte in meinem Brief eine Andeutung von „treulosem Freund" und „pathologischem Lügner". Leider mißlang die Warnung. Wolodja schrieb: „Deine Anspielung auf den pathetischen (!) Lügner habe ich nicht recht verstanden? Was meinst Du damit?" Aber nachträglich schien er – vielleicht mit Sonjas Hilfe – den Hinweis doch noch richtig gedeutet zu haben. Er erwähnte Rodenberg nie wieder in seinen Briefen.

Ende Mai begannen die Arbeiten an den Frühbeeten. Es kam die Zeit des ersten Jätens und Durchlichtens. Dieselbe Geschichte! Wer sich den „dritten Kessel" verdienen will, der zieht eben hier und da ein Unkraut raus und läßt die anderen stehen. Daß soviel „durchlichtet" werden mußte, war wiederum die unheilvolle Folge des normierten, d. h. überhasteten, unordentlichen Säens. Die Arbeit in den Frühbeeten wurde mir von Tag zu Tag schwerer. Das stundenlange Stehen und Sichbücken, war ebenso anstrengend wie das Hocken. Ich war völlig erschöpft. Ohne eine schwere akute Krankheit zu haben, geriet ich einen Zustand der Schwäche hinein, in dem der Mensch die Herrschaft über seinen Körper verliert.

Schwere psychische Depressionen waren die Folge. Als ich mich nun doch an die Ärztin wandte, erklärte sie leichthin: „Incontinentia urinae et alvi ...", das passiert bei anderen auch, da kann man nichts machen. Sie ließ mich stehen. Der alte Heilgehilfe hatte etwas mehr Einsehen. „Aber es muß doch irgendein Mittel geben", wandte ich mich jetzt auf sein ermunterndes: „Nun, Töchterchen?" an ihn. „Glauben Sie mir, ich würde lieber die ärgsten Schmerzen dulden, als diesen schrecklichen Zustand. Ich halte das nicht aus ..." – „Ich kann es Ihnen nachfühlen", sagte er teilnahmsvoll, „aber wie könnte ich Ihnen helfen? Es gibt hier in

Kotschmess keine ‚sitzende Arbeit' mehr, das müssen Sie doch einsehen."

„Ich sehe aber nicht ein, warum ich dann nicht nach Adak geschickt werde, wo es Invalidenarbeit *gibt*", entgegnete ich. „Ja, wollen Sie denn nach Adak? Die meisten, die wir hinschicken wollen, weigern sich zu fahren. Wissen Sie überhaupt, was Ihnen dort bevorsteht? Der Anblick der Krüppel, der vielen alten Menschen, die auf nichts mehr warten oder hoffen als auf den Tod, der sie von diesem Jammerdasein erlöst ...? Wird Sie das nicht schrecklich deprimieren? Jetzt sind sie noch so jugendlich, aber wenn Sie Mummelgreise und körperlich behinderte Menschen um sich herum sehen, werden Sie Ihren Lebensmut verlieren ..." – „Ach was!" entgegnete ich forsch, „so zartbesaitet bin ich nun auch wieder nicht. Ich will *leben*. Also muß ich arbeiten. Aber diese Arbeit hier *kann* ich nicht leisten. Ich hoffe, mit Invalidenarbeit werde ich's schaffen." Der alte Lekpom nickte zustimmend mit dem Kopf. „Nun gut! Wenn Sie wirklich nach Adak wollen ... Ich werde tun, was ich kann. Schreiben Sie ein Gesuch an die Gesundheits-Abteilung." Das ließ ich mir nicht zweimal sagen. Noch am selben Abend gab ich das Gesuch ab. Ich mußte in diesen Wochen jeden Tag nach Abschluß der Arbeit ins Ambulatorium gehen wegen meiner fürchterlichen Furunkulose. Wenn ein Furunkel im Abklingen war, bildeten sich sogleich wieder ein oder zwei neue. Auch mein Skorbut wurde wieder schlimmer. Mai und Juni sind die gefährlichsten Monate für die Skorbut-Kranken. Neben der Essensausgabe standen große Gefäße mit Aufguß, einem Auszug aus jungen Fichtensprößlingen. Von diesem bitteren Getränk mußte jeder täglich einen Becher als Prophylaktikum gegen Skorbut trinken, sonst bekam er kein Essen.

Am 17. Juni ertönte zum ersten Mal die Sirene eines von Osten kommenden Dampfers. Schnell wurden wir, die wir auf der Adaker Invalidenliste standen, von der Arbeit geholt. „Fertigmachen, mit Sachen, schnell!" Daß wir nach Adak abtransportiert wurden, wurde uns offiziell nicht bekanntgegeben. Wir mußten noch ins Ambulatorium. Dort nahm mir die Schwester alle Mullbinden weg, mit denen meine Furunkel verbunden waren. „Wir sind knapp an Verbandsmaterial, ich kann Ihnen unsere Binden nicht mitgeben nach Adak", sagte sie.

Schließlich hatten wir kaum Zeit, unser Bündel zu schnüren. An Abschiednehmen von Freunden war kein Gedanke. Wir rannten an den Dampferanlegeplatz und sprangen ins Boot. Musja war plötzlich da und drückte mir die Hand. Erst auf dem Schiff konnten wir Umschau halten und feststellen, wer alles „dabei" war. Ich hatte gedacht, Sonja Zezarskaja würde mit mir nach Adak kommen, aber auch ihr wollte man noch die letzten Kräfte herauspressen. Mit mir fuhren die Grusinierin Lena Gogoridse und die geistig anomale Mira Koslowa, von der ich später noch erzählen werde. Im ganzen waren wir achtzehn, zehn Männer und acht Frauen. Am 17. Juni 1938, genau ein Jahr nach der Abreise aus Moskau und genau ein halbes Jahr nach meiner Ankunft in Kotschmess, brachte mich der Dampfer nach Adak.

Zwei Jahre im Invalidenlager Adak

Vor uns im Sonnenschein auf leicht aufsteigendem Gelände lag das Invaliden-Lager Adak. Ein breiter Laufsteg wurde zum Schiff hinübergelegt. Dutzende von Händen halfen uns an Land. Die Ankunft unserer kleinen Etappe, die fast zur Hälfte aus Frauen bestand, war so etwas wie eine Sensation. Wenn zwei junge, elegant gekleidete Schauspielerinnen in Berlin auf der Tauentzienstraße spazierengehen, können sie nicht *mehr* bewundernde Männerblicke auf sich ziehen, als Lena Gogoridse und ich, zwei „femmes de quarante ans" in Gefangenenkleidung, während wir den kurzen Weg vom Ufer in die uns angewiesene Frauenbaracke zurücklegten.

Ich begrüßte schnell meine alten Bekannten aus Kotschmess, unter denen ich leider Frau Smirnowa schon nicht mehr antraf, und eilte ins Ambulatorium. Fünf große Furunkel hatte ich gleichzeitig; drei auf der Gürtellinie, einen auf dem Gesäß, einen am Oberschenkel. „Hm hm hm!" brummte der Arzt vor sich hin, „so was hab ich auch noch nicht gesehen." Ich sagte, ich hätte die Furunkel immer gut verbunden gehabt, aber heute seien mir die Binden abgenommen worden. „Das ist ja gerade das Malheur", sagte der Arzt, „wir haben nämlich keine Binden in Adak" – „Sie haben keine Binden? Überhaupt keine?" Ein Lager für Invalide, und kein Verbandszeug im Ambulatorium! „Aber irgendwelchen weißen Stoff werden Sie doch haben. Davon kann man runde Fleckchen machen und sie mit Kollodium festkleben, das ist manchmal noch besser als Binden", sagte ich. „Ich weiß, ich weiß, aber Kollodium haben wir auch nicht." Sehr sorgfältig reinigte der Arzt mir meine Furunkel, aber mehr konnte er nicht tun. Zum Schluß sagte er: „Kommen Sie, bitte, immer vormittags, abends ist nur für die Arbeitenden Sprechstunde, und sie werden ja auf lange Zeit hinaus nicht arbeiten können. Morgen werde ich Sie dem Arzt vorstellen." – „Sind Sie denn nicht der Arzt?" – „Nein, nur Lepkom. Aber fast fertiger Arzt", setzte er lächelnd hinzu, „als Student des letzten Semesters verhaftet worden." Ein sympathischer Mensch, dieser Semjon Michailowitsch. Und daß er mich gleich krank geschrieben hat, ist auch fabelhaft. Aber daß die Furunkel nicht verbunden werden ... In der Baracke wurde mir mitgeteilt, wir könnten uns im Magazin Matratzenhüllen und Wolldecken holen. Das war also auch besser als in Kotschmess, wo ich weder Decke noch Strohsack gehabt hatte. Mit den Matratzenbezügen gingen einige in die Tischlerei, einige in den Pferdestall, um sie füllen zu lassen. Ich zog Hobelspäne vor; sie seien sauberer als Heu, versicherte man mir.

Am nächsten Vormittag wurden wir Neuen vom Arzt untersucht. Mir verschrieb er Krankenkost. Zur Bekämpfung der Furunkulose, sagte er, werde er mir Schwefel geben. Auch über meine Sphinkterenschwäche berichtete ich ihm. Er meinte, zunächst müsse die Furunkulose geheilt werden. Vielleicht würde ich mich dann wieder etwas kräftigen, und auch die Incontinentia urinae et alvi werde dann verschwinden. „Lassen Sie sich davon nicht deprimieren! Das ist eine Gefangenenkrankheit, die geht später von ganz alleine", und er klopfte mir freundschaftlich auf die Schulter. „Sie sind ja ein durch und durch zerbrochenes Schächtelchen", setzte er lächelnd hinzu. Schließlich gab er mir noch einen Zettel für das Magazin, auf den hin ich ein Kleid und ein Paar Schuhe bekommen sollte. Was für ein Unterschied im Vergleich zu Kotschmess! Alles war hier viel humaner, schien mir.

Übrigens gab es wohlgepflegte, trockene Wege. Wir erfuhren, daß Adak, obwohl es schon nördlich des Polarkreises liegt, klimatisch viel günstiger sei als Kotschmess. Das Gelände war fast sumpffrei. Wald schützte vor den eisigen nördlichen Stürmen. In Adak habe ich eine maximale Kälte von „nur" 48 Grad erlebt. Die Mückenplage im Sommer – gerade einige Tage früher hatte sie in Kotschmess mit aller Heftigkeit eingesetzt – war in Adak auch wesentlich geringer, weil der Wald trocken war.

Ich lebte mehrere Wochen lang in Adak, ohne zu arbeiten. Für Frauen gab es noch kein Krankenhaus. Aber die Frauenbaracke war geräumig und nicht voll besetzt; die Kranken lagen dort auf bestimmten unteren Plätzen. Die Schwefelkur hatte leider keinen Erfolg, und der Arzt versuchte, mich mit Hefe zu behandeln. Schon hatte ich tagelang Hefe eingenommen, und noch immer zeigte sich nicht die geringste Besserung. Im Gegenteil. Ich bekam einen tiefsitzenden Karbunkel am Hals, der schließlich vom ersten Heilgehilfen, einem alten Koreaner, geschnitten wurde. Bettlägerig war ich nicht. Beim langsamen Umhergehen fühlte ich mich sogar wohler. Es gab innerhalb der Zone ein kleines Wäldchen, in dem ich mich gerne aufhielt.

Eines Tages kam ich dort ins Gespräch mit einem jungen Mann, einem aus der berüchtigten Gesellschaft der Kriminellen. Es war ihm aufgefallen, daß ich irgendwie etwas gehbehindert sei. „Das kommt von meiner Furunkulose", sagte ich ihm auf seine Frage. „Hat man noch nicht Eigenblutspritzungen dagegen ausprobiert?" – „Nein", sagte ich, „macht man denn Blutinjektionen gegen Furunkulose?" – „Aber gewiß, in Workuta sind sie immer gemacht worden. Die Heilung beruht auf der Wirkung kleiner Reize. Ich habe *solche* Furunkel gehabt" – und er zeigte mindestens die Größe eines Hühnereies – „und in ganz kurzer Zeit waren sie alle weg."

Die Worte des jungen Mannes gingen mir nicht aus dem Kopf. Am nächsten Tage fragte ich im Ambulatorium nach dieser Reizkörpertherapie der Eigenblutinjektionen. Beide Heilgehilfen, der alte Koreaner und Semjon Michailowitsch, waren anwesend. Sie sagten, sie hätten auch schon daran gedacht. Sicher sei, daß Eigenblutspritzungen die Abwehrkraft des Organismus stärken. Die Wirkung sei jedoch individuell ganz verschieden, und da ich physisch so außerordentlich geschwächt sei, hätten sie sich bei mir nichts davon versprochen. „Das heißt: Sie haben mich schon endgültig abgeschrieben", stellte ich sachlich fest. „Aber nein! Nein!" protestierten nun die beiden Heilgehilfen. „Also versuchen Sie es doch", bat ich, „schaden kann es auf keinen Fall, und vielleicht lassen sich meine ‚Abwehrkräfte' wider Erwarten doch noch anregen. Ich quäle mich jetzt volle vier Wochen mit diesen Furunkeln herum, das kann man ja auf die Dauer nicht aushalten."

Wenige Tage später begann der alte Koreaner die Autoserotherapie. Das Blut wird aus der Armvene genommen und intramuskulär eingespritzt. Schon nach zwei Injektionen fingen die Furunkel zu schrumpfen an. Neue bildeten sich nicht mehr. 12 Tage nach Beginn der Behandlung war ich von meiner Furunkulose geheilt und habe auch später nie wieder Furunkel bekommen.

Bald darauf kommandierte mich Brigadier Chiwritsch zum Nachtdient in die Bäckerei, wo Heidelbeeren getrocknet werden sollten. Von den Beeren, die unsere Sammlerbrigaden täglich ablieferten, wurde ein gewisser Teil eingekocht und zu Fruchtsaft verarbeitet, der größte Teil jedoch wurde getrocknet; er war für die Apotheke bestimmt als Medikament gegen Dysenterie. Diese trocknenden Beeren hatte ich also zu bewachen, und so saß ich dann von 8 Uhr abends bis 8 Uhr morgens auf dem Backofen und paßte auf, daß niemand Heidelbeeren stahl. Wahrscheinlich – dachte ich – schiebt Chiwritsch mich auf diesen Nachtwächterposten ab, weil ich bei der Normarbeit mit den Weidenruten nicht über 100% des Solls hinauskomme.

Der Herr Brigadier hatte jedoch eine andere Absicht gehabt. Eines Nachts erschien er – zu einem kleinen erotischen Abenteuer. Angewidert wies ich ihn zurück, und als er zudringlich wurde, gab ich ihm einen wohlgezielten Stoß. Chriwitsch flog rücklings der Länge nach auf seine Heidelbeeren. Die Sache war schon deswegen nicht zu vertuschen, weil ein paar Kilogramm Beeren buchhalterisch „abgeschrieben" werden mußten. Mir aber warf der Brigadier „Betrug" vor. Ich hätte die „Nachtarbeit" ablehnen müssen, wenn ich nicht ...

So schlimm wie ich mir – nach den Warnungen des Kotschmesser Lekpoms – die bionegative Elite des Lagers vorgestellt hatte, war sie gar nicht. Gewiß! Wenn man aus einem gewöhnlichen Arbeitslager nach Adak kam, fiel einem der Mangel an jungen, gesunden Männern auf. Es gab Baracken, die wie Altersheime aussahen. Die Alten saßen im Winter am Ofen und im Sommer auf den Bänken vor ihrer Hütte und arbeiteten nicht.

Für die Invaliden gab es zwei Stufen der Kategorisierung: GIT (tauglich für Invalidenarbeit) und NGIT (nicht tauglich für Invalidenarbeit). Die völlig arbeitsuntauglichen Invaliden unterlagen – wie die 65jährigen – der „Aktirowka", das heißt sie wurden ihres Alters wegen von der Liste der Arbeitenden gestrichen und sozusagen „ad acta gelegt". Nicht allen war es anzusehen, daß sie „Invalide" waren, zum Beispiel den Herzkranken, Tuberkulösen, Nervenkranken. Auch kamen Gefangene nach Adak, die mit einem „zeitweilige Invalidität" lautenden Attest zur Schonung ihrer Gesundheit – zum Beispiel nach einer Operation – hingeschickt worden waren.

Am meisten fielen die Amputierten, die Krüppel und die Blinden auf. Und eigentlich war es nicht deprimierend, sondern sehr beruhigend, daß für alle diese Menschen Arbeit gefunden worden war. Die Blinden flochten Matten; die Beinamputierten, Lahmen und Verwachsenen arbeiteten in der Spielzeugwerkstatt oder in der Geräteausgabe; Taubstumme, Einhändige und Einarmige konnten fast überall tätig sein. Je nach der Schwere der Behinderung erhielten sie 10–15% Abzug von der Norm zugebilligt. Der bekannteste Körpergeschädigte in Adak war ein Mann von vielleicht 45 Jahren, dem beide Beine amputiert waren. Er trug dicke Handschuhe und bewegte sich, auf die Hände gestützt, mit seinem Körperstumpf vorwärts. Sein Essen holte er sich immer selbst. Er stand wie alle in der Reihe und balancierte seinen Feldkessel auf dem Kopf. Als seine Strafzeit um war, weinte er bittere Tränen. Für ihn, der seinen Lebensunterhalt früher durch Betteln am Straßenrand und durch Diebstahl erworben hatte, war das Lager der Ort gewesen, wo er durch ehrliche Arbeit als gleicher unter gleichen von den Menschen geachtet gewesen war. Er war in der Spielzeugwerkstatt mit Schnitzarbeiten beschäftigt gewesen und hatte seine Arbeit ordentlich gemacht; immer hatte man ihn guter Dinge gesehen.

Gleich in den ersten Tagen meines Aufenthaltes in Adak hatte ich einen alten Autoschlosser, Franz Baumberger aus Steyr in Österreich, kennengelernt, einen Schutzbundkämpfer, der nach dem Zusammenbruch des Schutzbündler-Aufstandes im Februar 1934 mit seiner Familie in der Sowjetunion Asyl gesucht hatte. Die meisten Schutzbündler waren schwer enttäuscht über das Arbeiterparadies, das sie vorfanden. Viele nahmen Zuflucht in der österreichischen Botschaft und riskierten, in die Heimat zurückzukehren. Die das nicht taten, wurden fast alle unter irgendeinem Vorwand in der Sowjetunion verhaftet. Baumberger zum Beispiel wurde nach Paragraph 58/4 des sowjetischen Strafgesetzbuches der Verbindung mit der konterrevolutionären Bourgeoisie des Auslandes bezichtigt, wegen seines Briefwechsels mit einem Prager Philatelisten, dem er – nicht ahnend, daß er sich dadurch einer „konterrevolutionären" Handlung schuldig mache – Briefmarken aus der Sowjetunion geschickt hatte.

Der alte Baumberger litt unglaublich. Er litt mehr an Heimweh und an dem Gefühl völligen Verlorenseins in der Fremde, als alle Ausländer, die ich früher oder später im Lager gekannt habe. Russisch verstand er kein Wort, und vom Lernen der verhaßten Sprache wollte er nichts wissen. Außerdem hatte er viel von dem törichten, manchen Deutschen anhaftenden Dünkel an sich, daß er, ein Deutscher, dazu noch ein hochqualifizierter Arbeiter, eben doch etwas Besseres sei als das „Kroppzeug" um ihn herum. Er hatte große charakterliche Fehler, der alte Baumberger, aber gerade durch diese Fehler machte er sich das Leben selbst noch schwerer, als es ohnehin schon war. So alt war er übrigens noch gar nicht, ich glaube, vierundfünfzig war er, als ich ihn kennenlernte, aber er war ein völlig gebrochener Mann.

Nicht lange, nachdem ich seine Bekanntschaft gemacht hatte, erkrankte er. Angeblich herrschte damals eine „Dysenterie"-Epidemie. Ein richtiges Krankenhaus gab es noch nicht in Adak. Außerhalb der Zone im nahen Wald hatte man ein Zelt aufgeschlagen für kranke Männer. Jetzt – bei dieser Massenerkrankung – lagen die Kranken dort dicht nebeneinander in fürchterlicher Enge. Unter diesen Umständen war es nicht möglich, die erforderlichen hygienischen Maßnahmen zu treffen. Ärzte und Schwestern sahen machtlos zu. Es war grauenhaft. Im Krankenzelt starben die Leute wie die Fliegen und ihre Hinterlassenschaft verfiel dem Staat. Um dies zu verhüten, vertraute Baumberger seine Habseligkeiten *mir* an: eine abgegriffene alte Goldmünze (wie hatte er sie nur bisher durch alle Überprüfungen hindurch retten können!), etwas Wäsche, eine Tabatiere und ein Taschenmesser, das ich, wenn irgend möglich, einmal seinem Jüngsten, dem in der Emigration geborenen Söhnchen, zum Andenken an den Vater senden sollte.

Ich erbat und erhielt die Erlaubnis, Baumberger im Krankenhaus zu besuchen. Er lag da, starr wie ein Toter. Aber sein apathisches Gesicht belebte sich sofort, als er mich sah. Mit Tränen in den Augen sprach er von seinen österreichischen Wäldern, in denen er gejagt, von den klaren Bergbächen, in denen er Forellen gefischt hatte, von seiner Frau und den Kindern, die er wohl nie wiedersehen werde. Er wünschte sich schwarzen Tee und ich war froh, bei einer Gefangenen ein Päckchen gegen Brot eintauschen zu können. Jeden Tag brachte ich ihm Tee mir, den ich nach russischem Rezept bereiten gelernt hatte.

Obwohl Baumberger diesen schlimmen blutigen Durchfall hatte, der ihn zu einer Mumie auszutrocknen drohte, bekam er frische Milch im Krankenzelt. Er wies sie empört zurück, verlangte Opium, schimpfte auf die „unwissenden" russischen Ärzte, denen nicht einmal bekannt sei, daß man bei Dysenterie ungekochte Milch meiden muß. Ich hatte aus meinen persönlichen Erfahrungen heraus jedoch eine gute Meinung von der russischen Medizin, und tatsächlich erfuhr ich im Ambulatorium, daß dieser Durchfall eine schwere avitaminöse Erkrankung sei, die durch Zufuhr von Vitamin B 2 und C bekämpft werden müsse, also mit rohem Fisch und rohem Fleisch – am besten Leber – mit frischer Butter, frischer Milch, rohem Obst und ungekochtem Gemüse. Von all dem waren nur rohes Beerenobst und frische Milch für die Kranken vorhanden, und nun überredete ich den schwerkranken Baumberger, die Milch zu trinken und frische Heidelbeeren zu essen. Er kam als einer der wenigen Überlebenden aus diesem höllischen Zelt heraus. Auf dem großen Friedhof, der – weithin sichtbar – auf der Anhöhe am Waldesrand lag, gab es viele frische Gräber.

Der Lekpom Semjon Michailowitsch, zu dem ich mich gleich am Tage meiner Ankunft in Adak der Furunkel wegen in Behandlung begeben hatte, nahm ein außergewöhnlich großes Interesse an mir. Das ganze Lager sprach von der neuesten Sensation. Semjon M., der notorische „Weiberfeind", der im Unterschied zu fast allen Männern sich noch nie mit einer Frau eingelassen hatte, habe sich verliebt. Er war das, was man gemeinhin einen „schönen Mann" nennt: groß, breitschultrig, schlank, mit markanten regelmäßigen Gesichtszügen.

Wir befreundeten uns sehr, und ich fand es anerkennenswert, daß er mich weder durch Zudringlichkeit, noch durch Schönmalerei über das Glück einer Lagerehe zu einem Entschluß drängte. Im Gegenteil, er brachte das Verantwortungsbewußtsein auf, mich darüber aufzuklären, daß man manche Verletzung seiner moralischen und ästhetischen Ansprüche werde in Kauf nehmen müssen. Semjon M. war 36 Jahre alt. Sein Lebenslauf war – für sowjetrussische Verhältnisse in den ersten zwei Jahrzehnten nach der Oktoberrevolution – durchaus nicht ungewöhnlich. Mich haben diese Schicksale tausender junger analphabetischer Bauernburschen, aus denen in kurzer Zeit Intellektuelle, Gelehrte oder Künstler wurden, immer wieder mit so manchen Mißgriffen versöhnt, die auf dem Entwicklungswege der jungen revolutionären Macht zum Sowjetstaat geschehen sind. Daß vielen lernbegierigen, talentierten jungen Menschen – allerdings nur denen, die sich der bolschewistischen Jugendorganisation (Komsomol) anschlossen – unbegrenzte Möglichkeiten zum Vorwärtskommen gegeben wurden, das war doch eine großartige Sache! Wenn jedoch ein solch typisches Komsomolzenschicksal mit Verhaftung und Lager endete, dann war das ein Beweis dafür, daß Stalins Diktatur nur noch Apparatschiki brauchte, selbständige Köpfe aber nicht duldete.

Semjon M. stammte aus einem kleinen ukrainischen Dorf. Nachdem er mit 21 Jahren zum Militärdienst gekommen war, zog er zum ersten Male im Leben Stiefel an, ging er zum ersten Male ins Bad. In seinem Dörfchen war er im Sommer barfuß, im Winter mit selbstgeflochtenen Bastschuhen herumgelaufen, hatte im Sommer im Dorfteich geplanscht und sich acht Monate lang im Jahre nicht gewaschen. Er mußte als Analphabet an den sogenannten „Likbes"-Kursen (Kurse zur Liquidierung des Analphabetentums) teilnehmen und erwies sich als ein so fähiger Schüler, daß er auf weitere Kurse und nach Beendigung der militärischen Dienstzeit auf eine Schule geschickt wurde. Eine neue Welt erschloß sich dem Lernenden; er war stolz und glücklich. Nach Absolvierung der zehnten Klasse wurde er Student eines medizinischen Instituts. Im Jahre 1935 war er – wenige Monate vor dem Abschlußexamen – verhaftet worden. „Warum" zu fragen, hatten wir im Lager uns längst abgewöhnt. Bei begabten jungen Menschen wie M., die der Sowjetregierung *alles* verdanken, hätte man annehmen können, daß sie dem Staate in enthusiastischer Ergebenheit zugetan und bereit sind, diesen Staat gegen jeden inneren und äußeren Widersacher mit zäher Hingabe zu verteidigen. Bis zu einem gewissen Grade war dieses Gefühl der Dankbarkeit wohl auch bei den meisten vorhanden, auch bei M., obwohl er dazu neigte, seinen eigenen Anteil an dem Erreichten etwas zu überschätzen; aber gerade die fähigsten dieser jungen Kultur-Emporkömmlinge, unter ihnen auch M., empfanden die Politisierung des Unterrichts und die Reglementierung ihres Geisteslebens in den starren Formen der Parteidoktrin als lästige Fessel. Sie begannen, gegen den Schematismus und Dogmatismus, mit dem ihrem Forschen und Denken allseitig die Flügel beschnitten werden sollten, zu revoltieren, ohne doch ihre grundsätzlich loyale Einstellung zum Sowjetregime etwa aufzugeben. „So wie bei Shakespeare Julius Caesar den Cassius beurteilt, ‚Er denkt zuviel, die Leute sind gefährlich', so mißtraute die Obrigkeit auch uns", sagte Semjon, „obwohl wir doch damals dem bolschewistischen System, das uns herangebildet und gefördert hatte, noch eng verbunden waren."

Ich erzählte Semjon Michailowitsch von den Typen und Schicksalen, die mir begegnet waren; von den deutschen Kommunisten, die als politische Emigranten Asyl gesucht hatten, von der Tragödie der Oktoberkämpfer und vielen anderen ...

Meine Erinnerung wurde belebt. Ich dachte an die große Verhaftungswelle, die im Spätsommer 1936 eingesetzt hatte, und meine Gedanken brachten mich zurück an die Massenzelle des Moskauer Butyrki-Gefängnisses. Nacht für Nacht wurden mehrere Neue in unsere ohnehin überfüllte Zelle eingeliefert. Am 30. April zu mitternächtlicher Stunde kam gleich ein Schub von sechs Neuverhafteten auf einmal.

Die sechste fiel mir auf: ein stilles – junges Mädchen, Anfang der zwanziger; grazil, mit schönem braunem Haar, hoher Stirn und großen dunklen Augen, die den Blick zaghaft und verwundert auf die Umgebung richteten. Sie schmiegte sich scheu in eine Ecke. Mit ihrem schmalen Kopf, dem schlanken Hals und den feinen Gliedern wirkte sie wie ein Reh. Auf die üblichen Fragen der Zellenältesten antwortete sie mit zuvorkommender Bereitwilligkeit, so, als ob sie bestrebt sei, ja niemandem zu nahe zu treten. Als aber die Stubenälteste, ihr – ebenso wie den anderen neuen – einen Aluminiumbecher und einen Holzlöffel anwies und ihr riet, die Gegenstände mit einem Fädchen zu kennzeichnen, schob Sonja Becher und Löffel zurück und sagte lächelnd: „Ach nein, Dankeschön, aber das brauche ich gar nicht erst. Ich komme ja morgen früh schon wieder weg von hier." – "Ja? Wieso denn?" – "Wir gehen nämlich morgen alle auf die große Mai-Demonstration und am Abend ist bei uns im Klub eine Liebhabervorstellung. Da trete ich auch mit auf." – "Ja, aber ich verstehe nicht, meine Liebe, sie sind doch verhaftet, da können sie doch nicht ..." – "Nein, ich bin ja nicht richtig verhaftet. Bei mir ist es doch nur ein Irrtum ... Jetzt im Moment, mitten in der Nacht, konnte das Versehen natürlich nicht gleich aufgeklärt werden, aber morgen früh ..."

Sonja sprach mit so echtem, kindlichem Glauben, daß alle, die der Szene lauschten, den Atem anhielten. Keiner wagte zu lachen. Alle verstanden, daß dieses naive Kind im Bewußtsein seiner Unschuld felsenfest davon überzeugt war, am anderen Morgen aus dem Gefängnis entlassen zu werden.

Die Älteste hatte sich schnell gefaßt. Sie war eine intelligente, taktvolle Person. "Natürlich, Sonja, Sie haben Recht, das wird sich alles aufklären. Nur, verstehen Sie", fügte sie freundlich hinzu, "eben gerade, weil morgen die Maifeierlichkeiten beginnen, ist leider zu befürchten, daß niemand sich Zeit nimmt, Ihren Fall zu klären. Behalten Sie lieber den Becher. Morgen früh wenigstens werden Sie ja hier mit uns Tee trinken. Nicht wahr?" Sonja ließ es sich gefallen. ,Schließlich sind diese Verbrecher auch irgendwie Menschen', mochte Sie denken, ,man darf es sie nicht so merken lassen, daß man eigentlich nicht zu ihnen gehört, sie sind gewiß schon unglücklich genug.'

Der 1. Mai war da. Ein schwerer Tag für die meisten von uns! Die Gefangenen hockten in Gruppen beieinander und führten flüsternd tiefgründige Gespräche.

Sonja isolierte sich. Sie saß in ihrer Ecke, den Blick unverwandt auf die Tür gerichtet. Ihr ganzes Wesen war auf das Ereignis konzentriert, das jetzt gleich eintreten mußte. Nach und nach nahmen ihre feinen Züge einen Ausdruck von Enttäuschung an. Schon längst marschierten ihre Kollegen und Kolleginnen im großen Mai-Demonstrationszug durch Moskau, und sie war nicht dabei. Wie hatte nur ein so dummer Irrtum passieren können! Und niemand hatte heute morgen Zeit, sich um Sonja zu kümmern! Nach dem Fest natürlich würde man sie gleich herauslassen. Die Behörde würde sich sehr höflich bei ihr entschuldigen. Ein Versehen kann überall mal vorkommen. Aber, wie schade! Jetzt ist es schon Abend. Das Liebhabertheater beginnt. Ja, was werden die nun machen? Der Sketsch muß ausfallen. Sie, Sonja, hatte die Hauptrolle.

Und wie hatte sie sich auf diesen 1. Mai gefreut! Seit Wochen hatte sie jede freie Minute den Vorbereitungen geopfert. Das hübsche Feiertagskleid hatte sie sich selbst geschneidert. Die vielen Proben zu dem Sketsch hatten Kraft und Zeit gekostet. Das Kostüm für die Bühne hatte sie mit unendlich viel Mühe zustande gebracht. Und wie viele Laufereien hatte sie gehabt! Die Ausschmückung des Clubraumes, die Losungen, die Wandzeitungen, die Festschrift, Sonja war immer und überall dabei. Sie war bekannt als beste Komsomolzin, als fleißigste „gesellschaftliche Arbeiterin". Und nun hatte man sie ins Gefängnis gesteckt ...

Vom frühen Morgen des 3. Mai an saß Sonja wieder in gesteigerter Erwartung da und hatte den Blick starr auf die Tür gerichtet. Vergebens. Am Abend des folgenden Tages erschien der Oberaufseher und rief eine aus unserer Zelle zum Verhör, aber eine andere. Da stürzte Sonja auf ihn zu und fragte, ob sie denn nicht endlich auch ... „Warten!" schnauzte er sie an. „Das ist nicht gestattet. Gesuche sind schriftlich einzureichen." Die Stubenälteste erbat Bleistift und Papier bei der Gefängniswärterin. Sonja verfaßte ein Gesuch.

Erst vier oder fünf Tage später wurde sie hinausgerufen. Sogleich wich die Abgespanntheit aus ihren Zügen. Mit festem Schritt und zuversichtlichem Blick verließ sie die Zelle. Es mochte schon vier Uhr morgens sein, als Sonja zurückkam. Fast alle schliefen. Sonja wankte auf ihren Platz. Starr und ausdruckslos blickte sie vor sich hin. Sie weinte nicht. Aber ihr blutleeres Gesicht drückte völlige Verzweiflung und Hoffnungslosigkeit aus. Eine Welt war zusammengestürzt.

Es wurde zum Aufstehen geklopft. Nachdem die Diensthabenden Brot und gekochtes Trinkwasser gebracht hatten, trat die Zellenälteste auf Sonja zu. „Meine Liebe", begann sie, „ich habe gewußt, es wird sehr schwer ..." – „Oh, sprechen Sie nicht, ich schäme mich ja so. Können Sie mir je verzeihen? Ich habe doch gedacht ..." – „Wir wissen alle, was Sie gedacht haben. Wir hatten es gleich vom ersten Tage an verstanden. Aber wir konnten es Ihnen doch nicht sagen, nicht wahr? ... Sie hätten es ja auch nicht geglaubt", fügte sie schmerzlich lächelnd hinzu. „Oh, verzeihen Sie mir, verzeihen Sie mir bitte, alle, bitte", schluchzte Sonja. „Da ist nichts zu verzeihen", trösteten die Nächstsitzenden sie. „Das haben wir alle irgendwie durchgemacht. Wir müssen es gemeinsam ertragen". – „Wie gut Sie zu mir sind", sagte Sonja zur Stubenältesten, die ihr mit der Hand sanft übers Haar strich, „und ich dachte, ich bin hier unter lauter ... und ich allein bin unschuldig ..." – „Ja, was sagt denn aber der Untersuchungsrichter?" fragte unsere Älteste. „Können Sie sich irgendetwas kombinieren, womit Ihre Verhaftung zusammenhängt?" – „Nein, vorläufig noch nicht. Lauter unsinniges Zeug sagte er, wovon nichts, aber auch gar nichts stimmt. Er wird mich bald noch einmal verhören, vielleicht ... Nein, wissen Sie, ich habe schon das Gefühl, daß ich meine Unschuld nicht beweisen kann. Ich komme hier nicht wieder heraus", sagte Sonja fast tonlos.

Erst nach langer Zeit wurde Sonja zum zweiten Mal zum Verhör gerufen. Diesmal ging sie gleichgültig hin und kam achselzukkend zurück. Sie erfuhr nun, warum sie in die Hände des NKWD gefallen und zur „politischen Verbrecherin" geworden war. Vor einiger Zeit hatte im Betrieb ein junger Arbeitskollege einen der vielen Stalinwitze erzählt. Man hatte ein bißchen gelacht und dann von etwas anderem gesprochen. Der Anekdotenerzähler war aber, was natürlich niemand geahnt hatte, ein agent provocateur. Wer in den Augen des NKWD für politisch zuverlässig gelten will, muß jedes irgendwo erlauschte „antisowjetische Wort" anzeigen. Das hatte Sonja nicht getan.

Sie wurde nie wieder verhört. Nach drei- oder vierwöchiger Untersuchungshaft erhielt Sonja ihren Urteilsspruch. Es war der für „kleine Staatsverbrecher" übliche: 5 Jahre Arbeitslager. Wir erfuhren es durch unser Nachrichtenbüro: die Gemeinschaftstoilette. Aus der Durchgangszelle teilte Sonja uns noch mit, daß nicht nur ihretwegen der Sketsch am 1. Mai hatte abgesetzt werden müssen. Alle, sämtliche Angestellten des großen Büros, in dem sie gearbeitet hatte, waren in derselben Nacht verhaftet worden. Niemand hatte den Achtgroschenjungen beim NKWD angezeigt. So waren alle – außer ihm – zu Zwangsarbeit verurteilt worden.

Zu den Frauen, deren Schicksal mich am tiefsten bewegt hat, gehörte auch Alma König aus Berlin. Sie wurde am 13. November 1936 am späten Abend in Butyrki eingeliefert. Ich selbst kam in den frühen Morgenstunden des folgenden Tages dorthin, und wir beiden Deutschen bekamen Plätze nebeneinander.

Alma konnte ebenso wenig Russisch wie ich oder noch weniger, obwohl die Königs bereits seit Anfang 1934 in der Sowjetunion lebten. Es war tröstlich, daß wir einander hier gefunden hatten und deutsch miteinander sprechen konnten. Alma hatte eine 13jährige Tochter zurückgelassen; ich erzählte von meinem 15jährigen Wolodja. So kamen wir einander sehr nah.

Alma König stammte aus Arbeiterkreisen. Sie war schon in früher Jugend Mitglied der Kommunistischen Partei geworden. Ihr Mann, Gustav König, war offenbar ein sehr prominenter Parteifunktionär. Er hatte zur Militär-Organisation gehört, zum „Stab", war in der Sowjetunion militärisch ausgebildet worden. Nachdem er verhaftet worden war, hatte Alma in Odessa als Fabrikarbeiterin gearbeitet, um sich und ihr Töchterchen Gerda durchzubringen.

Und dann war sie selbst verhaftet worden. Die Tochter sei in ein NKWD-Kinderheim gekommen, sagte man ihr. Alma war der Überzeugung, daß sich ihre Unschuld herausstellen werde. Das einzige Vergehen ihres Mannes könne vielleicht in „mangelnder revolutionärer Wachsamkeit" bestehen, aber im übrigen werde natürlich auch er „nicht schuldig" befunden werden. Wie wäre denn auch etwas anderes möglich? Seit jungen Jahren war er ununterbrochen in der Kommunistischen Partei tätig gewesen, hatte unter den schwierigsten Verhältnissen illegal gearbeitet, hatte mehrmals seiner politischen Tätigkeit wegen im Gefängnis gesessen, kurz, er war ein vorbildlicher aktiver Parteiarbeiter gewesen und als solcher war er dann auch mit Frau und Kind durch die Internationale Rote Hilfe in die Sowjetunion gekommen.

Nun waren aber doch, wie wir im Gefängnis erfuhren, Anfang 1937 nicht wenige der besten Mitglieder der Komintern und der Internationalen Roten Hilfe verhaftet worden. Dies versuchte ich Alma gegenüber wenigstens anzudeuten. „Det isses ja ebend, weil wir Spitzeln jehabt hahm bis in de höchsten Parteistellen rin, in de janze Komintern und besonders in de deutsche Partei, deswejen is nu ooch mein Mann verhaftet ... Aber det macht nischt. Det kommt allens raus, daß er unschuldig is", meinte sie zuversichtlich. So also malte sich das im Kopfe dieser treuen Parteigenossin. Die anderen – Hugo Eberlein und Hermann Remmele, Heinz Neumann, August Creutzburg und Hans Kippenberger, – waren selbstverständlich Verräter, Spione und Renegaten, aber ihr Mann, das wußte sie ja, war natürlich unschuldig, und das würde sich bald zeigen.

Ich wagte noch vorsichtig zu bemerken, es sei schwer, in einem Lande, wo nicht der Ankläger, also das NKWD – die *Schuld* des in die Justizmaschine Geratenen, sondern der Verhaftete seine *Unschuld* zu beweisen habe, wieder mit heiler Haut herauszukommen. Da merkte ich aber schon, daß ich zu weit gegangen war. Alma meinte denn auch, ich sei wahrscheinlich so eine Art Salonkommunistin gewesen und wisse wohl genau, warum ich für meine Person daran zweifle, freigelassen zu werden. Aber bei ihrem Manne und ihr sei das etwas ganz anderes. Und zum Beweis erzählte sie mir, ein Bekannter von ihnen, ebenfalls ein untadeliger Genosse, sei vor einigen Monaten in Odessa verhaftet worden, seine Angehörigen hätten sich an Jelena Stassowa, die Leiterin der Roten Hilfe, gewandt, und der Verhaftete sei unverzüglich auf freien Fuß gesetzt worden, ja, er habe sogar sein Parteibuch wiederbekommen. Über diese Sache sprach Alma auch später noch häufig. Sie verband damit alle ihre sehnlichsten Hoffnungen, und erst viel später – nach ihrer Verurteilung – erfuhr ich, daß der „untadelige Genosse" ihr eigener Mann gewesen war. Hätte sie mir das damals nicht verschwiegen, so hätte ich ihr gleich sagen können: zum zweiten Mal läßt das NKWD sein Opfer nicht los.

Alma jedoch ließ sich in ihrem Glauben, in einem Rechtsstaat zu leben und das NKWD von der Haltlosigkeit der Anklage überzeugen zu können, durch nichts erschüttern. Nur litt sie seelisch maßlos darunter, in einem Sowjetgefängnis sitzen zu müssen. „Wenn ich mir das je hätte träumen lassen, daß ein Soldat mit dem Sowjetstern an der Mütze mich bewachen würde! Ist denn so was menschenmöglich! Wann wird diese Schande wieder abgewaschen werden", schluchzte sie. „Wo wir doch alles, alles getan haben für unsere sozialistische Heimat und so glücklich waren, endlich unseren Traum verwirklicht zu sehen, daß wir mithelfen können am Aufbau des Sozialismus."

Mich erfüllte tiefes Mitleid mit der armen Alma, und ich war mir gleichzeitig bewußt, daß es nicht den geringsten Sinn habe, ihre Illusionen etwa zerstören zu wollen. Mit Bangen dachte ich daran, was sie wohl nach der ersten Vernehmung sagen werde. Aber – ich hatte mich geirrt! Stolz erhobenen Hauptes kam Alma nach dem ersten Verhör wieder in die Zelle. „Na, siehste, wat ha ick dir jesacht? Jar nischt liegt jejen mir vor", verkündete sie triumphierend. Der Untersuchungsrichter hatte sich kameradschaftlich mit ihr unterhalten und sie mit Tee und Sandwiches bewirtet. Es täte ihm leid, hatte er in jovial-herzlichem Tone geäußert, daß man sie hier her nach Moskau habe bemühen müssen, aber das sei nur auf wenige Tage, sie brauche sich nicht die geringsten Sorgen zu machen. Zur Sache habe er erklärt, daß gegen sie selbst keinerlei Anklage erhoben worden sei, nur in Verbindung mit dem Verfahren gegen ihren Gatten – und auch bei ihm handele es sich um eine ganz geringfügige Beschuldigung – müsse man sie ein kleines Weilchen hierbehalten. Als gute Sowjetbürgerin sei sie doch sicherlich selbst daran interessiert, bei der Aufklärung einiger kleiner Unstimmigkeiten mitzuhelfen. Alma war restlos zufrieden. Ich konnte mir vorstellen, mit welcher Begeisterung sie diesem NKWD-Vertreter zugesichert hatte, ihm zu „helfen", und nahm mir vor, in Almas Gegenwart vorsichtig zu sein mit kritischen Äußerungen.

Alma blieb auch weiterhin in der Gunst ihres Untersuchungsrichters. Sie bat um Kleidung aus dem mitgebrachten Koffer und erhielt tatsächlich einige Sachen ausgehändigt – etwas Wäsche, eine warme Decke, einen wollenen Pullover, Schuhe und ihren Morgenrock – und als sie bald darauf einen Gallenanfall erlitt, wurde sie auf zwei Wochen ins Krankenhaus gelegt – eine ganz augenfällige Vergünstigung, denn gleichzeitig ließ man andere Erkrankte, wenn es sich bei ihnen um „Lappalien", zum Beispiel um vorübergehende Verschlimmerung eines chronischen Leidens, handelte, ruhig in unserer Massenzelle liegen. Solche Patientinnen erhielten lediglich Diätkost.

Der Aufenthalt im Krankenhaus bedeutete für Alma noch einen ganz besonderen Glücksfall. Sie erfuhr dort, daß sich ihr Mann in der Zelle genau über der unsrigen befand. Kaum zurückgekehrt, versuchte Alma natürlich, mit ihrem Manne Verbindung zu bekommen. Die ganze Zelle war dabei behilflich, ihr täglich zu einer bestimmten Zeit eine kurze Unterhaltung mit ihrem Manne durch das mittlere Fenster zu ermöglichen.

In den folgenden Monaten entfremdeten wir uns etwas. Ich war viel mit Vali Adler zusammen. Alma schloß sich an eine neu eingelieferte Polin an, die Vali und ich vom ersten Augenblick an für eine NKWD-Agentin hielten. Mehr und mehr schieden sich die Geister. Wir wurden immer kritischer und ketzerischer. Alma und ihre neue Freundin Bronja betonten bei jeder Gelegenheit ihren bedingungslosen Sowjetpatriotismus. Erschwerend fiel noch ins Gewicht, daß bei Alma der latente tiefe Haß der Proletarierin gegen die „Intellektuellen" immer krasser zum Durchbruch kam.

Trotzdem nahmen wir weiter herzlichen Anteil an Almas Schicksal, ließen uns erzählen, daß alles unverändert gut gehe beim Verhör – und hüteten im übrigen unsere Zungen. Alma berichtete uns, sie werde nun bald frei kommen. Der Untersuchungsrichter habe es ihr gesagt ...

Eines Tages meldete sich Almas Mann von oben zu ungewohnter Stunde. „Ich komme fort aus dieser Zelle", rief er. „Mädel, laß Dich nicht unterkriegen! Machs gut!" – „Leb wohl, Gustav! Auf baldiges Wiedersehen in der Freiheit!" schrie Alma hinauf.

Am selben Abend wurde Alma zum Verhör gerufen. Fünf oder sechs Stunden später, – mitten in der Nacht – kam sie in Tränen aufgelöst zurück. Hilfloses Entsetzen war in ihren Augen, als sie uns stockend erzählte, der Untersuchungsrichter sei nicht wiederzuerkennen gewesen. Er habe sie angeschrien und habe von ihr verlangt, sie solle ein Protokoll unterschreiben, in dem sie zugab, vom Hochverrat ihres Mannes gewußt zu haben. „Ihren Mann werden wir erschießen, er ist ein Spion und Verräter", hatte der Untersuchungsrichter gebrüllt.

Alma hat uns sicherlich nicht alles erzählt, was dort vorgegangen ist. Denn es ist mir sonst unverständlich, warum sie ein solches Protokoll unterzeichnet hat. Ihr Jammer war herzzerreißend. „Ich verstehe überhaupt nicht mehr ... Was wird denn hier gespielt?" schluchzte sie und warf sich in meine Arme. „Was hier gespielt wird, arme Alma, das wissen wir schon lange. Aber Du wolltest es ja nicht einmal hören." Schon am nächsten Tage verließ Alma König unsere Zelle; der Aufseher holte sie zur Urteilsverkündung. Sie erhielt zehn Jahre Gefängnis. Ihr Mann, hieß es, sei damals, als er sich von Alma verabschiedete, in die Todeszelle gebracht und dann erschossen worden. Zwar haben solche Nachrichten, die zum Beispiel im Bad in die Ölfarbe eines dicken Wasserrohres eingekritzelt wurden, keinen dokumentarischen Wert, aber wir fürchteten doch sehr, daß *diese* Mitteilung wahr sei. Und als ich später erfuhr, daß Willi Koska, Leo Flieg, Fritz Schulte, Hermann Richter, Willi Loew und andere, von deren Verhaftung „durch die Organe des NKWD" unsere Zellengenossin, die blonde Elisabeth Schubert berichtete hatte, der „Säuberung" (Tschistka) zum Opfer gefallen sind, da zweifelte ich nicht mehr daran, daß Gustav König damals erschossen worden ist. So dankte Stalin den ehrlichen Proleten, die jahraus, jahrein mit Einsatz ihres Lebens gegen den Hitlernazismus und für die Integrität des „Vaterlandes aller Werktätigen" gekämpft hatten.

Wieder sah ich das Gesicht Vali Adlers vor mir. Als sich eines Nachts im Februar 1937 unsere Zellentür öffnete und ich in der Neuangekommenen Vali Adler erkannte, wäre ich ihr im ersten Impuls beinah um den Hals gefallen. Vier Monate Gefängnis hatten mich jedoch eines Besseren belehrt. Nach Einlieferung eines „Zugangs" beobachtet nämlich der Diensthabende durch das „Auge", ob der soeben eingetroffene Häftling vielleicht alte Bekannte begrüßt, und oft werden dann gute Freunde voneinander getrennt, auch wenn sie nicht in derselben „Sache" angeklagt sind.

Vali blieb mit einem umfangreichen Bündel in den Armen an der Tür stehen. Keine Neue hatte bisher ihr Entsetzen verbergen können beim Anblick dieses Massenlagers eng zusammengepferchter halbnackter Frauen. Valis Gesicht jedoch zeigte weder Widerwillen noch Überraschung. Sie ließ ihre Augen sachlichkühl umherschweifen, und ich wandte mich ab, um jetzt nicht von ihr erspäht zu werden. Erst geraume Zeit, nachdem die Zellenälteste ihr einen Platz angewiesen hatte, kroch ich leise zu ihr. „Vali, schläfst Du noch nicht?" – „Susanne, Du? Und noch immer in Butyrki?"

Am 22. Januar waren sie und ihr Mann geholt worden. Ungefähr einen Monat hatte sie in der Lubjanka zugebracht. Noch wenige Tage vor ihrer Verhaftung hatte sie meine Freundin Sonja Liebknecht und meinen Jungen gesehen.

Valis Vater, der Wiener Individualpsychologe, hatte 1929 den Ruf an die Universität New York angenommen. Ich war in den zwanziger Jahren in Berlin mehrmals zu seinen Vorträgen gegangen und war dabei auch persönlich mit Professor Alfred Adler bekannt geworden. Valis Mutter, die Russin Raissa, die als Übersetzerin arbeitete, hatte ich schon 1921 in Wien kennengelernt. Vali hatte in Wien den Dr. rer. pol. gemacht, hatte danach in Berlin gearbeitet und war in Moskau, wohin sie mit ihrem Mann, dem Ungarn Gyula Schasch, 1934 emigriert war, als Redakteurin in der „Verlagsgenossenschaft ausländischer Arbeiter in der UdSSR" tätig gewesen.

Vali Adler berichtete mir von dem erneuten Anwachsen der Verhaftungswelle im Zusammenhang mit dem Radek-Prozeß, der am 23. Januar 1937 begonnen hatte. Alle Mitarbeiter von Radeks Pressebüro waren natürlich verhaftet worden. Zu ihnen hatte auch Gyula Schasch gehört, der in Berlin unter dem Pseudonym Guilio Aquila als Sachverständiger für italienische Fragen Mitarbeiter Professor Eugen Vargas gewesen war.

„Bist Du eigentlich im Zusammenhang mit der Sache Deines Mannes verhaftet worden, oder ist es eine Verlagsangelegenheit?" fragte ich. „Beides ist möglich", sagte Vali achselzuckend. „Noch hat sich der Untersuchungsrichter nicht konkret über die Anklage geäußert. In den Radek-Prozeß sind weite Kreise einbezogen worden; ich habe auch durch Zufall erfahren, daß sich sämtliche Angestellte unseres Verlages in den Händen des NKWD befinden ..." – „Jedenfalls besser, als wenn Du wegen Deiner früheren Tätigkeit in der deutschen Partei ..." – „Aber das ist doch ausgeschlossen", unterbracht mich Vali. „Ich habe nie zu einer oppositionellen Gruppe gehört. Bei *Dir* scheint mir, ist es viel schlimmer. Du bist doch wegen politischer Divergenzen aus der KPD ausgetreten, nicht wahr?" – „Ja, schon vor elfeinhalb Jahren", gab ich zu, „aber ich war *nie* ein ‚Funktionär' der Partei, also kann ich logischerweise nicht ein Parteischädling gewesen sein."

Einige Tage ließ man Vali in Ruhe. Dann wurde sie aber gleich mehrere Nächte hintereinander zu stundenlangen Verhören gerufen. Sie wurde beschuldigt, „rechte Abweichungen" gehabt zu haben. Daß sie diese oder jene KP-Koryphäe persönlich gekannt hatte, wurde als gravierendes Moment ins Protokoll aufgenommen. Als ob ein Funktionär der deutschen KP seine Parteiführer aus den Jahren 1919 bis 1924 nicht hätte kennen dürfen, weil er hätte wissen müssen, daß sie später einmal eine „rechte Fraktion" aufziehen werden!

Wie unsagbar lächerlich das doch alles war, wenn man sich die Sache aus der Ferne betrachtete. Lenin hatte die ganze Oktober-Revolution mit Trotzki zusammen gemacht und bis zu seinem Tode die größten Stücke auf ihn gehalten, aber uns warf man jetzt vor, daß wir die Bücher Trotzkis gelesen hatten. Sinowjew, Kamenew und andere waren Lenins engste Mitarbeiter gewesen und hatten noch vor nicht allzulanger Zeit die höchsten Staats- und Parteistellen innegehabt, aber nun, da Stalin sie endgültig vernichten und selbst ihr Andenken für immer mit Schimpf und Schande beladen wollte, schreckte er nicht davor zurück, zu behaupten, sie seien schon immer Konterrevolutionäre und Volksfeinde gewesen. „Nach Stalin läuft es darauf hinaus, daß Lenin sich mit seiner Ahnungslosigkeit ausschließlich mit Kapitalsknechten und Agenten feindlicher Mächte, mit Spionen und Meuchelmördern umgeben hat", sagte ich angewidert, „aber *wir* hätten nach der Meinung des NKWD durchschauen sollen, was selbst Lenin nicht wußte."

Vali war nicht meiner Meinung. „Hast Du etwa solche Ansichten beim Verhör geäußert?" fragte sie mißbilligend. „Als ich überhaupt noch Rede und Antwort gestanden habe, da habe ich gesagt, ich sei kein Hellseher ..., und überdies würden höchstens unsere Urenkel einmal beurteilen können, ob Stalins außenpolitische Programme und wirtschaftliche Aufbaupläne die bestmöglichen waren, oder ob die Ideen Bucharins und Schlapnikows oder Trotzkis vielleicht zu den gleichen Resultaten geführt und weniger große Opfer gefordert hätten. Solche Gespräche habe ich aufgegeben, sie waren nutzlos. Und jetzt werde ich schon längst nicht mehr verhört, weil ich konsequent schweige." – „Ganz falsch", meinte Vali. „Es handelt sich darum, nachzuweisen, daß man immer *das* getan hat, was die Partei forderte, und ich werde den Beweis erbringen. Ich werde mich rechtfertigen!"

„Aber Vali, verstehst Du nun wirklich nicht, daß Dir das nicht gelingen kann?" fragte ich. „Du gehst noch immer von der falschen Voraussetzung aus, daß Du verhaftet worden bist, weil Du das und das *getan* hast. Diesen kausalen Zusammenhang gibt es nicht – oder wenigstens höchst selten. Du bist im Gefängnis, weil Du die und die *bist*. Wir alten Kommunisten gehören eben zu einer Gruppe von Menschen, die aus dem politischen Leben verschwinden soll. Das ist der springende Punkt, und alles andere sind nur Vorwände. In diesem abgekarteten Spiel gibt es bloß zwei Möglichkeiten: entweder man spielt die Rolle, die einem zugedacht ist, oder man scheidet ganz aus dem Spiel aus. Ich jedenfalls spiele nicht mehr mit. Aber Du kämpfst um eine andere Rolle ..."

Ja, Vali kämpfte. Sie wollte sich nicht geschlagen geben. Verbissen und mit aller Energie bemühte sie sich, ihre Unschuld zu beweisen. „Glaubst Du denn wirklich, daß es unmöglich ist, rehabilitiert zu werden?" fragte sie einige Wochen später. „Wir stehen nun einmal auf der Liste derer, die verhaftet und verurteilt werden sollen, und wir werden das NKWD nicht davon abhalten, das zu tun, was es beschlossen hat. Die wechselnden Beschuldigungen? Nun, die NKWD-Angestellten geben sich eben Mühe, irgendwelche mehr oder weniger plausiblen politischen ‚Verbrechen' zu konstruieren. Ich wundere mich nur, daß sie es überhaupt noch tun. Für das Opfer kommt es doch faktisch auf dasselbe hinaus, ob es verhört wird oder nicht!"

Obwohl Vali von Woche zu Woche kritischer und mißtrauischer wurde, konnte sie sich zu einem Verzicht auf ihren Defensivkampf nicht entschließen. Sie hoffte wohl, durch ihre Unbeugsamkeit dem Gegner Achtung einzuflößen. Ja, auch ein Mensch wie Vali Adler, eine so gescheite und tapfere Frau, eine Kommunistin, die – trotz manchen kritischen Einwänden – die bolschewistische Generallinie nicht verlassen hatte und bereit gewesen war, aus Treue zur Partei über vieles hinwegzusehen, auch sie stand nun wehrlos dieser Macht gegenüber, wehrlos, trotz allem Wissen und nicht etwa, weil sie schwach gewesen wäre. Vokabeln wie „Schwäche" und „Feigheit" hatten ja längst jeden Sinn verloren. Ob jemand, wie ich es getan hatte, Obstruktion trieb oder, wie Vali Adler es tat, bei dieser „Untersuchung" noch immer „loyal" blieb, letztlich war es einerlei.

Je ketzerischer unsere Gespräche wurden, um so weniger wagten wir, sie in der Zelle zu führen. „Warum aber verhafteten sie uns alle? Warum denn? Wer oder was soll hier eigentlich liquidiert werden?" flüsterte mir Vali – ohne die Lippen zu bewegen – auf dem Hofspaziergang zu. Ich hatte mir schon lange meine Gedanken darüber gemacht. „Du siehst doch *wer* verhaftet wird! Fast alle Kommunisten, die für die ‚Weltrevolution' gekämpft haben, werden isoliert und ausgerottet. In diesem Lande, in dem wir Kommunisten als politische Flüchtlinge Asyl suchten, spielen sich jetzt die umfassendsten und rigorosesten Kommunistenverfolgungen der Welt ab."

Vali starrte mich entgeistert an. „Du übertreibst maßlos, scheint mir. Schließlich werden ja nicht *alle* Kommunisten verfolgt, sondern nur die Abweichler. Ein Bürgerkrieg muß auf jeden Fall vermieden werden..." – „Abweichler! Bist Du etwa ein aktiver Gegner, Vali? Nein, wir deutschen Politemigranten sind in Stalins Augen *alle* ein gefährlicher Ballast; man will uns loswerden." Ich wies auf den Anti-Komintern-Pakt zwischen Japan und Deutschland hin (November 1936), von dem Vali mir selbst erzählt hatte; ich sprach von der drohenden Kriegsgefahr, von der Möglichkeit einer Invasion Hitlers ... Und wer weiß, welche gewaltigen Änderungen in der Innen- und Außenpolitik der Sowjetunion bevorstehen angesichts der drohenden Katastrophe! Auf seinen neuen politischen Wegen, von denen niemand wissen könne, wohin sie führen, sagte ich, fürchte Stalin vermutlich unsere, der alten Kommunisten, Opposition.

„Schließlich haben ja die Bolschewiki und die ausländischen Kommunisten früher bewiesen, daß sie fähig sind, die Regierung zu kritisieren und ihr Schwierigkeiten zu machen. Wie kann man sie also heute in der Sowjetunion an ihrer Stelle belassen? Stalin sieht in uns potentielle Meuterer, und deshalb sind wir die Opfer seines präventiven Terrors. Denk an meine Worte, Vali, hier in der Zelle von Butyrki, im März 1937 ..."

Ob sich Vali Adler später einmal an unsere Gefängnis-Gespräche erinnert hat?

Wir blieben noch zwei Monate zusammen in einer Zelle, zuletzt hatten wir sogar unsere Plätze nebeneinander. Noch oft haben wir über die mögliche Entwicklung der Dinge, auch über den konkreten Inhalt der zukünftigen Stalinschen Politik, diskutiert. Je weiter Valis Verhör fortschritt, um so mehr gab sie mir recht. Auch sie wurde sich der Rolle des NKWD bewußt. Es war klar, daß ein abgekartetes Spiel vorlag. Trotzdem kämpfte Vali noch immer verbissen um jeden Satz im Protokoll. Noch immer versuchte sie, eine Loyalität zu beweisen, die in Wirklichkeit kaum noch vorhanden war. Vielleicht wäre es ihr wie Fahnenflucht vorgekommen, wenn sie nun plötzlich ihre Verteidigungslinie aufgegeben hätte, die sie so hartnäckig verfolgt hatte. Aber an einen Sieg über das NKWD glaubte Vali schon nicht mehr. Sichtbar erlahmte jetzt ihre Kraft, und die parteitreue Kommunistin Vali Adler wurde zur Gegnerin des stalinistischen Systems.

„Wenn ich *das* überlebe! Wenn ich jemals aus dieser Hölle herauskomme und ein Buch darüber schreibe!" – „Aber Vali", unterbrach ich sie erschreckt, „wie kannst Du so reden? Du kannst doch in einer Welt, für die die Sowjetunion das ‚sozialistische Experiment' darstellt, und in der der Kommunismus und Stalinismus gleichgesetzt werden, nicht ein Buch gegen die Sowjetunion schreiben! Das hieße ja, den Antisozialisten Argumente gegen den Sozialismus in die Hand spielen! Erst wenn der Monopolkapitalismus in der Welt vernichtet wird, ist es politisch möglich, die Fehler der Sowjetunion und die Verbrechen des NKWD an den Pranger zu stellen, ohne zugleich die antisozialistische Front zu stärken!" – „Das erleben wir nicht mehr ..."

Vali Adler wurde wenige Tage vor mir aus unserer Zelle herausgerufen. Wir glaubten damals – zur Urteilsverkündung. Doch solange ich in Butyrki war, habe ich ihren Urteilsspruch nicht in Erfahrung bringen können, und auch in der Durchgangs-Zelle wußte niemand etwas von ihr. Immer hatten wir gehofft, daß, wenn wir zu Zwangsarbeit verurteilt würden, wir wenigstens in dasselbe Lager kämen. Aber ich weiß nicht, ob Vali überhaupt je in ein Zwangsarbeitslager verschickt worden ist.

Als ich im Sommer 1948 in Moskau war, wurde mir erzählt, Vali Adler sei 1940, nach Abschluß des Hitler-Stalin-Paktes unter denen gewesen, die nach Butyrki zurückgebracht worden seien. Sie sei zur Auslieferung nach Nazi-Deutschland vorgemerkt gewesen. Ich habe aber nie gehört, daß Vali nach Deutschland gekommen ist. Sie ist verschollen.

Der verhaftete Mediziner des letzten Semesters Semjon M. wollte mehr und mehr hören. Alles, was ich ihm aus dem vorhitlerischen Deutschland, aus Frankreich, Schweden, Österreich und anderen Ländern erzählte, interessierte ihn brennend. So konnte er sich zum Beispiel für gewisse Formen und Spielregeln des westlichen Parlamentarismus begeistern oder für die Tatsache, daß es in vielen Ländern verschiedene Zeitungen gibt, von denen jede eine andere politische Richtung vertritt und die einander bekämpfen. Sein größter Wunsch war es gewesen, einmal ins Ausland zu kommen. Wie es „jenseits der Grenzen" aussieht, hat ihm übrigens kein geringerer als Sinowjew geschildert. Semjon M. hatte nämlich bis zum Sommer 1936 mit Grigorij Sinowjew und einem Diplomaten, der jahrelang in Italien gelebt hatte, in derselben Zelle eines politischen Isolators gesessen. Dieser Gefängnisaufenthalt war für ihn eine Art politischer Hochschule gewesen. Bei Semjon bemerkte ich stärker als bei anderen, wie schnell Gefängnis und Lager einen Menschen aus einem Anhänger zum fanatischen Gegner des Regimes machen können. Wäre er nicht verhaftet worden, so wäre er gewiß ein staatsbejahendes Element und ein tüchtiger Arzt geworden, der seinem Lande gute Dienste geleistet hätte.

Zu meinem Entsetzen ging er in seiner neuen antisowjetischen Einstellung sogar so weit, daß er anfing, mit Hitler zu liebäugeln. Er erzählte mir, daß sich in seinem Heimatdorfe starke illegale separatistische Strömungen bis in die dreißiger Jahre hinein erhalten hätten, ja daß sie nach 1933 wieder lebhafter geworden wären, und daß sogar nationalsozialistische Ideen Raum gewonnen hätten. Als er im Sommer 1934 in den Ferien zu Hause gewesen sei, habe er oft genug profaschistische Manifestationen wahrgenommen, zum Beispiel seien von unbekannter Hand überall an Haus- und Stallwänden Hakenkreuze angemalt gewesen.

„Die Kulaken sind zwar alle vernichtet, nicht aber ihre Anhänger. Von Hitler verspricht man sich Befreiung – und eigentlich haben die Leute gar nicht so unrecht", – fügte er zu meiner Verwunderung hinzu. „Damals habe ich zwar diese politische Meinung in unserem Dorfe aus ehrlicher Überzeugung bekämpft, aber jetzt denke ich oft: wenn Hitler käme, dann würden jedenfalls alle Bauern wieder selbständig werden, und mit den verhaßten Kolchosen wäre Schluß." – „Eine schöne Befreiung, ausgerechnet durch Hitler!" entrüstete ich mich. Was kann denn Hitler Euren Bauern besseres bringen? Wenn Ihr sein Programm der Besiedlung des Ostens gelesen hättet, würdet Ihr Euch keine Illusionen machen. Stalin hat die ukrainischen Kulaken in die nördlichen oder sibirischen

Lager verschickt. Hitler würde noch die ganze übrige Bauernbevölkerung nach Sibirien deportieren und statt ihrer seine deutschen Kolonisten in der Ukraine ansiedeln. – Übrigens, rechnet man denn bei Euch mit der Möglichkeit eines Krieges? Glaubt man, Hitler werde die Sowjetunion angreifen?" fragte ich. „In der Ukraine hofft man auf Krieg. Ich sage Dir ja, bei uns wird Hitler mit offenen Armen empfangen werden." Solche Äußerungen hörte ich zum ersten Male. Und ich kann nicht beurteilen, ob sie durch Tatsachen gut fundiert waren. Die politischen Diskussionen nahmen übrigens im Gesprächsstoff zwischen mir und Semjon M. keinen besonders großen Raum ein. Er war kein Theoretiker und interessierte sich mehr für andere Fragen, vor allem für Kunst. Ich mußte ihm Mal- und Baustile der verschiedenen Epochen und Völker so manches erzählen. Und Semjon berichtete mir viel Neues aus der Physiologie und aus der vergleichenden Anatomie. Daß ich damals noch so schlecht Russisch sprach, beeinträchtigte natürlich unsere Unterhaltung. Daß ich aber die russische Sprache rasch lernte, verdanke ich in erster Linie Semjon M. und unserer achtmonatigen engen Freundschaft.

Im Laufe dieses Sommers trafen noch drei große Etappen in Adak ein, und bei jedem dieser Transporte waren auch Frauen mitgekommen, so daß unsere Baracke bald besetzt, sogar übersetzt war. Aus Kotschmess kam Sonja Zezarskaja und ihre Freundin Anna Matwejewa, aus Workuta die Finnin Anna Kokkonen, mit der ich mich bald befreundete. Sie hatte als stellvertretender Volkskommissar für Bildungswesen in Karelien gearbeitet und war Schriftstellerin. Wir hatten eine Menge gemeinsamer Interessen. Im Herbst 1938 traf ein neuer Lagerleiter für Adak ein, ein Este. Er hieß Adolf Rammo. Ungeachtet seines ominösen Vornamens war er einer der wenigen durchaus korrekten und humanen Beamten, die ich im Lager getroffen habe; ja, er war zweifellos der menschlichste und anständigste von allen. Seine Frau, eine sympathische, aber fast taube grauhaarige Dame, und zwei Kinder, ein sechzehnjähriges Mädchen und ein 13jähriger Knabe, hatten ihn in den Norden begleitet. Als die Sommerferien zu Ende gingen, kehrten Mutter und Tochter nach Leningrad zurück. Der Junge blieb da. Rammo engagierte unsere alte Anna Peschina, die schon früher seine Haushälterin gewesen war, als Köchin und eine junge

Pädagogin, Anja Bokal, als Hauslehrerin für seinen Sohn. Er entlohnte sie reichlich mit Lebensmitteln. Die Obrigkeit hätte es allerdings nicht erfahren dürfen, daß eine „Trotzkistin" den Sohn des Lagerleiters unterrichtet.

Eine Schwierigkeit bestand darin, daß keine Lehrbücher vorhanden waren und auch aus Leningrad keine beschafft werden konnte. Manchmal versammelte sich ein ganzes Gremium abends um Anjas Platz herum, und es wurden strittige Fragen aus der Erdkunde, Geschichte oder Naturkunde gemeinsam gelöst. Meine Spezialität war etwas, was Anja Bokal gar nicht besonders lag, nämlich das Ausdenken „eingekleideter" Regeldetriaufgaben. Ich lieferte sie sozusagen am laufenden Band, und dem kleinen Rammo machten sie Spaß. Er war mathematisch begabt. Auch Geographie liebte er sehr, und unsere Debatten über geographische Probleme wollten kein Ende nehmen. Einen Atlas gab es nicht in Adak. Anja Bokal zeichnete sämtliche Landkarten aus unser aller Gedächtnis. Sie gab sich unendlich viel Mühe. Dafür hatte sie denn auch die Freude, daß ihr Schüler im nächsten Jahr in Leningrad die Aufnahmeprüfung für die 7. Klasse glatt bestand.

Im Juli 1938 erschien plötzlich Dr. Neumann in Adak, von dem ich mich vor einem halben Jahr verabschiedet hatte, in der Annahme, daß wir uns niemals wiedersehen würden. Er wurde Chefarzt des Lagers. Als er von meiner Freundschaft mit Semjon M. erfuhr, zeigte er mir die kalte Schulter. Es kränkte ihn tief, daß ich ihm, der sich monatelang um mich bemüht hatte, einen „schönen Mushik" vorgezogen hatte. Der Antagonismus zwischen beiden endete damit, daß Semjon M. auf das Betreiben Dr. Neumanns nach der „Ziegelei" versetzt wurde. Die „Ziegelei" war ein kleines Nebenlager, vier Kilometer vom Hauptlager Adak entfernt.

In dieser Zeit arbeitete ich in der Werkstatt. Ich mußte dort mit einem leichten Hämmerchen Draht gerade klopfen, der dann zu Drahtstiften zerschnitten wurde. Die Arbeit war leicht und angenehm. In derselben Brigade arbeitete Anna Kokkonen und eine gewisse Frau Lamia. Im Gespräch mit der Letztgenannten stellte ich wieder einmal fest, wie klein doch die Welt ist. Die Schwester von Frau Lamia, eine Frau von Weber, war die Gattin Karl Moors, des Schweizer Staatsrats und Feundes von Karl Radek. Der Millionär Karl Moor hatte um 1919/20 herum in Berlin in der deutschen

Kommunistischen Partei eine große Rolle gespielt. Im grandiosen Rahmen einer Zimmerflucht im Hotel Esplanade hatte ich die brillantengeschmückte Frau von Weber kennengelernt, und nun ihre Schwester in einem sowjetischen Zwangsarbeitslager.

Oft, wenn wir noch beim Drahtklopfen waren, erschien Semjon M. Sein Vorgänger hatte zweimal im Monat das Hauptlager besucht, um Medikamente zu holen; Semjon M. „vergaß" immer irgendeine notwendige Arznei und kam mindestens zweimal wöchentlich. Da die Werkstatt außerhalb der Zone lag, war es sehr schön für uns. Wir konnten im Wald spazierengehen. Mit dem Mann an der Kontrollstelle hatte M. ein Abkommen, und die Soldaten drückten beide Augen zu. Bei ihnen genoß Semjon als Arzt hohes Ansehen.

Eines Tages verlangte der Lagerleiter acht Frauen, die aus der Ziegelei 1200 Ziegelsteine nach Adak bringen sollten. Ich meldete mich und freute mich bei dem Gedanken, welche Überraschung das für Semjon M. sein werde. Sonja Zezarskaja war auch mit von der Partie. Eine unternehmungslustige resolute Armenierin, Olga, war Briagadierin. Wir fuhren in einem großen Boot und hatten schreckliche Mühe, es bei starkem Gegenwind stromauf fortzubewegen. Die fünf Frauen, die zu Fuß gegangen waren, kamen eher an als wir drei im Boot und waren wahrscheinlich auch weniger müde. Zu unserem Leidwesen stellte sich heraus, daß die Ziegel nicht etwa am Ufer lagen, und daß auch niemand da war, der sie uns auf die Tragestelle legen konnte. Olga bestimmte zwei von unserer Brigade für das „Beladen" der Traggestelle, und so vergrößerte sich die Norm für die Ziegelschlepper von 150 auf 200 Stück.

Ich kehrte gerade von der fünfzehnten Tour wieder zurück, als Semjon M. mit großen Sprüngen von der Anhöhe heruntergerast kam. Er war bei einem Kranken im Dorf gewesen und hatte erst jetzt erfahren, daß wir hier waren. Mir blieb noch immer zehnmal zu gehen.

„Zehnmal? Die 80 Stück trage ich Dir in vier Touren." Und wirklich schleppte er mit Leichtigkeit 20 Stück auf einmal. Dann schalt er mich aber ordentlich wegen meines Leichtsinns. Ich dürfe mich unter gar keinen Umständen zu solch schweren Arbeiten melden. Aber daß ich auf diese Weise nach der „Ziegelei" gekommen war, freute ihn natürlich trotzdem sehr. Sein edles Beispiel erweckte übrigens Nacheiferung, und es fanden sich noch mehr Kavaliere, die den anderen Frauen tragen halfen. Dann luden die Männer uns die Ziegel ins Boot. Auf dem Rückweg fuhren nun zwei Frauen im Kahn, die Brigadierin Olga und ihre Freundin; alle anderen gingen am Ufer nebenher, und Semjon M. begleitete mich durch den Wald. In Adak mußten wir unsere 1200 Ziegel wieder ausladen und am Ufer kunstgerecht aufschichten. Mehr tot als lebendig kamen wir in der Baracke an. Es war schon ganz spät am Abend.

Vielleicht hatte ich in Kotschmess nie einen Arbeitstag gehabt, der so schwer gewesen war wie die Ziegelschlepperei, und doch war alles in Adak viel leichter zu ertragen. Der ganze Ton war anders. Gewiß kamen auch in Adak Ausschreitungen und Brutalitäten vor, es gab sogar eine Zeitlang einen Kommandanten, der die Leute in gemeinster Weise schikanierte, aber die Menschenschinderei, die in Kotschmess gang und gäbe war, sah ich in Adak nicht oder doch nur sehr, sehr selten. Es folgten wieder ruhigere Arbeitstage.

Eines Tages arbeiteten Anja Teplowa und ich außerhalb der Lagerzone, als Semjon M. daherkam. Er erzählte, der Lagerleiter werde am folgenden oder am übernächsten Tage einige Adaker Frauen zum Kartoffelausmachen für die „Ziegelei" anwerben. Was ich dazu meine, ob ich kommen wolle. Er habe bereits mit dem Leiter, der sein guter Freund sei, gesprochen, aber das sei natürlich ganz unverbindlich. Ich war sofort begeistert von dem Plan, und Anja, deren Freund ebenfalls auf die „Ziegelei" versetzt worden war, war auch Feuer und Flamme. „Ich würde mich ja mächtig freuen, wenn Du auf zwei, drei Wochen zur Ziegelei kämest, nur bange ich um Deine Gesundheit; Kartoffelausmachen ist keine Invalidenarbeit, und man weiß nicht, wie es sein wird, ob wir Euch werden helfen können." – „Das wird schon irgendwie gehen", meinten wir zuversichtlich. Es hatte übrigens, erzählte Semjon M., ein komisches Intermezzo gegeben, als er dem Leiter gesagt hatte, er möchte gern, daß „Susanne" nach der „Ziegelei" komme. „Nee, nee, alter Knabe, das könnte dir so passen. Auf die habe ich selber ein Auge geworfen", hatte er entgegnet. Nichts Schlimmeres hätte er überhaupt sagen können. Semjon erstarrte vor Entsetzen; er war nämlich grenzenlos eifersüchtig. Dann hatte sich aber herausgestellt, daß der Leiter Lena Gogoridse mit mir verwechselt hatte. „Ach, die schlanke Blasse mit dem glatten Pagenkopf meinst Du? Die kannst Du gern herkriegen", hatte er schließlich gesagt.

Am nächsten Morgen erschien tatsächlich der Lagerleiter in der Frauenbaracke und verkündete: „In der Landwirtschaft gibt es keine Invalidenarbeit. Was der Ablauf der Jahreszeiten vorschreibt, muß aber gemacht werden. Das versteht sich wohl. Also: es werden dringend einige Frauen auf der ‚Ziegelei' gebraucht zur Kartoffelernte. Unterkunft in der Frauenbaracke dort, heizbar. Na, vielleicht meldet sich jemand freiwillig?" – „Hier!" rief ich. „Bitte, hier!" – „Ich, ich", schrien Anja Teplowa, Sonja Zezarskaja, Anna Matwejewa. „Oho, sieh mal einer an! Das ist ja großartig", griente der Lagerleiter. „Und ich dachte, es würde schwere Mühe kosten, bis ich jemanden kriege", setzte er scheinheilig hinzu. „Zwingen können wir ja niemanden." Er schrieb sechs Freiwillige auf. Außer uns vier speziell „interessierten" hatten sich noch zwei junge Frauen, die ich bislang noch nicht gekannt hatte, Nina M. und Wera L., gemeldet – vermutlich aus Abenteuerlust. „Fertigmachen – mit den unentbehrlichsten Sachen!"

In der Baracke kicherte man verständnisvoll: „Die Bräute gehen in die ‚Ziegelei' ..." Es war kein bösartiger Spott. Alle wünschten uns das Beste, und wir zogen los.

In der „Ziegelei" gab es eine kleine Frauenbaracke, nicht größer als ein geräumiges Zimmer, mit vierzehn Plätzen. Für gewöhnlich lebten aber nur acht Frauen hier. Kaum hatten wir unsere Sachen geordnet, da wurden wir auch schon zur Arbeit aufs Feld gerufen. Wir hatten Sonja Zezarskaja einstimmig zur „Gruppenführerin" (swenjewaja) gewählt. Sie bestimmte Nina, Wera und sich selbst zur Arbeit des Ausgrabens; die Vollinvaliden – das waren die beiden Anjas und ich, – sollten die Kartoffeln einsammeln. Wir arbeiteten frisch drauflos in ganz nettem Tempo, so schien es uns wenigstens.

Unserem Brigadier hatten wir erklärt, wir möchten lieber ohne Mittagspause arbeiten, um den weiten Weg zu sparen, ob wir dann nach sechs Uhr Essen haben könnten. In Wirklichkeit wollten wir uns aber zu Mittag auf dem Felde an Kartoffeln satt essen. Wir holten schnell ein bißchen Heizmaterial zusammen, machten ein

Feuer und setzten unsere Feldkessel auf. „He, ihr da! Das ist nicht erlaubt", schrien uns die „einheimischen" Erntearbeiterinnen zu. „Das wissen wir doch nicht!" riefen wir zurück. „Darum sagen wir es Euch ja!" – „Na, beweist mal, daß wirs gehört haben", schrie Sonja. Das Wasser kochte schon ein paar Minuten, als wir eine Gestalt querfeldein auf uns zukommen sahen. Wir dachten, es sei einer der Kavaliere, der uns bei der Arbeit helfen wollte. „Ist das Ihrer?" fragten wir uns gegenseitig. Der Mann war uns allen fremd. Wer uns erlaubt habe, hier Feuer zu machen und abzukochen, schimpfte er. Wupp! Schrupp! hatte er die Feldkesselchen ausgegossen. Das Wasser zischte und verlöschte unser Feuer.

Instinktiv griffen wir alle rasch nach unseren umherkullernden Kartoffeln. Jede von uns hatte blitzartig erfaßt, daß man die halbgaren Kartoffeln jetzt wenigstens in der Asche werde backen können. Aber der Mann – es war, wie sich später herausstellte, der Kommandant – durchschaute auch das. Er trat die noch schwach glühende Asche auseinander und warf die halbgekochten Kartoffeln in einen Korb, den er mitnahm. Ohne zu Mittag gegessen zu haben, setzten wir unsere Arbeit fort. Nach und nach erschienen unsere Freunde. Zuerst Anjas Brigadier, dann Sonjas Friseur, dann Semjon M. Sie halfen einige Körbe wegschleppen und die vollen Körbe in Säcke ausleeren. Aber – wie wir schon befürchtet hatten – lange durften sie sich nicht auf dem Felde sehen lassen, wenn wir nicht gleich am ersten Tage Skandal haben wollten.

Die Dämmerung war schon längst hereingebrochen, da kam endlich der Brigadier, um unsere Arbeit abzunehmen. Er rechnete herum und knurrte etwas von nicht erfülltem Soll. Wir sagten ihm, daß wir einen Abzug (Skidka) beanspruchen müßten, da wir doch heute erst aus Adak gekommen seien und später mit der Arbeit begonnen hätten. Im übrigen schien er nicht gerade sehr stark in Rechnen zu sein. Wir würden ihn kontrollieren müssen, vielleicht könnten wir ihn sogar ein bißchen betrügen, verabredeten wir uns auf dem Heimweg. Aber noch war es nicht so weit. „Halt!" schrie er streng, als wir uns zum Gehen wenden wollten. „Was ist das?", und er zeigte auf einen Eimer. „Kartoffeln", gab Sonja lakonisch zu. Denn er hatte schon das darüberliegende Läppchen weggezogen. „Es ist verboten, Kartoffeln vom Felde mitzunehmen!" – „Woher wollen wir sie denn sonst mitnehmen, wenn sie doch nun mal auf dem Felde wachsen und nicht auf Bäumen." Der Brigadier bekam einen roten Kopf. Es war ihm klar, daß er Sonjas scharfer Zunge nicht gewachsen war.

Wir ließen den Kerl stehen und gingen lachend der „Ziegelei" zu. Aber nicht wir waren die, die zuletzt lachen sollten. Als wir die Ziegelei betraten, stand plötzlich der Kommandant wieder vor uns. „Kontrolle", sagte er. Zu „durchsuchen" gab es da nicht viel, denn wir trugen ja die Kartoffeln offen im Eimer. Er nahm ihn weg. „Streng verboten, Kartoffeln in die Baracke mitzunehmen." „Na, hören Sie mal", ließ sich jetzt Sonja höchst aggressiv vernehmen, „welcher Arbeiter wird Ihnen denn ihre dreckigen Kartoffeln ausmachen, wenn er nicht mal ein paar zu essen kriegt?" – „Während der Ernte werden der Küche Kartoffeln ausgeschrieben, das genügt." – „Jawohl, das genügt! Das kennen wir. Anderthalb Scheibchen Kartoffel auf einen halben Liter Kohlsuppe für die Sklaven!" Und so war es auch.

Das Ambulatorium von Semjon M. lag am Ende der Männerbaracke. Es hatte jedoch einen separaten Eingang. Im Hintergrund stand das Bett, zur Hälfte von einem Vorhang, zur anderen Hälfte vom Medikamentenschrank verdeckt, der das Zimmer in zwei Teile teilte. Es war warm und gemütlich. Sogar eine echte Petroleumlampe mit Lampenglas war da. Auf der anderen Seite des Korridors wohnte der Komandant, sagte mir Semjon M. Ich erschrak. Der Kommandant? Ja ist denn das nicht gefährlich, wenn ich hierher komme?" – „Keine Spur", beruhigte mich Semjon. „Er weiß es. Der Wach-Soldat ist ebenfalls im Bilde. Ich habe alles arrangiert." So war das also im Lager. Wer Beziehungen hatte, konnte alles „arrangieren". Sogar mit dem Wachpersonal. Auch die Freunde von Anja, von Anna und von Sonja, hatten alles im voraus „arrangiert".

Ich erzählte von unserem Reinfall mit den Kartoffeln. Semjon M. belächelte unsere Naivität. Er gab mir vier Stückchen Bindfaden mit und riet mir, Kartoffeln in die Hosenbeine und in die Ärmel der Arbeitsjacke zu stecken, aber unten festzubinden. „Ich weiß nicht, ich glaube, ich mache es lieber nicht", meinte ich zögernd. „Das tut jeder im Lager. Ganz ohne Konzessionen geht es nun einmal nicht, verstehst Du? Man muß mit den Wölfen heulen!" – „Das ist es eben, Semjon, womit ich prinzipiell nicht ein-

verstanden bin. Man muß gar nicht ‚mit den Wölfen heulen'..."‎.
Und so waren wir schon mitten in einer Weltanschauungsdiskussion. Es war schön, einmal nicht in einem Massenquartier zu sein. Semjons Zimmerchen hatte etwas von einem „Zuhause" an sich. Spät nachts begleitete mich Semjon M. sorgsam durch den Matsch bis in die Tür unserer Baracke.

Das Neben-Lager „Ziegelei" war in vieler Beziehung primitiver als das Haupt-Lager Adak. Es gab, genau wie in Kotschmess, weder Weg noch Steg. Es gab aber auch kein Bad und nicht einmal einen Abort. Einem stillschweigenden Einverständnis zufolge gingen die Frauen in ein Wäldchen nach links den Abhang zum Bach hinunter, die Männer aber nach rechts, wo hinter Büschen ein Graben war. So war es im Sommer. Welcher Ausweg im Winter gefunden wurde, weiß ich nicht. Das ganze Gelände war zur Zeit, als wir in der „Ziegelei" waren, total verschmutzt. Nachts waren die meisten zu faul, sich weiter von den Baracken zu entfernen, und verrichteten ihre Notdurft direkt vor der Tür.

Morgens liefen wir zum Waschen an unseren Bach hinunter, es war aber schon sehr kalt, und mehr als eine Katzenwäsche konnte man sich nicht leisten. Auf meine Bitte gab mir Semjon M. die Möglichkeit, mich abends allein und ungestört in seinem Zimmer zu waschen, sogar mit warmen Wasser. Nach der schmutzigen Feldarbeit hatte man das auch unbedingt nötig.

Die Arbeit war sehr anstrengend, und trotz Einsatz aller Kräfte konnten wir die tägliche Norm nicht schaffen. Am zweiten Tage bekam ich Schmerzen im rechten Arm, aber ich sagte nichts.

Am Abend des dritten Tages, als Semjon mich mit kräftigem Händedruck begrüßte, bemerkte er, wie ich zusammenzuckte: „Die Hand tut weh? Der Arm?" fragte er besorgt, und da wußte er auch schon, daß ich Sehnenscheidenentzündung hatte. „Du hast Dich überanstrengt. Der Arm muß völlige Ruhe haben. Wenn ich Dich aber krank schreibe, wirst Du morgen nach Adak zurückgeschickt. Wir haben wirklich Pech!" seufzte Semjon. „Nein, nein, laß nur, ich bleibe hier", sagte ich. „Die Überanstrengung kommt vom Ausschütteln der Kartoffelstuaden, und das werde ich von jetzt an mit der linken Hand machen. Es wird schon irgendwie gehen." Semjon M. legte mir eine herrliche Spirituskompresse auf.

Der vierte Tag war ein Sonntag, und Badetag für die Ziegelei. Da am Ort kein Bad war, ging die gesamte Arbeitermannschaft unter Begleitung des Heilgehilfen und des Kommandanten nach Adak ins Bad. Auf dem Rückweg trennten Semjon und ich uns von der Menge. Manchmal hätte man vergessen können, daß man im Lager ist. Aber der Arm schmerzte stark. Und morgen früh, fiel mir ein, fing eine schwere Arbeitswoche an ...

Am folgenden Tage nahm mich Sonja beiseite. „Hören Sie, Susanne, Sie müssen mir helfen. Dieser Kerl, der Brigadier, beschwindelt uns. Es ist ja nicht möglich, daß wir die Norm nicht erfüllen, wo wir uns doch die Därme aus dem Leibe schuften. Ich glaube, er schreibt seinen eigenen Leuten mehr auf, als sie machen, und uns weniger. Er hat seine Freundin in der Brigade." – „Hm, mag sein! Und was wollen Sie tun?" – „Sie können doch sicherlich gut rechnen ..." – „Es ist schwer, in einer fremden Sprache zu rechnen. Man verheddert sich. Aber vielleicht schriftlich?" – „Gut. Sie nehmen einen Zettel und rechnen rasch aus, was ich Ihnen sagen werde". Und sie entwickelte mir ihren Plan, wie sie dem Brigadier dadurch, daß wir das Feld nicht in fortlaufender Reihenfolge als Ganzes, sondern aufgeteilt in einzelne, möglichst unregelmäßige Stücke bearbeiten, in Verwirrung bringen wollte. Das schien auch tatsächlich zu gelingen. Der Brigadier protestierte zwar manchmal: „Hatten Sie diesen Feldabschnitt nicht gestern schon ...? Warten Sie mal, lassen Sie mich mal selber ..." aber er wollte sich natürlich auch keine Blöße geben und nicht zeigen, daß er Sonjas komplizierte Geometrie nicht verstand. Alle Versuche jedoch, den Mann zu überlisten, führten zu nichts.

Unsere Pechsträhne riß nicht ab. Wera, die jüngste aus unserer Gruppe, erkrankte. Semjon M. stellte einen Gebärmuttervorfall bei ihr fest, und es war so schlimm, daß er Wera krankschreiben und zurückschicken mußte. Tags darauf machte Anja schlapp. Wir waren auf vier zusammengeschmolzen. Als wir am zehnten Tage unseres Aufenthalts auf der „Ziegelei", einem Samstag, hundemüde in unsere Baracke kamen und in seliger Vorahnung des morgigen Tages schwelgten, entlud sich plötzlich eins der größten Donnerwetter aller Zeiten über uns. Es hatte sich bei der Arbeitskonferenz herausgestellt, daß die „Adaker" auf dem Papier – nach den Messungen des Brigadiers! – schon das ganze ihnen zugeteilte Kartoffelfeld abgeerntet hatten, während in Wirklichkeit noch soundso viel Quadratmeter übrig waren. Ein Wort hatte das andere gegeben. Die „Brautfahrt" war in die Debatte geworfen worden, die Besuche der Kavaliere auf dem Felde, die Erkrankung zweier Arbeiterinnen, die Unfähigkeit der übrigen, die durchsichtigen Gründe für die Auswahl dieser Invaliden, die versuchten Kartoffeldiebstähle (von den erfolgreich verlaufenen schien man nichts zu wissen), die vorlaute Gruppenführerin Sonja ...

Der Lagerleiter erschien in höchsteigener Person. „Unerhört! Ich werfe sie alle raus! Morgen hole ich mir andere Arbeiter aus Adak. Sie haben wohl geglaubt, Sie sind zum Amüsieren hergekommen?" Zum Amüsieren – und das uns, die wir uns so geplagt hatten! Am frühen Morgen mußten wir unsere Bündel schnüren und wurden mit Schimpf und Schande aus der „Ziegelei" weggejagt. Als wir uns auf dem Heimweg befanden, fing es an zu schneien. „Geschieht denen ganz recht, daß die Kartoffeln erfrieren", meinte Nina.

An diese zehn Tage auf der „Ziegelei" haben wir noch oft zurückgedacht. Trotz aller Schufterei war es doch manchmal sehr schön gewesen. Ein Sklave ist ja ein so bescheidenes Wesen. Kaum sieht er ein bißchen heimische Atmosphäre um sich, kaum hört er die warmen Worte eines ihm nahestehenden Menschen, und schon spürt er weder Hunger noch Entbehrung noch Krankheit.

Ich ging in Adak ins Ambulatorium und ließ meinen Arm untersuchen. „Tendovaginitis" sagte der Heilgehilfe. „Seit wann haben Sie Schmerzen?" – „Seit gestern abend", log ich. „Ich schreibe sie auf zwei Wochen arbeitsunfähig. Sie müssen den Arm völlig ruhig halten und dürfen nicht das geringste tun." Ich bekam eine Kompresse um den Arm, die aber längst nicht so gut war wie Semjons Spiritusumschläge.

Vielleicht war unsere Episode auf der „Ziegelei" der Grund, vielleicht waren auch die häufigen Besuche von Semjon M. in Adak so unangenehm aufgefallen – jedenfalls erreichte ihn die Nemesis. Er wurde zum gewöhnlichen Arbeiter degradiert. Für Semjon M. indessen, der von seinem zwölften bis zu seinem einundzwanzigsten Lebensjahr alle schweren Arbeiten eines russischen Bauern verrichtet hatte, war es keine besonders harte Strafe, als Holzfäller arbeiten zu müssen. Auch seine Beziehungen zu den Schutz-Soldaten und ihren Familien änderten sich nicht von heute auf morgen.

Semjon war nach wie vor Arzt und persona grata bei ihnen. Mit Hilfe der „Wache" hatten wir immer mal wieder die Möglichkeit, uns zu treffen.

Während ich Krankenbulletin hatte, sammelte ich einige Gedichte, die ich auf der Etappe und während der ersten Monate in Adak geschrieben hatte, in einem Heftchen. Ein Gedicht „Mein kleiner Kamerad" schickte ich an Wolodja, von dem ich schon seit einem halben Jahre nichts gehört hatte.

Nachem der Arzt mich „arbeitsfähig" geschrieben hatte, wurde ich in den Gemüsekeller (Pogreb) geschickt. Meistens sortierten wir dort Zwiebeln. Es war eine Arbeit, die sich aushalten ließ. Unter meinen Arbeitskolleginnen war eine schwer nierenleidende ältere Frau namens Maria Sokolowskaja. Es hieß, sie sei die Schwester von Trotzkijs erster Frau und habe ihren Schwager nur einmal im Leben – vor seiner Verbannung nach Sibirien – gesehen. Das war ungefähr 40 Jahre her.

Bisher hatte auch Mira Koslowa, die geistig anormale junge Jüdin aus Charbin, mit der zusammen ich aus Kotschmess nach Adak gekommen war, hier im Keller gearbeitet, aber man hatte sie fortschicken müssen, weil sie die anderen bei der Arbeit zu belästigen begann. Ihr Zustand wechselte nämlich. Wenn es ihr besser ging, war sie ein höfliches nettes Mädchen mit intelligenten Augen und sanftem Lächeln. Sie las gern und zeichnete sehr hübsch, allerdings meistens äußerst phantastische Dinge: Tierkörper mit Blumenköpfen, Elefanten an Fallschirmen hängend und ähnliche merkwürdige Kombinationen.

Dann aber kamen wieder Wochen und Monate, in denen sie zum Schrecken der Baracke wurde. Ihre Augen nahmen dann einen irren Ausdruck an, und das Gesicht war leidgequält und angstdurchfurcht. Sie selbst schlief wochenlang nicht und ließ auch ihre Zimmergenossinnen nicht schlafen. Sie schwatzte, sang und lärmte die ganze Nacht. Oft nahm sie bei einer Gefangenen irgendeinen Gegenstand weg und legte ihn auf den Platz einer anderen oder „verschenkte" ihn feierlich. In ihren schlimmsten Zeiten verrichtete sie mitten in der Baracke ihre Notdurft, oder sie nahm die Eßschüssel einer Mitgefangenen und setzte einen Kothaufen hinein.

Zu einer geregelten Arbeit war Mira kaum zu verwenden. Sie

weigerte sich zwar nicht zu arbeiten, aber sie blieb selten länger als 10 Minuten bei einer ihr übertragenden Aufgabe, störte die anderen und richtete mehr Unheil an, als ihre Arbeitsleistung nützte. Dabei konnte Mira mitten unter wirren Reden plötzlich die treffendsten Bemerkungen machen. Man wußte nie, woran man mit ihr war. Einmal, während einer Durchsuchung in der Baracke, setzte sie sich auf die Herdplatte und sang den Refrain eines beliebten Liedes: „O Rodinje: Ich kenne kein anderes Land, wo der Mensch so frei atmet ..."

Die NKWD-Soldaten stutzten und schauten skeptisch nach ihr hin. Uns erstarrte das Blut in den Adern vor Schreck. Mira saß da, sang mit einem verschmitzten Lächeln und baumelte unbekümmert mit den Beinen. „Du willst Dich wohl lustig machen, he?" fauchte ein Wachsoldat Mira an. „Ich? Lustig machen? Aber nein, Bürger, keine Spur! Wieso denn?" sagte sie eifrig. Jetzt wußte der Wachsoldat schon gar nicht, was er daraus machen sollte. Er hätte doch nicht gut zugeben können, daß eine Gefangene dieses Lied nur mit beißender Ironie singen konnte. „Los! Fertigmachen, in den Isolator!" befahl der Wachsoldat. Mira ging ohne Widerstreben mit. An der Tür aber drehte sie sich um und rief uns zu: „Das werde ich mir merken. Ich werde nie wieder eins unserer schönen vaterländischen Lieder singen".

Eines Tages verbreitete sich das Gerücht: eine Etappe nach Adswa-Wom wird zusammengestellt. Alle arbeitsfähigen Frauen standen auf der Liste der Arbeitsverteilungsstelle (URTsch), die bereits von der Sanitätsabteilung bestätigt war, Aber auch Invalide wie Anja Teplowa und ich entgingen dem Schicksal nicht. War es doch Usus im Lager, jedes „Pärchen" unter allen Umständen auseinanderzureißen. Semjon M. wollte sich an Dr. Neumann wenden, damit der mich krankheitshalber von der Etappe zurückbehalten sollte. Ich untersagte ihm jedoch kategorisch, das zu tun. Semjon war todunglücklich ...

Ein häßlicher Schneesturm wehte, als wir losmarschierten. Achtzehn Kilometer Weg bei solchem Wetter ist keine Kleinigkeit. In Adswa-Wom schien man uns nicht erwartet zu haben. Ich wurde mit ungefähr zwanzig anderen provisorisch in den Trokkenraum einquartiert. Wir bekamen weder Pritschen noch Decken und schliefen in unseren Sachen auf dem Fußboden.

Den ganzen Tag saß ich auf kalten schmierigen Kartoffeln. Die Hände waren klamm vor Kälte und wurden zunächst ganz unbeweglich. Ich machte nur etwas mehr als die halbe Norm. Am nächsten Tag war es noch schlimmer. Ich fühlte mich hundeelend.

In der Nacht bekam ich Fieber. Starke Blasen- und Nierenschmerzen setzten ein. Ich meldete mich krank. Gleichzeitig mit mir war Lida Silwanowa aus Adak an Grippe erkrankt. Der Heilgehilfe kam, ein schmächtiger, netter Jüngling, der beim Lachen seine wundervoll weißen Zähne zeigte. Sein Gesicht hatte mongolischen Einschlag. Er heiße Dshafar und sei Tatare, sagte er.

Lida und ich waren unermeßlich glücklich, daß unser Fieber augenscheinlich hoch genug war; wir brauchten nicht zur Arbeit zu gehen. Am nächsten Tage teilte der Heilgehilfe mit, sein Chef habe angeordnet, wir sollten in einen anderen Raum gebracht werden, wo wir wenigstens Betten hätten. Es war ein kleines Zimmerchen mit drei Pritschen, von denen die eine schon besetzt war. Auf einmal neigte sich der Heilgehilfe über mich und flüsterte mir zu: „Dr. Göring möchte Sie gern sprechen, er sagt, er glaube, er kenne Sie schon!"

Ach ja, Dr. Göring, das war ja der deutsche Arzt, der mich auf unserer Etappe von Oschkurja nach Kotschmess in seinem Krankenhaus behalten wollte, entsann ich mich. „Er ist gleich fertig mit der Frühsprechstunde und bittet Sie zu kommen."

Ich ging also zu Dr. Göring. „Ja, Sie sind es", strahlte er mich an. Und auf deutsch: „Was sagen Sie, habe ich nicht ein phänomenales Gedächtnis, daß ich Ihren Namen behalten habe?" Wenn man bedachte, wieviel Hunderte von Gefangenen durch Adswa gekommen waren, mußte man das allerdings anerkennen. „Darf ich Sie mal ein bissel anschauen?" Er untersuchte mich gründlich. „Unter uns geflüstert", sagte er, „liegt momentan nichts Beunruhigendes vor, eine kleine Nierenreizung nur, und Sie sind heute auch schon fast fieberfrei, aber ich schreibe Sie natürlich krank, das liegt ja alles in unserer Hand! Die Hauptsache ist Ihr Herzleiden. Ich verstehe gar nicht, Sie haben doch alles schwarz auf weiß von der ersten Ärztekommission her", und er tippte auf eine rosa Kartothekkarte, „daß sie Vollinvalide sind und überhaupt nicht zu arbeiten brauchen. Das wissen Sie doch, warum lassen Sie sich dann hierherschicken zu so einer Sauarbeit?" – „Was soll ich denn machen? Ärztlicherseits ist in Adak kein Einspruch gegen die Liste der Arbeitsverteilungsstelle erhoben worden." – „Was für ein Idiot ist denn bei Euch erster Arzt." – „Dr. Neumann." – „Aha, der Neumann, dieser Spekulant und Kulissenschieber. Na, dem werde ich's aber gehörig geben.

Sagen Sie mal, Frau Susanne, wollen Sie nicht hier in Adswa bleiben? Ich nehme Sie ins Krankenhaus; Sie werden es gut haben. Ich werde persönlich über Sie wachen und bestimmt nie zulassen, daß sie irgend so ein Verteilungs-Fritze zu physischer Arbeit zwingt." – „Ach nein, danke", stotterte ich. „Ich möchte lieber nach Adak zurück", und dabei fühlte ich, daß ich rot wurde wie ein ertapptes Schulmädchen. „Hm, liegt Ihnen so viel an Adak? Schade! Da bin ich offenbar zu spät gekommen. Aber bleiben Sie doch wenigstens zwei, drei Wochen! Erholen Sie sich ein bißchen! Nun?" – „Ich glaube, es ist besser, wenn ich gleich zurückfahre", sagte ich. „Also, Diagnose: schwere Herzensangelegenheiten! Na, da kann man nichts machen", lachte er gutmütig.

„Dann können Sie morgen oder übermorgen mit der – wie heißt sie doch", und er sah auf ein Blatt Papier – „mit dieser Lida Silwanowa fahren. Ich habe da einen Brief bekommen von einem Bekannten aus Adak, Schneidermann, wissen Sie?" Ich bejahte. Ich wußte, daß Schneidermann, der Leiter des Lebensmittellagerhauses, also ein sehr mächtiger Mann, mit Lida lebte. „Na ja, soll er seine Lida wiederhaben! Krankheitshalber zurückgeschickt – und fertig. Schließlich bin *ich* Arzt und nicht dieser aufgeplusterte Kakadu der Arbeitsverteilungsstelle. Das liegt ja alles in unserer Hand."

Ich begriff, daß Schneidermann, der Herr über die Produkte, seine Lida, grob gesagt, bei Göring losgekauft hatte. Auch das war eine Methode im Lager! Korruption, wohin man blickte. Aber großzügige Typen wie Göring, die sich bestechen ließen, um anderen Menschen Gutes zu tun, waren gewiß nicht die schlimmsten. „Das bleibt natürlich unter uns", sagte Göring, als er mir zum Abschied die Hand gab. „Und merken Sie sich, Sie brauchen absolut nichts zu arbeiten ... Wieviel Jahre haben Sie aufgebrummt bekommen?" – „Fünf, Zwei habe ich nun schon hinter mir." – „Na also, da werden Sie eben von nun an drei Jahre auf den Brettern

(Nary) liegen und an die Decke spucken, wenn's Ihnen Spaß macht! Berufen Sie sich ruhig auf mich. Ich hätte es Ihnen gesagt. Werd ich mich genieren vor so'ne Orang-Utans." Ich verabschiedete mich mit bestem Dank zum zweiten Male. „Ich schicke Ihnen noch einen Brief durch Dshafar. Den geben Sie doch, bitte, Ihrem superklugen Neumann."

Am nächsten Tage fuhren wir noch nicht. Es war kein Pferd frei. Das war nicht weiter schlimm, denn wir wußten nun, daß uns nichts mehr passieren konnte. Übrigens hatte Lida ein herrliches Paket von ihrem Schneidermann bekommen, und so lebten wir sorglos in den Tag hinein.

Auf einmal tat sich die Tür auf, und Fjodor Krassowskij, mein „Retter" auf der Bootsfahrt, trat mit lautem Hallo ein. „Was höre ich, Sie sind hier!", und er erfüllte unser kleines Zimmer mit seiner enormen Vitalität. Krassowskij war ein wichtiger Mann in Adswa. Er hatte das Amt des Leiters der Arbeiten (Rukrab). Auch er wollte mich überreden, in Adswa-Wom zu bleiben – sozusagen unter seinen Fittichen –, und er war maßlos erstaunt, als er hörte, warum ich nicht wollte. „Hätte ich nie gedacht! Das ist ja großartig! Also haben Sie sich wieder rausgerappelt. Damals waren Sie am Auslöschen, direkt am Auslöschen." Er fragte nach Anna Meyer und nach Sonja Zezarskaja. Anna sei im Sommer frei geworden und nach Naltschick gefahren, erzählte ich ihm, und Sonja sei hier in Adswa-Wom.

Dr. Göring schickte mir den Brief an den „Kulissenschieber" Neumann, und ich ließ ihm durch D. ein paar launige Verse überreichen, zum Dank dafür, daß er mich in Frieden „ins Paradies der Invaliden" entlassen habe. Am nächsten Morgen kam Dr. Göring an den Schlitten und dankte herzlich für das „hübsche Gelegenheitsgedicht", das er sich zur ewigen Erinnerung aufheben wolle. Krassowskij schleppte einen Fußsack aus Pelz und seinen berühmten pelzgefütterten Ledermantel herbei. Der Fuhrmann wurde verpflichtet, beides wieder zurückzubringen und ihm abzugeben. Die Fahrt nach Adak war ein reines Vergnügen, wenn man so warm eingepackt war wie ich. Mit uns fuhr noch eine ältere Frau, deren Rheumatismus sich in den paar Tagen so sehr verschlimmert hatte, daß sie kein Glied mehr rühren konnte. Dr. Göring schickte sie selbstverständlich ebenfalls zurück. Als wir so plötzlich wieder in Adak auftauchten, war die Überraschung groß. Ein lautes Hurra begrüßte uns. Am meisten freute sich natürlich Semjon M.

Dr. Görings Brief verfehlte übrigens seine Wirkung nicht. Im Ambulatorium wurde ich höflich behandelt. Ich ging zu keiner Arbeit. Der Lagerleiter sah über mich hinweg.

So saß ich denn untätig auf meiner Pritsche und überdachte die Lage. Ein „aktivierter Invalide" zu sein, hatte zweifellos große Vorteile, aber so ideal, wie Dr. Göring gemeint hatte, war das „Auf-den-Brettern-Liegen" und „An-die-Decke-Spucken" eben auch wieder nicht. Für einen arbeitsuntauglichen Invaliden hatte das Wort „Aktirowka" (Anerkennung völliger Invalidität) noch eine ganz bestimmte fatale Nebenbedeutung: von der Liste der Arbeitenden gestrichen sein, hieß über kurz oder lang nämlich, von der Liste der Lagerinsassen gestrichen, also wirklich „ad acta gelegt" werden. Nur wer Freßpakete von „draußen" bekam, schien gefeit gegen den unaufhaltsamen Kräfteverfall. Die Lagerernährung der Invaliden aber war unzureichend. Und auch Geld hatte der Nichtarbeitende keine Kopeke, und keinen Krümel Machorka.

Die Situation, in die ich geraten war, sah ziemlich hoffnungslos aus, jedoch, vom System aus betrachtet, konnte sie eigentlich gar nicht anders sein.

Der Lagerhäftling liebt es, sich als „Sklave" zu bezeichnen. Damit will er auf die doppelte Last hinweisen, die ihn bedrückt: die moralische Last, seiner Freiheit beraubt zu sein, und die physische Last, bis zum äußersten ausgebeutet zu werden. Nun war es früher in einer auf Sklavenarbeit basierenden Wirtschaft ja bekanntlich so: Wer einen Sklaven kaufte, hatte ein Interesse daran, daß dieser als Teil seines Besitztums, ihm erhalten bliebe, und das materielle Interesse des Besitzers an der Erhaltung des Sklaven war für diesen eine Art Garantie, menschlich behandelt zu werden.

So einfach lagen die Dinge im stalinistischen Zwangsarbeitersystem nicht. Es kam ein ganz neuer Aspekt hinzu.

Der sowjetische Sklave kostet nichts. Seit Überhandnehmen der Sklaverei in Stalins Rußland – d.h. seit 1928 (und es blieb so bis 1953) – sind Millionen und Abermillionen von menschlichem Arbeitsvieh in die Zwangsarbeitslager verschleppt worden, ohne daß der Staat Kapital in diese Sklaven zu investieren brauchte.

In einem Rundschreiben des Zentralen Exekutivkomitees der

UdSSR vom 21. Mai 1928 hieß es in der Erläuterung des Gesetzeserlasses über die Verwendung von Gefangenenarbeit im Dienste der Industrialisierung (Erlaß vom 26. März 1928), es sei geplant, „die Verwirklichung einer Reihe von wirtschaftlichen Projekten mit großen Einsparungen" sicherzustellen – „mit Hilfe einer weitgehenden Ausnutzung der Arbeitskraft von Personen, die zum Schutze der Gesellschaft zu Freiheitsentzug verurteilt worden sind." Die Ware „Arbeitssklaven", die mit diesem Erlaß für die Industrialisierung der Sowjetunion zur Verfügung gestellt wurde, war wohl in der Stalin-Ära die einzige, die niemals zum Defizitgut gehörte, denn das NKWD, das die Funktionen eines großen wirtschaftlichen Unternehmers ausübte und dessen unvergleichlichem Eifer ohne Zweifel die Verwirklichung der gewaltigen Fünfjahrespläne in erster Linie zu „verdanken" ist, war ständig an der Wiederauffüllung der Arbeitslager interessiert.

Für einen Unternehmer, der – wie der Sowjetstaat mit seinem damaligen Manager, dem NKWD – kein Geld in seine Arbeitskräfte zu investieren brauchte, gab es kein Motiv, sich sonderlich um die Existenz und um das Wohlergehen seiner Sklaven zu sorgen. Da der einzelne Zwangsarbeiter jederzeit ersetzt werden konnte, stand einer Senkung der Unterhaltskosten unter das Existenzminimum kein ökonomisches Interesse des Sklavenhalters des NKWD, entgegen. Daher konnte man in der Sowjetunion getrost dazu übergehen, die Lebensmittelrationen der Gefangenen grundsätzlich etwas geringer zu bemessen, als das menschliche Existenzminimum, und, auf dieser Mindestration fußend, ein raffiniertes System der differenzierten Brot- und Essenszuteilung, die proportional zur Normerfüllung abgestuft wurde, aufzubauen und dieses System noch zu ergänzen durch erhöhte Zuteilungen und Prämien, die einen Anreiz für den Sklaven bedeuten, mehr und mehr zu arbeiten. Wer nicht genug arbeitet, bekommt nicht genug zu essen! war die Parole. Der Selbsterhaltungstrieb des Gefangenen erwies sich – verglichen mit der Antreiberei durch die Knute eines altorientalischen Sklavenhalters – als der weitaus stärkere Antrieb zur Arbeit.

Täglich hatte man Gelegenheit, sich über die funktionale Abhängigkeit der Ernährung vom Leistungssoll zu informieren, und diese Koppelung war nicht einmal die schlechteste Methode, den gewünschten Nutzeffekt aus der Arbeit des „Sklaven" zu erzielen, denn andererseits trug sie dazu bei, den Gefangenen am Leben zu erhalten.

Das Hauptnahrungsmittel des Gefangenen war Brot. Die Rationen blieben nicht immer die gleichen. Vor dem Kriege erhielten die Invaliden 500 Gramm, später nur noch 450 Gramm und während einer durch Transportschwierigkeiten verursachten Versorgungskrise sank die Ration zeitweise auf 400 Gramm. Schwerarbeiter, die hohe Prozente erarbeiteten, konnten sich vor dem Kriege ein Kilogramm Brot täglich verdienen und auch noch zusätzlich 200 Gramm Brot im Laden für Gefangene kaufen. Später betrug die größte Tagesration (Pajka) nur noch 900 Gramm, und „kommerzielles" Brot gab es nicht mehr. Bei hundertprozentiger Normerfüllung bekam der Arbeiter 750 Gramm oder 700 Gramm Brot; dies war auch die Ration der Kontorarbeiter. Die übrige Ernährung war gleichfalls abgestuft, je nach Arbeitsleistung, das heißt, es gab qualitativ und quantitativ verschiedene „Kessel". Morgens zwischen 4.30 Uhr und 5.30 Uhr wurde Frühstück ausgegeben, das für den ersten Kessel meistens aus dünner Mehlsuppe, Kohl- oder Fischsuppe, für den zweiten Kessel aus dickerer Mehlsuppe oder dünnem Brei (Hafer, Graupen, Erbsen), für den dritten und die höheren Kessel aus dicker, geschmälzter Grütze (Hirse, Buchweizen, Grieß, Haferflocken) bestand. Das Mittagessen konnten die innerhalb der Zone Beschäftigten und die Kontorarbeiter zwischen ein und drei Uhr bekommen; die außerhalb der Zone Arbeitenden faßten es erst nach Arbeitsabschluß, also jedenfalls nicht vor fünf Uhr, aber meistens erst gegen acht Uhr abends. Für den Strafkessel bestand das Mittagessen aus fettloser Kohlsuppe und einem Stück Fisch; Frühstück bekamen die „Drückeberger" gar nicht, Brot nur 200 Gramm. Nichtarbeitende Invaliden und Arbeiter, die 70–100% geleistet hatten, erhielten den ersten Kessel: Kohlsuppe, Fisch und etwas Grütze. Die Kontorarbeiter bekamen den zweiten Kessel, die administrativen Angestellten den vierten, der die Bezeichnung ATP trug. Die übrigen Arbeiter verdienten sich bei einer Normerfüllung von 101–120 Prozent den zweiten, bei 121–150 Prozent den dritten und bei 150 Prozent den fünften Kessel. Zum fünften Kessel gab es außer Suppe und Fleisch oder Fisch gewöhnlich zweierlei Grütze, Gemüse, oder Salat und ein Brötchen. Zwar hatte ich als arbeitender Invalide auch immer nur den ersten Kessel erarbeitet; aber ich hatte doch wenigstens genug Brot gehabt.

In den nächsten Tagen bekam ich Arbeit im Kontor. Zunächst arbeitete ich nur drei Stunden täglich, in der offiziellen Mittagspause, weil im Kontor während der regulären Arbeitszeit alle Tische besetzt waren. Im Januar 1939 jedoch machte sich die Bau-Abteilung selbständig. Sie wurde zur sogenannten „Produktionsabteilung" erweitert und richtete sich ihr eigenes Kontor ein in dem außerhalb der Zone gelegenen halbfertigen Krankenhaus. Der Leiter der Arbeitsvorhaben (Rukrab) von Adak, Ingenieur Dimitrij Rosé, hatte dieses Krankenhaus nach eigenem Entwurf gebaut. Ich bekam einen Durchlaßschein zum Verlassen der Zone und arbeitete nun ganztägig. Rosé sah mich zuerst ein wenig schief an, weil er sich wohl an meinem gebrochenen Russisch stieß; als er aber feststellte, daß ich mit dem Rechenschieber umzugehen wußte, Flächen und Volumina ausmultiplizieren und auch schnell addieren konnte, „sogar" ohne Abakus (Rechenbrett) – was alle immer in maßloses Erstaunen versetzte – vertraute er mir die Berechnung einiger Projekte an. Zu dieser Zeit ging auch schon das Abschreiben von Kalkulationen und Projekten ganz gut, was mir anfangs wegen der miserablen Handschrift der Ingenieure schwergefallen war.

Eine noch größere Schwierigkeit beim Abschreiben, hinter die ich aber selber erst mit der Zeit kam, war die, daß alle drei Ingenieure entsetzlich viele orthographische Fehler machten. Im Anfang hatte ich diese Fehler natürlich treu und brav abgeschrieben, bis mir auffiel, daß dasselbe Wort einmal mit klein d, ein andermal mit t dastand, oder daß ein Wort an einer Stelle mit o, ein paar Zeilen tiefer mit a geschrieben vorkam. Als ich diese Kalamitäten erkannte, machte ich mir Listen von zweifelhaften Wörtern und fragte abends in meiner Baracke nach der richtigen Schreibweise.

Die sowjetischen Ingenieure – mit Ausnahme der wenigen Alten, die mit ihrer Ausbildung schon vor der Revolution fertig gewesen waren – hatten ihre Spezialwissenschaft studiert, ohne eine Allgemeinbildung zu haben, die sich auch nur mit dem Bildungsniveau eines normalen Volksschulabsolventen hätte messen können. Das ist durchaus verständlich, wenn man bedenkt, daß der neue Sowjetstaat in kürzester Frist Spezialisten heranzubilden hatte, die sich aus den Reihen der politisch zuverlässigen Elemente rekrutieren mußten.

So arbeitete ich zwei Monate lang im Kontor des Rukrab, und mein Aufgabenkreis erweiterte sich immer mehr. Sekretär des Rukrab mit dem imponierenden Titel „Kontrolleur der Produktion" war ein gewisser Kislitzin, ein merkwürdig nüchterner, ernster Mann. Als ich ihn das erste Mal sah, mußte ich an Heines Worte denken:

> „Sie stelzen noch immer so steif herum,
> So kerzengerade geschniegelt,
> Als hätten sie verschluckt den Stock,
> womit man sie einst geprügelt ...!"

Kislitzin ging nämlich steif wie ein Balken umher, was sehr komisch wirkte. Als ich aber von Semjon M. erfuhr, daß er die sogenannte Bechterewsche Krankheit, eine Verwachsung der unteren Rückenwirbel, habe, zügelte ich meine Spottlust. Kislitzin war ein hingebungsvoller guter Arbeiter, und wie er die rechte Hand von Rosé war, so wurde ich nun die rechte Hand von Kislitzin.

Semjon M. war inzwischen wieder etwas gestiegen auf der schlüpfrigen sozialen Stufenleiter. Er war nicht mehr auf „allgemeiner Arbeit", sondern arbeitete als Tischler in der Schreinerwerkstatt. Da er manuell außerordentlich geschickt war, wurde er schnell einer der besten Tischler in Adak. Der Brigadier vertraute ihm die Schlüssel zur Werkstatt an, und wir trafen uns dort öfters heimlich. Meistens kam Semjon M. bald nach Arbeitsschluß ins Kontor, mich von der Arbeit abholen. Für Rosé war Semjon Luft, die beiden sprachen nie miteinander. Semjon haßte den Rukrab sogar. Auch ich fand Rosé wenig sympathisch, obwohl er sich mir gegenüber bislang korrekt benommen hatte und wir gut miteinander ausgekommen waren.

Gleich nach den Maifeiertagen wurde eine größere Etappe für Adswa-Wom vorbereitet. Adswa ist ein bedeutender Güterumschlageplatz, und die Etappe sollte wohl hauptsächlich Lastträger für die kommende Navigationsperiode bereitstellen. Ich sah im Kontor die von der Verteilungsstelle herübergegebene Liste. Der

Freund von Anna Teplowa war darauf, Semjon M. aber glücklicherweise nicht. Ich atmete erleichtert auf. Als ich jedoch am Abend noch einmal dienstlich im Hauptkontor war, winkte mich ein Mitarbeiter heran und zeigte mir heimlich unter dem Tisch die Liste. Es war dieselbe, die ich gesehen hatte, mit Kopierstift geschrieben, 52 Mann. Aber – als „Nr. 53" war mit Tinte noch ein Name hinzugeschrieben, es war Semjon M. Die Schrift kam mir irgendwie bekannt vor. Den Namen M's hatte kein anderer als Rosé hinzugeschrieben. Ich rannte sofort zum Semjon M. Er lief zu dem Leiter der Arbeitsverteilungsstelle. Dieser versicherte ihm ehrenwörtlich, er habe ihn nicht auf die Liste gesetzt. Falls sein Name jetzt darauf stehe, sei er später bei der Besprechung, die zwischen dem Lagerleiter, dem Leiter der Arbeitsvorhaben und dem Kommandanten stattgefunden habe, hinzugefügt worden. Semjon setzte Himmel und Hölle in Bewegung. Er schrieb ein Gesuch. Er lief zu Neumann. Er bat und flehte. Es half alles nichts. Am 5. Mai abends ging die Etappe los.

Semjon M. schickte mir bei jeder Gelegenheit, die sich ihm bot, Briefe und Zettelchen. Er arbeitete bei der Dampfschiffahrtsgesellschaft PORP. An einem Sonntag – es war, glaube ich, der 21. Mai und Wasser stand schon überall auf dem Eis – erschien plötzlich Semjon M. am Zonentor von Adak. Der Mann an der Wache wollte ihn nicht hereinlassen. Wir sprachen miteinander über den Zaun hindurch.

Schließlich bekam Semjon doch noch die Erlaubnis, in die Zone hineinzugehen, Rammo selbst gab sie ihm. Semjon stammelte, er habe es vor Sehnsucht nicht ausgehalten. „Aber wie haben Sie Dich denn fortgelassen?" – „Ich habe nicht gesagt, was ich in Wirklichkeit vorhabe. Nur Urlaub erbeten. Zur abendlichen Kontrolle muß ich wieder da sein. Das schaffe ich natürlich nicht. Nun, mehr als drei Tage Isolator gibt's nicht für Überschreiten der Ausgehzeit. Es hat sich mir doch gelohnt, da ich Dich noch einmal wiedergesehen habe." Wir gingen in mein Kontor, damit Semjon sich aufwärmen konnte. Da kam auch Rosé.

„Ah, wie geht's denn?" fragte er meinen Freund mit herzlichem Händedruck. „Danke, glänzend!" schauspielerte Semjon. „Es gefällt mir sehr gut in Adswa-Wom. Wissen Sie, die Menschen sind dort anständiger. Solche elendigen Schufte wie in Adak gibt's in

Adswa nicht", und er sah Rosé durchdringend an. „Das einzig Traurige ist die Trennung von Susanne ... Das trifft mich schwer, sehr schwer", murmelte er. Rosé sagte nichts mehr. Semjon bat mich mit Tränen in den Augen, ihn ein Stückchen jenseits der Zone zu begleiten, damit er richtig Abschied nehmen könne von mir. Schon war es höchste Zeit zum Aufbruch für ihn.

Zum zweiten Male an diesem Tage mußte er einen Weg von 18 km durch nassen Schnee und auf der trügerisch dünnen Eisdecke der Ussa zurücklegen, und das alles, um mich zehn Minuten sehen und sprechen zu können. Es war das letzte Mal. Semjon M. wurde bald darauf von Adswa nach Kotschmess geschickt, später nach Workuta, danach nach Inta. Wir haben einander nie wiedergesehen.

So saß ich dann Abend für Abend nach harter Arbeit auf meinem Strohsack und ließ meine Gedanken wandern. Wie anders war doch alles im Vergleich zu früher! Mein ganzes Leben lang hatte ich nie genug Zeit gehabt. Soviel Interessantes hatte es gegeben und auf so vieles hatte man aus Zeitmangel verzichten müssen! Eine Kerze, die an beiden Enden brennt, hatte mein Freund Walter Hasenclever mich einmal genannt. Bis zum äußersten waren die Tage angefüllt gewesen mit Arbeit und Streben. Die Welt hatten wir von Grund auf ändern wollen. Und was war dabei herausgekommen?

Nun saß ich hier, saß und wartete, daß die Zeit verging. Ich konnte sie weder aufhalten, die Zeit, um sie für die Zukunft aufzusparen, noch konnte ich sie ausfüllen. An meine Kindheit erinnerte ich mich, an die frühen Jahre, als das Problem des Fliehens der Zeit mir unter Qualen bewußt geworden war, als ich zum ersten Mal begriffen hatte, Versäumtes könne nie, niemals mehr nachgeholt werden. Wenn ich „jetzt" sage, dann ist es schon nicht mehr „jetzt". Wenn ich Gegenwart denke, so ist sie im Moment des Gedachtwerdens schon Vergangenheit geworden. Kein Tag, keine Stunde, keine Minute und Sekunde kehrt jemals wieder.

Ich hatte nicht schlafen wollen als Kind. Es sei doch zu schade, die schöne Zeit zu verlieren, hatte ich gesagt. Einmalig ist ja unser Leben – und verrinnt viel zu schnell. Kein Augenblick sollte achtlos vorübergelassen werden. Auskosten bis zum letzten sollte man jede Stunde und nichts versäumen, was sie an Leid und Freude, an

Erkenntnis und Erfahrung einmaliges in sich verborgen hält. Und nun ging ein Tag um den anderen, eine Nacht um die andere unwiderruflich nutzlos dahin und war für immer verloren.

Jeder lebt nur einmal. Das war eine bittere Erkenntnis, wenn man sie zu Ende dachte und wir, die Gefangenen, wir lebten nicht einmal dieses unser einmaliges Leben. Wie viele Jahre werden mir noch gestohlen werden?

Gespräche über die Kinder standen im Mittelpunkt aller Unterhaltungen in der Frauenbaracke. Des Morgens wurde berichtet, wer von seinen Kindern geträumt hatte. Im Traum erschienen sie fast immer im frühen Kindesalter. Auch mir selbst ging es so. Stets träumte ich von meinem Wolodja als von einem Baby oder einem drei- bis vierjährigen Kind. Ich erkläre mir das mit dem im Unbewußten vorhandenen Wunsch der Mutter, ihrem noch hilflosen Kind Schutz zu gewähren.

Oft wurde über methodische Fragen der Kindererziehung diskutiert. Ob man sein Kind je geschlagen habe, ob man ein unfreundliches Wort oder eine ungerechte Handlung seinem Kinde gegenüber zu bereuen habe, und auch: welches die letzten Worte vor der Verhaftung gewesen waren, die die Mutter mit dem Kinde gewechselt hatte, oder: wie wohl die Mutter in der Erinnerung ihrer Kinder fortleben werde, beschäftigte viele Frauen.

Seufzer und Selbstvorwürfe waren zu hören von Müttern, deren Kinder geklagt hatten: „Du willst nie mit mir spielen, du hast nie Zeit für mich, immer willst Du in Deine dummen Versammlungen gehen", oder: „Immer mußt Du irgendwelche Artikel schreiben!"

Gerade Intellektuelle, die einen großen Teil ihres Lebens der Parteiarbeit geopfert hatten, mußten sich die Frage stellen, ob sie nicht ihr Kind der politischen Arbeit wegen vernachlässigt hätten. Wäre es nicht richtiger gewesen, statt die besten Kräfte für ein vages Glück einer kommenden Generation der Menschheit hinzugeben, sich der Erziehung der eigenen Kinder zu widmen?, fragten sich manche Mütter.

Aus der Fülle der erschütternden Erlebnisberichte, die in den Frauenbaracken zu hören waren, ist mir am deutlichsten in Erinnerung geblieben, was Schura Manuiolowa und Sarah Reich durchmachen mußten.

Spät abends, als die meisten Bewohnerinnen unserer kleinen Frauenbaracke schon schliefen, konnte man auf einem oberen Bett, hinten in der rechten Zimmerecke, eine junge Frau sitzen sehen: Alexandra M. Sie holte aus ihrem Koffer Kindersachen hervor – Kleidchen, Hemdchen, Jäckchen, Mützchen. Jedes einzelne Stück hielt sie vor sich hin, manchmal drückte sie es an sich, und große Tränen liefen ihr über die Wangen. Der Anblick war herzzerreißend. „Ist das Kind gestorben?" fragte ich leise. „Nein", erzählte man mir, „aber sie weiß nicht, wo es ist. Man hat es ihr weggenommen."

Nach ihrer Verurteilung zu Zwangsarbeit war Alexandra M. – von uns ließ sie sich „Schura" nennen – zunächst ins „Nördliche Eisenbahnlager" gekommen. Sie war bei der Verhaftung schwanger gewesen und hatte im Lager ein Töchterchen geboren. Eine andere junge Frau, die Polin Anja B., mit der Schura sich in der Wöchnerinnenzeit befreundete, war genau in der gleichen Lage. Nach eineinhalb Jahren sollten die beiden jungen Mütter in das Workuta-Lager abtransportiert werden, aber – ohne ihre Kinder. Anja B. konnte ihre Mutter telegrafisch herbeirufen; diese nahm das Enkeltöchterchen mit. Aber Alexandra M. hatte keine Angehörigen, ihr Mann war verhaftet, und so mußte sie ihr Töchterchen in ein staatliches Kinderheim abgeben. Wie sehr sie sich auch bemühte, etwas über ihr Kind zu erfahren, alle ihre Gesuche blieben unbeantwortet. Und nun quälte sie sich jahrelang Tag für Tag mit sorgenvollen Gedanken über den Verbleib ihrer Galja.

Vier Jahre dauerte das Martyrium der jungen Mutter. Da endlich kam aus einem Kinderheim die erlösende Mitteilung: das Kind ist gefunden, es lebt!

Alle in unserer Baracke freuten sich aufrichtig, daß Schura den Brief erhielt, der ihr Nachricht von ihrem Töchterchen brachte. Sogar ein Foto lag bei. Die drollige Kleine mit den runden, blanken Augen, dem komischen Stupsnäschen und der vorgewölbten Stirn war unserer Schura wie aus dem Gesicht geschnitten. Übrigens schrieb die Kindergärtnerin so ausführlich und verständnisvoll, als ob sie eine nahe Verwandte oder Freundin Schuras gewesen wäre: Sie schien das Kind in ihr Herz geschlossen zu haben.

Kaum hatte Alexandra M. die Verbindung zu ihrem Töchterchen aufgenommen, als sie begann, einen Wandteppich für die kleine Galja zu machen. Sie nahm ein Stück Sackleinwand und bestickte in mühseliger Arbeit die ganze Fläche mit Kreuzstich auf ukrainische Art. Jeder, der bunte Fäden hatte, steuerte sie bei. Die ganze Baracke interessierte sich lebhaft für die Stickerei, an der Schura jetzt unverdrossen Abend für Abend werkte, denn bis zu ihrer Freilassung wollte sie den Wandteppich fertighaben; er sollte das Willkommensgeschenk für ihre Galja werden.

Mit dem Kinderheim stand Schura nun in regelmäßigem Briefwechsel. Sie schrieb der Kindergärterin dankerfüllte Briefe und legte reizende Briefchen bei, die zum Vorlesen für Klein-Galja bestimmt waren, und die Pflegerin berichtete ausführlich und liebevoll über die Entwicklung des Kindes.

Man muß die ganze Lebensgeschichte Schuras kennen, um das bißchen Glück, das ihr später zuteil wurde, richtig einzuschätzen.

Als 12jähriges Kind hatte sie die Mutter verloren. Mit 14 Jahren wurde sie von der Stiefmutter aus dem Hause gedrängt. Sie ging als Lehrmädchen in ein Büro, lernte Maschinenschreiben, lernte mit dem Rechenschieber rechnen, lernte Buchführung so nebenbei, in der Hauptsache räumte sie im Kontor auf und machte Botengänge, hungerte sich durch, kam voran, lernte einen Buchhalter kennen, der sie heiraten wollte. Damals war sie 17 Jahre alt. Durch einen Letten, der auch im Betrieb arbeitete und der im Jahre 1939, zu einer Zeit, als es sich herausstellte, daß alle Letten „Spione" waren, in Untersuchungshaft geriet, wurden auch Schura und ihr Mann in die „Sache" hineingezogen.

Alexandra M., die niemals irgend etwas mit Politik zu tun gehabt hatte, saß plötzlich als „spionageverdächtig" auf der Anklagebank und wurde zu 8 Jahren Zwangsarbeit verurteilt. Auch ihr Vater wurde vor die Schranken des Gerichts zitiert. Kopfschüttelnd sagte er: „Sie war ein gutes Kind; ich hätte nie gedacht, daß sie eine so große Staatsverbrecherin werden würde", und ging fort, ohne mit seiner Tochter zu sprechen. Schura erzählte uns das, wie ein Chronist objektiv ein Ereignis berichtet.

Als ich im Jahre 1946 aus dem Lager entlassen wurde, blieb Schura noch Gefangene. Ihr Schicksal ging mir jedoch so nah, daß ich mich später von Sibirien aus nach ihr erkundigte. Ich erfuhr, daß Schura M. nach ihrer Freilassung ihr Töchterchen Galja aus dem an der Wolga gelegenen Kinderheim geholt habe. Sie habe einen Arbeitskollegen, einen früheren politischen Gefangenen, geheiratet und bald darauf noch ein kleines Mädchen bekommen. Ebenso hat auch ihre Freundin Anja B. geheiratet; ihr Mann war stellvertretender Lagerleiter. Sie hatten ein Kind, und Anjas Mutter war mit dem älteren Mädchen, der Altersgenossin von Schuras kleiner Galja, in ihre Nähe gezogen. Die beiden Freundinnen schätzten sich überglücklich, ihre Kinder wieder bei sich zu haben.

Ein Mensch, der nicht durch die tiefen Leiden eines Gefangenendaseins hindurchgegangen ist, kann kaum begreifen, daß ein Leben in einer trostlosen Gegend, wo man abgeschnitten von aller Kultur in grauer Monotonie dahinlebt und das Gefangenenelend vor Augen hat, dem man gerade selbst erst entronnen ist, daß ein solches Leben „Glück" bedeuten kann. Aber für Alexandra M. umschloß es die Erfüllung ihres sehnlichsten Wunsches. Mehr als dieses bescheidene Glück hätte sie nie zu hoffen gewagt.

Hunderte und aber Hunderte von Müttern sind nicht so glücklich gewesen, ihre Kinder wiederzufinden, die nach der Verhaftung der Eltern in NKWD-Kinderheimen Aufnahme fanden. Insbesondere für Ausländer war es schwer, etwas über den Verbleib ihrer Kinder zu erfahren. Unter den Tausenden von Verschleppten aus den okkupierten Gebieten und von illegalen Grenzgängern, die im Lager waren, haben nur die wenigsten Antwort bekommen auf ihre Gesuche. Dem lag vielleicht eine bestimmte Absicht zugrunde: die Kinder sollten russifiziert und dem elterlichen Einfluß für immer entzogen werden. Es ist indessen auch denkbar, daß die schrecklichen Kriegswirren das Wiederauffinden der Kinder unmöglich gemacht haben. Sarah Reich gehörte zu jenen Frauen, die ihren Gram nie verwinden konnten und von Selbstvorwürfen in dumpfe Verzweiflung getrieben wurden. Frau Sarah Reich-Pfeffer, eine polnische Jüdin aus Rumänien, war mit ihrem Manne und ihren fünf Kindern, von denen zwei schon halberwachsen und drei unter 15 Jahren waren, vor den Hitler-Deutschen geflohen. Sie hatten die sowjetische Grenze überschritten, in der Hoffnung, Asyl zu finden, und waren alle verhaftet worden. Es ging von Gefängnis zu Gefängnis, und eines Tages, nach einer stundenlangen Fahrt auf einem unverdeckten Lastwagen bei Schneefall, als sie durchfroren und naß irgendwo angekommen waren, hatte eine Person – offenbar eine Gefängniswärterin – freundlich zu ihnen gesagt: „Die jüngeren Kinder können jetzt mit mir gehen und sich etwas aufwärmen, es gibt heißen Milchkaffee und Brötchen."

Der vierzehnjährige Junge war dazu bereit, die beiden kleinen Mädchen aber verbargen sich scheu hinter der Mutter und wollten nicht gehen. „Aber ihr Dummerchen, ihr Kleinen, geht nur, geht", hatte die Mutter gesagt, „die gunte Tante gibt Euch was Warmes zu trinken und zu essen", und hatte die Kinder sanft hinausgedrängt. Sie hat ihre drei jüngeren Kinder niemals wiedergesehen, und alle Nachforschungen blieben erfolglos. Ich habe selbst mehrmals Gesuche für Sarah Reich geschrieben. Einige blieben gänzlich unbeantwortet, nur einmal kam die Antwort: „Über das Schicksal der Kinder ist nichts bekannt."

Und nun saß die unglückliche Mutter im Lager und weinte die bittersten Tränen darüber, daß sie ihre Kinder selbst fortgeschickt habe. „Aber, liebe Frau Reich", trösteten wir sie, „Sie brauchen sich doch keine Vorwürfe zu machen, so oder so hätte man Ihnen die Kinder weggenommen." – „Ja, aber die Kinder werden sich doch ihr ganzes Leben lang an meine Worte erinnern, und sie werden doch nicht verstehen, daß ich keine Ahnung gehabt habe, wohin man sie fortgelockt hat", weinte sie fassungslos. Und darauf wußten auch wir nichts mehr zu sagen.

Das schlimmste für den Menschen, der jahrelang der Freiheit beraubt ist, sind nicht die körperlichen Leiden und Entbehrungen, auch nicht die moralischen Erniedrigungen, denen der Gefangene ausgesetzt ist, sondern seine völlige Loslösung aus dem Menschenkreis, dem er einstmals im Leben angehört hat, das grausame Verlorensein in einer neuen Existenz, aus der sich keine Fäden zum ehemaligen Leben knüpfen lassen. Die unglücklichen Menschen, die in den Jahren 1937 und 1938 als angebliche „Volksfeinde" in fernöstlichen Lagern isoliert wurden, sind meistens zu langjährigen Freiheitsstrafen mit Entzug des Korrespondenzrechts verurteilt worden. Wir kleinen „Staatsverbrecher" hingegen hatten das Recht, viermal im Jahre einen Brief an Verwandte zu schreiben und Post in unbegrenzter Menge zu empfangen, was allerdings nicht bedeutet, daß wir alle an uns abgesandten Briefe wirklich bekamen.

Und überdies brachte auch mancher der so sehnlich erwarteten Briefe statt Freude – schweren Kummer.

Wenn ich nach Schluß der Kontorarbeit die Baracke betrat, lagen meistens schon alle schlafend auf ihren Pritschen. Eines Tages jedoch, als ich die Türe zu unserer Baracke öffnete, schlug mir gleich eine Welle der allgemeinen Erregung entgegen. Viele waren noch wach. Gruppen in aufgeregtem Geflüster, überall verweinte Augen, hier und dort ein Schluchzen. Ob wieder jemand gestorben war? Eingeschüchtert durch die Nähe eines mir unbekannten Unglücks kletterte ich auf mein Bett hinauf. Meine Nachbarin flüsterte mir zu: „Gut, daß Du schon da bist. Die Polina Sergejewna hat einen Brief von ihrem Jungen bekommen, du, den mußt Du lesen." Und schon schwang sie sich hinunter und brachte mir den Brief – drei eng vollbeschriebene Bogen waren es. „Zwölfeinhalb Jahre ist der Junge alt, lies!" sagte sie.

Im Lager lernt man so viele traurige Menschenschicksale kennen, daß man allmählich abstumpft: dieser Kinderbrief jedoch ist mir für immer im Gedächtnis geblieben. Deshalb ist es mir möglich, seinen Inhalt nach so vielen Jahren, wenn auch nicht ganz wort-, so doch zumindest völlig sinngetreu wiederzugeben. Der Knabe, von dem die Mutter ungefähr ein halbes Jahr keine Nachricht erhalten hatte, schrieb:

Meine liebe, gute, geliebte Mamotschka!

Wenn ich Dir sonst geschrieben habe, dann brauchte ich gar nicht erst nachzudenken. Ich habe mir einfach vorgestellt, wir sitzen einander gegenüber wie früher bei uns zu Hause, und ich erzähle Dir was aus der Schule oder vom Spielen. Aber heute ist es mir so schwer, Dir zu schreiben, daß ich gar nicht weiß, wie ich anfangen soll. Ich bin nämlich so ganz schrecklich traurig, weil ich fürchte, daß mein Brief Dir großen Kummer machen wird.

Und doch kann ich nichts dafür. Liebe, allerbeste Mamotschka, glaube mir, ich bin unschuldig. Du weißt doch, Mamotschka, ich bin Dein ehrlicher Jurij. Weißt Du das noch, hast Du das noch nicht vergessen? Du hast mir doch immer gesagt, daß Lügen und Heucheln das Häßlichste auf der Welt ist, und Du hast auch gewußt, ich habe Dich nie angelogen. Und jetzt, da Du arme, liebe Mamotschka fern von mir bist und da es Dir so schlecht geht im

Lager, wohin sie Dich geschickt haben, da könnte ich es noch viel weniger übers Herz bringen, Dich zu belügen.

Liebe Mamotschka, Du hast sicherlich schon am Anfang gesehen, daß der Brief nicht aus Moskau ist. Ich bin seit 14 Tagen in der Strafkolonie für jugendliche Verbrecher in N., und vorher war ich 5 Monate im Gefängnis. Und nun will ich Dir genau erzählen, wie alles war und wie ich hierher gekommen bin und Du darfst nicht weinen, Mamotschka. Alles wird noch einmal gut werden.

Du hattest doch beim Weggehen gesagt, unser Zimmer bleibt mir erhalten; die Komarows dürfen es mitbenutzen und werden für mich mitkochen, von unserem Geld natürlich. Ich hatte Dir ja auch geschrieben, es ginge alles ganz gut. Aber nur die erste Zeit. Und dann habe ich immer so wenig zu essen bekommen, daß ich oft großen Hunger hatte, und ich dachte, ich werde mir etwas Geld verdienen und Brot kaufen, damit ich abends besser einschlafen kann, denn vor Hunger kann man oft nicht schlafen.

Ich bin auf den Bahnhof gegangen und habe Leuten das Gepäck getragen. Meistens haben sie mir Geld gegeben, manchmal auch Brot, und einmal hat mir eine Frau außer Brot noch einen großen schönen Apfel gegeben. So hatte ich schon zwei Wochen immer Gepäck getragen, da kam einmal ein Mann, der in großer Eile war, und er trug mehrere Koffer; er rief mir zu: „Du Junge, hier, bleib mal vorläufig stehen bei den Koffern", und er setzte zwei neben mir ab, „ich komme dann zurück und hole sie". Ich stand da und wartete, aber ich sah den Mann nur noch einmal von weitem um die Ecke gucken, und statt herzukommen, rannte er weg. Und da kam ein Polizist auf mich zu, packte mich an der Schulter und sagte, ich müsse mitgehen. Da war ich verhaftet und kam ins Gefängnis.

Mamotschka, liebe, gute Mamotschka, Du kannst Dir das vorstellen, der Untersuchungsrichter im Gefängnis hat mir nicht glauben wollen, daß es so gewesen ist, obwohl ich es ihm immer wieder Wort für Wort so erzählt habe, wie es war. Immer wieder hat er gesagt, ich kenne diesen Mann, er hat mich geschickt, die Koffer zu stehlen, und ich soll sagen, wer der Mann ist. Und wenn ich sagte, daß ich doch nicht weiß, wie er heißt, daß ich ihn selbst eben erst gesehen habe, da hat er mich immer angebrüllt: „Das kennen wir schon, die alte Geschichte, der große Unbekannte ist's wieder mal gewesen. Junge, wenn Du die Wahrheit nicht sagst, schlage ich Dir alle Knochen im Leibe kaputt." Aber ich habe doch nichts anderes sagen können, weil ich nichts anderes wußte. Vom Gefängnis will ich Dir gar nichts schreiben, und nun bin ich hier in der Kolonie.

Sorge Dich nicht unnötig um mich, liebste, beste Mamotschka, es geht alles ganz gut. Ich besuche die 6. Klasse, und nachmittags arbeite ich in der Schreinerwerkstatt. Die meisten Jungen beenden nur vier Klassen und arbeiten als Vollarbeiter, aber wer gute Zeugnisse und Lust zum Lernen hat, kann weiter in die Schule gehen, das ist doch sehr fein, nicht? Allerdings gibt es nur eine Siebenjahrschule, und unseren Traum, daß ich Ingenieur werde, den müssen wir nun aufgeben. Aber gräme Dich nicht deswegen, meine gute Mamotschka, es wäre ja doch sowieso nicht möglich gewesen, nachdem Papa weg ist. Vielleicht ist es sogar sehr gut so, daß ich hier ein Handwerk erlerne. Wenn ich ein guter Tischler werde, dann kann ich später auch für Dich sorgen, Mamotschka, nicht wahr? Wir wissen ja nicht, ob der liebe Papa jemals wiederkommt, und wenn ich groß bin, dann gehe ich in eine Möbelfabrik arbeiten, und wir leben zusammen, Du und ich, dann wird alles noch gut.

Das unangenehmste sind hier die großen Jungen, die immer schreckliche Schimpfwörter gebrauchen und richtige Verschwörungen anzetteln, vor allem gegen Neue. Ich habe mich erst ganz von ihnen absondern wollen, denn ich will mich nicht an Dingen beteiligen, die streng verboten sind, zum Beispiel heimlich rauchen, Wodka trinken und Karten spielen. Aber so einfach ist das nicht, wie ich dachte, denn da ist eine ganze Bande, die die Macht hat und den anderen befiehlt.

Die meisten dieser Burschen sind Taschendiebe gewesen, aber auch Banditen sind darunter. Sie sind zu jeder Gemeinheit fähig, z. B. wenn sie etwas stehlen, dann schieben sie es einem Unschuldigen unter und denunzieren ganz Unbeteiligte. Die ersten Tage bin ich fortgesetzt gehänselt und gequält, heimlich gepufft und geschlagen worden, meine Brotration haben sie mir vor der Nase weggeschnappt und so weiter, sie wollten sehen, ob ich „dicht halte". Ein älterer anständiger Junge, der auch unschuldig hierhergekommen ist, hat mich über diese Verbrecherbande aufgeklärt und mir geraten, nicht zu zeigen, was ich von ihnen denke, sonst würde ich hier kaputtgehen. So habe ich mich also gut gestellt zu den Jungen.

Diesen Brief hier zum Beispiel könnte ich ohne diese Burschen nicht abschicken. Wir dürfen nur einmal im Monat schreiben, einen kurzen Brief, und der geht durch die Zensur. Aber siehst Du, Mamotschka, ich wollte Dir doch mal alles ganz ausführlich schreiben, und das konnte ich nur heimlich. Es ist eine sehr strenge Kontrolle, daß niemand aus unserer Kolonie mit draußen Verbindung hat, aber die Bandenmitglieder haben natürlich Beziehungen zu den Bewohnern des nächsten Dorfes, mit denen sie Handel treiben.

Liebste Mama, denke aber bitte nicht, daß für mich eine Gefahr ist. Ich lasse mich von diesen Jungen nicht zum Schlechten verleiten, niemals werde ich ein Kartenspieler oder Dieb werden. Du kannst um mich ganz beruhigt sein. Mach Dir keine Sorgen!

Abends sehne ich mich immer schrecklich nach Dir. Ich träume davon, daß Du plötzlich an mein Bett trittst und mir einen Gutenachtkuß gibst. Denkst Du auch öfters an mich, liebe Mamotschka? Manchmal stelle ich mir vor, wie es sein wird, wenn wir uns später wiedersehen und einander alles erzählen. Bist Du dort auch mit Kriminellen zusammen, oder seid ihr politischen allein unter Euch?

Unser Direktor und der Schulleiter haben schon einige Male Bemerkungen darüber gemacht, daß ich der Sohn von Staatsverbrechern sei, aber man wolle mir das nicht zum Vorwurf machen; unsere Gesetze seien so großzügig, daß Kinder für die politischen Verbrechen ihrer Eltern nicht büßen müßten.

Ich weiß aber doch, daß du unschuldig bist, Du bist ja nur Papas wegen verhaftet worden, das haben alle damals gesagt. Und Papa soll ein Verbrecher sein? Das kann ich auch nicht glauben. Es wird alles ein Irrtum sein, und es klärt sich noch auf. Für mich bist Du die liebste aller Mamas in der ganzen Welt. Und verzeih mir, Mamotschka, wenn ich manchmal ungehorsam gewesen bin. Denke nie mehr an das, was nicht ganz schön war, sondern immer nur an all die vielen herrlichen Stunden, die wir zusammen verlebt haben.

Schreibe mir, Mamotschka, wie es Dir geht und was Du machst, aber erwähne diesen Brief nicht, weil er heimlich abgeht. Am Sonntag schreibe ich Dir den erlaubten Brief, auf den Du antworten kannst. Bis dahin grüße und küsse ich Dich von ganzem Herzen. Dein Sohn Jurij."

Man kann sich denken, welche Gefühle dieser Brief in den Herzen der von ihren Kindern getrennten Mütter auslöste. Jede Mutter war von tiefem Mitgefühl für die Mutter Jurijs erfüllt, und jede fragte sich, wie wohl *ihr* Kind sich verhalten würde, wenn ihm ein so entsetzliches Unglück zustieße wie jenem Knaben. Nicht jeder Junge ist so charakterfest und tapfer, so verständig und frühreif im dreizehnten Lebensjahr ...

Wenige Tage nach diesem Brief erhielt Polina S. den ersten offiziellen Brief ihres Jurij. Er schrieb kurz, daß er nach mehrmonatiger Haft in diese Kolonie gekommen sei, wo es ihm gut gefalle, daß er sich aber erkältet habe und in die Krankenabteilung überführt worden sei. Nach einem Monat kam der nächste Brief mit der Bitte, die Mutter möge sich nicht sorgen um ihn, seiner Meinung nach sei der Husten schon viel besser, und er werde wohl bald wieder gesund werden. Nach diesem Brief hörte die Mutter nichts mehr von ihrem Jungen. Sie schrieb ihm wieder und wieder. Keine Antwort. Sie erbat und erhielt die Erlaubnis, beliebig oft an wen sie wolle zu schreiben. Sie schrieb an das NKWD, an den Arzt, an den Leiter der Kolonie, an die oberste Leitung aller dieser Kolonien für jugendliche Verbrecher, an die Nachbarsleute ihrer Wohnung, an – ich weiß nicht an wen sie noch schrieb, um Nachricht über ihr Kind zu bekommen. Alles erfolglos. Nach zwei Jahren erhielt sie die trockene Mitteilung vom GULAG (Lagerhauptverwaltung), ihr Sohn Jurij sei kurz nach Vollendung seines dreizehnten Lebensjahres an galoppierender Schwindsucht gestorben.

Einen Brief von ihrem zehnjährigen Töchterchen, das nach Verhaftung der Eltern in einem Kinderheim des NKWD Aufnahme gefunden hatte, bekam die Ärztin Fanja Aronowna. Fanja litt an Asthma und war eine völlig unpolitische Ärztin. Aber ihr Bruder war Sinowjew, der intime Freund Lenins in der Zeit des Züricher Exils und – wie mein früherer Mann Bronski – sein Begleiter auf seiner Reise im plombierten Zug nach Petrograd im April 1917.

Bei den Machtkämpfen nach dem Tode Lenins hatte Sinowjew eine wenig fair zu nennende Rolle gespielt. Erst verbündete er sich mit Stalin gegen Trotzki, dann mit Trotzki gegen Stalin – und unterlag. Als Alleinsieger ging der verschlagene und machtgierige Stalin aus den Kämpfen hervor.

Es war erstaunlich, wie stark Fanja A. ihrem Bruder ähnelte: das gleiche Profil, der gleiche geschwungene Mund, das gleiche lockige Haar, nur die Augen waren bei Sinowjew größer und ausdrucksvoller als bei seiner Schwester.

Auf dem Fünften Weltkongreß der Komintern, der am 17. Juni 1924 im Kreml eröffnet wurde, hatte ich Sinowjew sprechen hören. Seine blendende Rhetorik zog alle Zuhörer in ihren Bann. Er wurde im Sitzungssaal stürmisch gefeiert, und keiner der Uneingeweihten hätte vermuten können, daß sein Stern schon im Sinken begriffen, und hinter den Kulissen sein Sturz bereits eine beschlossene Sache war. Grigorij Sinowjew war eins der ersten Opfer Stalins. Später haben noch viele, ja fast alle alten Bolschewiki sein Schicksal geteilt.

Ich erinnere mich gut an Sinowjews Auftreten auf dem Fünften Weltkongreß. Obwohl seine Rede ein oratorisches Meisterwerk gewesen war, hatte Sinowjew mir als Redner nicht gefallen. Seine geckenhaften Allüren, seine nach Effekten haschende Diktion, sein ganzes arrogantes Schauspielergehabe waren mir damals äußerst unsympathisch gewesen. Denselben auf dem Bewußtsein unbestreitbarer Prominenz beruhenden Dünkel glaubte ich auch in den Zügen seiner Schwester zu finden. Aber vielleicht tat man ihr Unrecht, wenn man ihr Mangel an Kameradschaftlichkeit und betonte Reserviertheit vorwarf. Vielleicht bemühte sie sich einfach, unbemerkt und zurückgezogen dahinzuleben.

Fanja hatte nur zu zwei Frauen in unserem Zelt näheren Kontakt. Die eine war eine junge Ärztin, Anfang der Dreißig, eine schöne, elegante Frau. Sie versuchte mit allen Mitteln, ihrer Freundin Fanja alle möglichen Privilegien zu verschaffen. Die andere Frau war eine ältliche, unscheinbare Person, die in dem Moskauer Krankenhaus, in dem Fanja A. Abteilungsleiterin gewesen war, unter ihr als einfache Wärterin gearbeitet hatte. Sie war wohl von ihrer Chefin öfters zu persönlichen Dienstleistungen herangezogen worden – kurz, Grund genug, sie als „Trotzkistin" ins Lager zu schicken. Anna P., so hieß sie, diente auch hier ihrer Herrin in echt russischer Beflissenheit.

Das Verhältnis dieser beiden Frauen zu Fanja, das an sich von einem rührenden Mitgefühl für die von einem so schweren Schicksalsschlag betroffene Schwester Sinowjews diktiert war, mochte wohl dazu beigetragen haben, Fanja in die reservierte Stellung einer „prominenten" Gefangenen zu bringen. Manche Mitgefangenen beneideten sie vielleicht auch der kleinen materiellen Vergünstigungen wegen, die sie genoß, anderen wieder – wie mir – mißfiel einfach ihre Art, über ihre Schicksalsgenossinnen hinwegzusehen und sich vom „Plebs" zu distanzieren. Sie erfreute sich keiner besonderen Beliebtheit. Was hat aber Sympathie oder Antipathie zu sagen angesichts des Schicksals einer Mutter, die, als sie den Brief ihres inniggeliebten Kindes las, mit einem Herzanfall ins Krankenhaus gebracht werden mußte? Ihr zehnjähriges Töchterchen schrieb aus einem NKWD-Kinderheim:

„Mama,

damit Du es gleich weißt: dies ist der einzige Brief, den ich Dir schreibe und von nun warte nicht mehr auf Briefe von mir. Ich habe bisher nicht gewußt, daß Du eine Trotzkistin und Verräterin bist. Aber nun weiß ich es, und will Dir *nie* mehr schreiben.

Ich bin in einem schönen Kinderheim und es geht mir sehr gut. Hier lernen wir, unser großes sozialistisches Vaterland lieben, aber alle Volksfeinde, solche, wie Onkel Grigorij und Dich, die verachten und hassen wir bis in den Tod.

Irina".

Wir aber, Mütter und Schwestern eben solcher Kinder, litten mit ihr. Wir dachten an die kleine Irina, die der Mutter auf ewig verloren war, und wir weinten und bangten um unsere eigenen Kinder. Werden wir sie je wiedersehen? Werden sie dann noch unsere Kinder sein oder fremde Wesen in Feindschaft gegen uns erzogen?

Fanja A. sah alt und hinfällig aus. War sie nur von der Krankheit so erschöpft? Ihr Gesicht zeigte völlige Hoffnungslosigkeit, und der letzte Rest von Dünkel war aus ihren Zügen gewichen. Sie ahnte wohl, daß sie bald sterben würde.

Fanka kam nach Workuta. Dort wurde sie erschossen.

Anfang Mai 1939, kurz nachdem Senjon M. aus Adak weggeholt und nach Adswa-Wom geschickt worden war, schlug Rosé mir vor, die Arbeit eines Kontrolleurs der Kalkbrennerei zu übernehmen. In kurzer Zeit hatte ich mich gut eingearbeitet. Rosé trat mit einem neuen Vorschlag an mich heran. Ich sollte Kontrolleur der Ziegelfabrik werden. Zu diesem Zweck bat er, ich möge einmal einen Nachmittag die laufenden Arbeiten liegen lassen und mit ihm nach der „Ziegelei" fahren. Er wolle mich mit dem ganzen Arbeitsgang in der Fabrik selbst und mit allem, was sonst noch auf dieser kleinen Außenstelle vor sich ging, bekanntmachen. Rosé übertrug mir die Kontrolle der Produktionsbrigaden und die Führung eines statistischen Journals. Vorläufig brauchte ich um meine Lagerkarriere keine Sorge zu haben.

Als ich wieder einmal in Adak ankam, war gerade abendliche Prowerka (Zählappell). Die zerlumpten Figuren hohlwangiger, blasser Gefangener standen in Reih und Glied vor den Baracken. Mückenschwärme kreisten über ihnen und saugten ihnen das Blut aus Köpfen, Hälsen und Händen, aber der Kommandant, ein Krimineller, der den Appell abnahm, erlaubte ihnen nicht, sich zu rühren. Mir, die ich eben gesehen hatte, wie die Vertreter der „oberen Zehn" auf der „Ziegelei" lebten, kam es wieder einmal besonders deutlich zum Bewußtsein, welche riesigen sozialen Unterschiede innerhalb des Lagers bestehen. Die Gestalten, die hier vor ihren Baracken standen, waren alle ausgemergelt und heruntergekommen, während ich jetzt eine meinen Kräften angemessene, interessante Arbeit und satt zu essen hatte, und noch andere in materieller Beziehung vielleicht im Lager sogar besser lebten, als sie vorher gelebt hatten. Aber auch daran dachte ich, daß im Lager niemand sicher ist. Wer heute als Kommandant andere schikaniert, kann morgen selbst Holzfäller oder Lehmfahrer werden. Wer weiß, wie es mir noch ergehen würde ...

Zu meinem großen Verdruß griff gerade der Mann, dem ich meine Karriere im Kontor verdankte, mein Chef Dimitrij Rosé, häßlich störend in mein Privatleben ein. Er wollte unbedingt eine Lagerehe mit mir führen, und ich hatte in dieser ganzen Zeit unter seinen Nachstellungen schwer zu leiden.

Sogleich, nachdem Rosé dafür gesorgt hatte, daß mein Freund

Semjon M. aus Adak weggeschickt wurde, legte er es darauf an, mich zu gewinnen. Zunächst überhäufte er mich mit Geschenken. Ich schickte alles wortlos zurück. Seine Werbung und schließlich seine Intrigen, Verfolgungen und von Eifersucht diktierten Verdächtigungen, nahmen Formen an, die hier wiederzugeben ich mir ersparen möchte, die mir aber das Leben in Adak zur Hölle machten und mir zuletzt sogar meine Arbeit verleideten.

Auch als meine Bitte um Versetzung an einen anderen Arbeitsplatz genehmigt worden war – ich kam als Statistikerin in die Planabteilung – ließ Rosé mir keine Ruhe. Ich wagte nie, mich irgendwo allein sehen zu lassen, weil mein hartnäckiger Verfolger mir überall auflauerte. Eine ältere Buchhalterin, Olga Z., begleitete mich stets – ein unhaltbarer Zustand für uns beide. Auch gesundheitlich kam ich sehr herunter durch diese Aufregung.

Ich stand damals noch, immer meines Skorbuts wegen, in ärztlicher Behandlung. Schon im Frühjahr waren wieder die bekannten avitaminösen Symptome aufgetreten. Eine bleierne Müdigkeit und Mattigkeit, die in Schlafsucht überzugehen drohte, erfaßte mich, und ich mußte viel Energie aufbringen, dem verheerenden Schlafbedürfnis nicht nachzugeben. Das Zahnfleisch verfärbte sich hellrosa und blutete stark. Der bekannte Ausschlag trat auf mit seinem lästigen Juckreiz, zuerst an den Fußknöcheln, dann auch an den Beinen und am Körper. Blutunterlaufene Stellen (Hämorrhagien) erschienen wieder an den Oberschenkeln. Noch viel schlimmer als in den vorhergegangenen Jahren, schwollen mir die Unterschenkel an. Die scharlachrot gefleckte Haut spannte sich und war wie Glas anzufühlen. Ich hatte immer die Empfindung, als werde die spröde Haut bersten. Und eines Tages platzte das linke Bein auf. Fast vom Knie bis zum Knöchel zog sich eine klaffende Wunde hin. Das Bein wurde tagsüber nicht verbunden, denn es sollte Luft und Licht an die Wunde. Mit Luft und Licht kamen aber auch die Mücken heran, die sich mit Vorliebe auf die eiternden Stellen setzten. Nur für die Nacht bekam ich immer einen leichten Verband, damit die rauhe Decke nicht an die offene Wunde komme. Wochenlang nahm ich Ascorbinsäure ein, aber ohne Erfolg.

Der neue Arzt, Adaritsch, der nach Neumanns Weggang die

Krankenstation leitete, hatte mir schon damals im Sommer geraten, ins Krankenhaus zu gehen. Ich hatte jedoch der Arbeit wegen darauf verzichtet. Jetzt schlug er mir abermals einen Krankenhausaufenthalt vor. Ich sei nur noch ein Schatten meiner selbst, sagte er. Skorbut sei eine schwere Allgemeinerkrankung des ganzen Körpers, mit so etwas sei nicht zu spaßen. „Lassen Sie sich endlich einmal richtig behandeln, Susanne", redete er mir zu, „es ist höchste Zeit!" Ich ließ mich krank schreiben und ging ins Spital. Eine „Flucht in die Krankheit", wenn man will. Es würde wunderbar sein, dachte ich, endlich Ruhe zu haben vor all den Verfolgungen, Skandalen und Verleumdungen.

Aber Rosé stellte mir auch hier nach. Adaritsch sprach ein Hausverbot aus, lud damit jedoch den Haß Rosés auf sich. Der Arbeitsleiter begann, nun auch ihn zu schikanieren. Rosé war ja nächst dem Lagerleiter der mächtigste Mann in Adak, nicht so sehr infolge seiner amtlichen Stellung, die ihm vielleicht nur den vierten oder fünften Platz eingeräumt hätte, als seiner Persönlichkeit wegen. Alle zitterten vor ihm. Schließlich legte Dr. Adaritsch mir nahe, ich möchte um meine Ausschreibung aus dem Krankenhaus bitten, obwohl die Kalkspritzenkur, die er begonnen hatte, noch nicht beendet war.

Nun hätte ich eigentlich meine Stellung in der Planabteilung wieder antreten können, aber ich war der dauernden Verfolgung und Aufregung so überdrüssig, daß ich mich am liebsten nirgends mehr sehen lassen wollte. Dr. Göring hatte doch wohl recht gehabt mit seinem Rat: auf den Brettern liegen und gegen die Decke spucken! So entschloß ich mich, ein möglichst unbemerktes Dasein in den vier Wänden der Frauenbaracke zu führen.

In dieser Zeit kam noch ein neuer Arzt nach Adak. Eigentlich war er schon ein paar Monate lang da, aber er ging auf allgemeine Arbeit, und wenige mögen gewußt haben, daß der aus Workuta gekommene Holzfäller Schönberg von Beruf Arzt war. Eines Tages spielte sich im Walde ein Drama ab – überhaupt waren Eifersuchtstragödien im Lager sehr häufig –: ein Krimineller schlitzte einem anderen mit einem finnischen Jagdmesser den Bauch auf. Der Verunglückte hielt sich die hervorquellenden Gedärme mit den Händen, bis er bewußtlos zusammenbrach.

Adaritsch erklärte, es sei unmöglich, ihn zu retten. Da sagte jemand: „Da ist doch ein Deutscher, Schönberg, er arbeitet im Walde, er soll Chirurg sein." Adaritsch zuckte die Achseln: „Meinetwegen". Ein Sanitäter raste in den Wald, holte Schönberg. Der bürstete sich rasch die Hände, und bei der miserablen Beleuchtung zweier kleiner Petroleumlampen, ohne Assistenz einer gelernten Operationsschwester, unter den primitivsten Umständen, flickte Schönberg den aufgeschlitzten Bauch. „Wie der ihm die Därme in die Bauchhöhle stopfte, mein Gott, das ging alles so schnell, ich dachte immer, ob er denn auch richtig weiß, wo alles hingehört. Vielleicht ist er nur ein Scharlatan", erzählte eine Schwester, die dabeigewesen war. Es trat kein Wundfieber ein, keine Infektion. Der Operierte wurde gesund.

Offenbar hatte Schönberg doch gewußt, „wo alles hingehört". Daraufhin wurde er zweiter Arzt und wenige Wochen später, nach der Versetzung Dr. Adaritschs, sogar Chefarzt. Sein Hobby waren Blinddarmoperationen. Man gab ihm den Spitznamen „Metzger". Als Therapeut war Schönberg eine Null, nur Schneiden, Operieren, Sezieren, war seine Stärke und seine Lust. Vielleicht war er wirklich ein genialer Schlächtermeister und kein Arzt. Im Lager kann man das nie wissen. Kein Mensch hat Dokumente oder Diplome.

Noch ein anderes Erlebnis bewegte zu dieser Zeit – es war wohl im Dezember 1939 – die Gemüter in Adak. Eine große Frauentruppe traf ein. Beinahe wäre man versucht zu sagen: eine Etappe von Damen, denn die Neuen kamen mit eleganten Koffern und trugen Pelzmäntel. Das waren die Ehefrauen der im Laufe des Jahres 1937 als „Volksverräter" verhafteten ehemaligen prominenten Parteileute.

Die meisten dieser Frauen waren einige Monate oder ein Jahr nach der Verurteilung ihrer Ehemänner verhaftet worden. Ein Prozeß war ihnen nicht gemacht, auch eine spezielle Anklage aufgrund des § 58 – wie bei anderen politischen Untersuchungsgefangenen – war nicht erhoben worden. Sie waren zu acht Jahren Freiheitsentzug verurteilt als Ehegattinnen (shóny) von „Volksfeinden". Und wenn sie im Lager nach ihren Strafparagraphen gefragt wurden, so antworteten sie nur stereotyp „Mitglied der Familie eines Volksfeindes".

Diese „shóny" hatten das erste Jahr ihrer Strafzeit in völliger

Isolierung von der Außenwelt in den Temnikow-Lagern verbracht. Sie hatten weder Post empfangen noch Briefe schreiben dürfen. In diesen Lagern hatten ausschließlich Frauen gelebt, und alle Arbeiten waren von Frauen verrichtet worden. Aber die Lebensbedingungen waren ungleich besser, die Wohnverhältnisse weniger primitiv gewesen, als bei uns im Norden. Nach einem Jahr war auch die Isolierung etwas gelockert worden. Die „shóny" hatten Briefe und Pakete von ihren Angehörigen bekommen und hatten auch selbst schreiben dürfen.

Ein großer Prozentsatz der in den Temnikow-Lagern befindlichen Frauen – und es gab dort mehrere Zehntausend! – war mit Stickereiarbeiten beschäftigt worden. Vor allem die kunstgewerblich begabten Grusinierinnen hatten sich durch künstlerische Perlenstickerei und Plattstickerei von Blumen in bunten Farbschattierungen, zu denen sie die Zeichnungen selbst entwarfen, hervorgetan. Es war den Frauen gesagt worden, wenn sie fleißig stickten und die Norm zu 150 Prozent erfüllten, würden sie früher freigelassen. Daraufhin stickten die Frauen wie besessen, sie stickten von früh fünf Uhr bis abends elf oder zwölf Uhr, stickten und stickten, solange sie ihre Augen offenhalten konnten, Tag für Tag. Sie wollten doch so gerne ihre Kinder wiedersehen.

Eine „shena" (so heißt die Einzahl von „shóny"), erzählte mir ein merkwürdiges Erlebnis. Einmal hatte sie ein Kleid gestickt mit den in Rußland so beliebten breiten bunten Kreuzstichkanten. Als sie fast fertig war, fehlte ihr ein kleines Fädchen von gelber Farbe für die letzten drei oder vier Kreuzchen. Wenn sie es der Brigadierin meldete, so gab es einen Skandal, denn das Stickgarn wurde genau zugeteilt. Dunkelorange hatte die Stickerin jedoch noch übrig. So entschloß sie sich, die paar Kreuzchen mit orange zu stikken; die Brigadierin merkte es nicht. Nach Jahresfrist erhielt Assja Altschuler – so hieß die Frau – ein schönes Paket aus Moskau von ihrer Mutter. Außer Lebensmitteln war auch ein gesticktes Leinenkleid drin. Was war denn das? Das Muster kam Assja so bekannt vor. Sie fand die drei orangenfarbenen Kreuzchen wieder, für die der gelbe Faden nicht gereicht hatte. Ihre Mutter hatte dieses Kleid, daß Assja unter Tränen im Lager gestickt hatte, nichtsahnend gekauft und ihr als Geschenk geschickt.

Im Herbst 1939 waren viele Frauen aus den Temnikow-Lagern

abtransportiert worden. Eine große Frauenetappe war nach Karaganda, eine andere in die Gegend von Archangelsk gefahren, und die dritte ins Ucht-Petsch-Lager, wo sie verteilt wurden. In Adak mußte eine zweite Baracke für die vielen weiblichen Gefangenen freigemacht werden. Es war schwer, für so viele neue Arbeitskräfte Beschäftigung zu finden. Ich selbst hatte eigentlich die Absicht gehabt, noch längere Zeit zu „privatisieren", obwohl es mir, nachdem ich schon einmal das bessere Leben der technischen Lagerangestellten kennengelernt hatte, recht hart vorkam, wieder mit den kärglichen Hungerrationen der Invalidenbeköstigung auszukommen. In der Baracke zu sitzen schien mir jedoch die beste Garantie dafür, daß Gras über die Affäre mit Rosé wüchse.

Aber da kam plötzlich eine Neuerung, die mich veranlaßte, meine Pläne umzuwerfen. Es wurde nämlich bestimmt, daß alle nichtarbeitenden Invaliden in der einen, alle arbeitenden weiblichen Gefangenen in der anderen – unserer bisherigen – Baracke wohnen sollten. Natürlich wollte ich meinen Platz in unserer Baracke nicht verlieren. Mit Schrecken dachte ich daran, in der neuen Frauenbaracke wohnen zu müssen, wo es nicht einmal Waggonsystem, also Einzelpritschen gab, sondern durchgehende Bretter-Liegestatt für alle, und wo die alten Frauen, die nicht auf Arbeit geschickt wurden, zwölf Stunden täglich am Ofen saßen und unentwegt tratschten. So beeilte ich mich, ein Gesuch an den Lagerleiter zu richten, in dem ich um Arbeit bat.

Hier möchte ich noch einfügen, daß mir während meines Aufenthalts im Krankenhaus meine Filzstiefel weggenommen worden waren. Das entsprach der allgemeinen Gepflogenheit. Filzstiefel sollten niemals unbenutzt liegen, da großer Mangel an diesem wichtigen Bekleidungsstück herrschte. Trat ein aus dem Krankenhaus entlassener Gefangener wieder in die Arbeitsbrigade ein, so erhielt er durch den Brigadier wieder ein paar Filzstiefel, falls es überhaupt welche gab. Viele Arbeiter mußten sich mit Wattestrümpfen begnügen, die mit Lapti (Schuhen aus Birkenrinde) oder Galoschen getragen wurden.

Als nichtarbeitender Invalide konnte ich aber nicht einmal wattierte „Strümpfe" beanspruchen. Ich kaufte mir welche für Brot und ließ mir – ebenfalls für Brot – von einem Koreaner Schuhe flechten. Einmal stand ich in dieser eleganten Fußbekleidung vor der Essensausgabe, als Rosé vorüberkam. Ich wandte den Kopf zur anderen Seite. Eine Stunde später kam der alte Maximowitsch und brachte mir ein paar schöne Filzstiefel mit einem Brief von Rosé. Ich wollte den Brief gar nicht erst lesen. „Hier, nimm den ungeöffneten Brief und die Filzstiefel! Trage alles sofort zurück!" sagte ich zu Ivan Maximowitsch. Aber der Alte bat mich unter Tränen: „Hab Mitleid mit mir altem Mann. Rosé hat gesagt, er schlägt mir alle Knochen im Leibe kaputt, wenn ich die Stiefel wiederbringe, ich kann sie nicht zurücktragen." – „Nun gut, Großväterchen, dann schicken wir den Brigadier Bondarenko, verstehst Du? Sag, ich bitte ihn dringend, sofort herzukommen, aber sage es so, daß Rosé es nicht hört." – „Gott segne dich, Gott schütze dich, mein Täubchen! ich werde es ihm sagen." Und er bekreuzigte abwechselnd mich und sich und ging erleichtert fort. Eine halbe Stunde später erschien Bondarenko, nahm Brief und Filzstiefel und versprach, beides in die technische Baracke zu tragen, wo er selbst und Rosé wohnten. Das tat er auch.

Zwei Tage, nachdem ich mein Gesuch an den Lagerleiter geschickt hatte, wurde ich zu ihm gerufen. Er sah mich von oben bis unten an. Meine Equipierung schien ihn aus dem Konzept zu bringen. „Haben Sie keine Filzstiefel?" – „Nein, Bürger Leiter, als persönliches Eigentum besitze ich keine und Lagerstiefel stehen mir nicht zu, weil ich jetzt nicht arbeite." Rammo nahm einen Zettel und deutete gleichzeitig mit einem gemurmelten „Setzen Sie sich!" auf einen Stuhl.

Diese Geste war sehr beachtlich, wenn man bedenkt, wie die Stellung der Gefangenen gegenüber den Freien, insbesondere gegenüber dem Leiter eines Lagers war. Der Gefangene, auch wenn er eine gebrechliche alte Frau war, hatte vor dem Leiter, auch wenn der ein junger Lümmel war, stramm zu stehen. Betrat der Leiter die Baracke oder das Kontor, so ertönte das Kommando „Achtung!", und alle hatten sich sofort von den Plätzen zu erheben.

Rammo schrieb ein paar Zeilen und reichte mir das Papierchen. Es war eine Anweisung auf Filzstiefel, sogar „erste Tragzeit" stand darauf, d. h. ich sollte neue Filzstiefel bekommen, keine schon getragenen. Ich dankte ihm. „Hm, da gibt es solche Buchstabenmenschen ohne Saft im Gehirn. Wenn einer sich kaputtschuftet monatelang und dann an irgendeinem albernen Stichtag gerade nicht arbeitet, da läßt man ihn halt nackt herumlaufen", sagte er kopfschüttelnd. Ich schwieg. „Ja, also wegen Arbeit", fing nun der Leiter wieder an. „Ich hätte da eigentlich eine persönliche Bitte an Sie. Sehen Sie, hier habe ich Material – von vier Jahren –: Wetterberichte. Ich würde so gerne ein meteorologisches Journal anlegen und rückwirkend die Beobachtungen der vergangenen Jahre auch gleich drin eingetragen haben. Was meinen Sie dazu?" – „Das wird sehr interessant sein", wagte ich zu bemerken. „Nicht wahr? Ich habe mal so ein Journal gesehen ..." – „Ich habe auch schon mal eins gesehen, in Schor." – „So, das ist ja fein. Dann werden Sie um so leichter sich ausdenken können, wie das am besten zu machen ist. Außerdem gefällt mir ihre Schrift sehr gut. Und alles sieht bei Ihnen immer so akkurat aus ... Nur möchte ich nicht, daß Sie es im Kontor machen ..." – „Wenn ich in der Baracke der Arbeitenden wohnen bleiben darf, kann ich es dort machen." – „Ohne Frage bleiben Sie in Ihrer Baracke wohnen. Kein Mensch wird Sie von dort verjagen. – Oder wenn doch irgendetwas ... Dann verweisen Sie an mich, direkt an mich." – „Danke, Bürger Natschalnik".

Er gab mir den ganzen Stoß loser Papiere, ein Lineal und ein dickes, herrlich gebundenes Buch mit schönem weißen Papier. Ich stand auf, um zu gehen, da sagte Rammo: „Einen Moment noch, ich wollte Ihnen noch etwas sagen." – Jetzt fängt er von Rosé an, dachte ich, und mir war ziemlich elend zu Mute. „Sie haben" – hörte ich wie aus weiter Ferne die Stimme Rammos – zwei Postkarten von ihrem Söhnchen bekommen. Ein prächtiges Kind haben Sie!" Mein Herz klopfte zum Zerspringen. So lange hatte ich keine Nachricht von meinem Wolodja erhalten ... Wo waren die Karten? Warum zeigte er sie mir nicht? „Kann ich die Karten nicht haben?" fragte ich stockend. „Die Karten sind deutsch geschrieben. Ich habe sie, wie es die Bestimmung verlangt, erst nach Workuta geschickt zur Zensur ..." Ich wußte durch Anja Bokal, die Hauslehrerin, daß Rammo die deutsche Sprache glänzend beherrschte, und hörte mich zu meiner eigenen Überraschung plötzlich fragen: „Was schreibt er denn, mein Wolodja?" – „Nun, ich habe doch kein Recht zu sagen, was er schreibt, ehe die Zensurstelle ... Aber – nun – hm er lebt, er lebt, er ist gesund, das ist doch die Hauptsache." – "Ob er wohl noch im Kinderheim ist?" – "Ja, im Kinderheim ist er noch". – "Ach, da bin ich beruhigt, ich hatte gefürchtet, er sei sich selbst überlassen worden. Aber wenn er noch im Kinderheim ist, dann besucht er ja sicherlich noch die Schule." – "Ja, die 9. Klasse, wenn ich nicht irre, und im nächsten Jahr will er – statt in die zehnte Klasse – in den Vorbereitungskurs des Sprachinstituts gehen. Einen tüchtigen Sohn haben Sie." – "Ich danke Ihnen vielmals Bürger Natschalnik, daß Sie mir ..." – "Ai – ai – ai die Frauen! Das ist doch merkwürdig. Nun haben Sie doch alles aus mir herausgezogen ...", sagte er kopfschüttelnd.

Die Gefangenen nannten den Natschalnik „trocken" und „hart". Sehr zu Unrecht, fand ich. Streng war er zwar, aber untadelig korrekt. Und in den Grenzen seiner Möglichkeiten war er sogar human. Seine Menschlichkeit versöhnte mit seiner fast asketischen Unbeirrbarkeit. Ein Puritaner wie Rammo war in den Zwangsarbeitslagern, wo die meisten Vorgesetzten ihre Stellung dazu ausnutzten, in ihre eigene Tasche zu wirtschaften, eine leuchtende Ausnahme.

„Ich wollte Ihnen noch sagen: sie müssen von jetzt an Ihrem Jungen in russischer Sprache schreiben", nahm Rammo das Gespräch wieder auf. „Ja? Muß man das?" „N- nein, es ist erlaubt, in jeder beliebigen Sprache zu schreiben. Ich habe nur gemeint ..., ich möchte Ihnen ganz persönlich den Rat geben, lieber russisch zu schreiben." – „Danke, Bürger Natschalnik, ich werde also russisch schreiben, vielleicht kommen dann die Briefe besser an." – „Hm, schneller auf jeden Fall! Und fordern Sie auch Ihren Sohn auf, in russischer Sprache zu schreiben. Sehen Sie, sonst gibt es solch eine Verzögerung ..." Damit war ich entlassen. Erst zwei Monate später, als ich schon auf der „Ziegelei" war, erhielt ich endlich die beiden Karten. Sie hatten so lange auf der Zensurstelle in Workuta gelegen. Mehr als das, was Rammo mir schon erzählt hatte, stand nicht darauf.

Ich stürzte mich in die Vorbereitungsarbeit für das meterologische Journal. Die Aufgabe war insofern recht schwierig, als die jahrelangen Beobachtungen nacheinander von vier oder fünf Menschen gemacht worden waren, von denen jeder seine eigene Auffassung über Wesen und Umfang meteorologischer Berichte hatte. Der eine beschränkte sich auf maximale und minimale Tagestemperatur, Windstärke, Wasserstand, Luftdruck; ein anderer hatte dreimal täglich Luft und Wassertemperatur abgelesen, Stärke und Richtung des Windes notiert und Niederschlagsmengen, Schneehöhe und Eisstärke gemessen; der dritte hatte nicht alles objektiv Meßbare notiert, dafür aber besonderen Wert auf Beschreibung des Wetters: Bewölkung, Weite der Sicht, Windrichtung, Bodenbeschaffenheit, Feuchtigkeitsgehalt in der Luft und auch der Erde, Himmelsfärbung bei Sonnenaufgang und -untergang, Sicht der Konturen der Himmelskörper, Nordlicht, Temperatur und Konsistenz der Niederschläge.

Alle diese verschiedenen Beobachtungen galt es nun in ein bestimmtes Schema zu bringen, sonst wäre das Journal nicht übersichtlich geworden. Der Natschalnik hatte gemeint, er habe mich für zwei Monate mit Arbeit versorgt, ich brachte ihm jedoch das meteorologische Journal schon nach drei Wochen. Rammo war außerordentlich zufrieden und bedankte sich sogar, bedankte sich – bei mir, einer Gefangenen.

Danach gab mir der Natschalnik Arbeit in der Apotheke. Ich sollte dort den buchhalterischen Jahresabschluß machen; in der Buchführung der Apotheke scheine ein großes Chaos zu herrschen.

Der Leiter der Apotheke, Goldentul, war ein alter griesgrämiger Mann. Es wurde gemunkelt, er treibe für eigene Rechnung Handel mit Medikamenten. Aber außer der Unterschlagung von Zucker, den er offenbar, statt ihn in Medikamente zu mischen, ab und zu in seinen Tee getan hatte, konnte ich keine „Schiebungen" entdecken.

Goldentul sprach recht gut Deutsch, hatte Goethe und Heine gelesen, und immer schweiften seine Gedanken von der Arbeit ab. Den Jahresabschluß schilderte er mir als eine uferlose Arbeit, mit der man nie fertig werden könne. Als ich ihn aber endlich dazu gebracht hatte, mir alle Unterlagen zu geben – die verschiedenen Papiere trieben sich bei ihm lose und ungeordnet überall herum: im Tischkasten, im Giftschrank, unter der Waage, auf einem Nagel an die Wand gespießt, unter der Schreibunterlage, auf dem Schrank und wer weiß wo noch – da stellte sich heraus, daß die Sache gar nicht so schlimm war. In vierzehn Tagen hatte ich die Abrechnung fertig. In der Buchhaltung staunte man. Noch niemals war es möglich gewesen, von Goldentul auch nur annähernd rechtzeitig zum Termin eine Abrechnung zu bekommen, und außerdem hatten sie nie gestimmt. Inzwischen hatte ich mich auch für den Betrieb in der Apotheke interessiert, und der alte Goldentul, mit dem ich ganz gut auskam, weihte mich nach und nach in die Geheimnisse der pharmazeutischen Wissenschaft ein. Da ich Latein konnte, fiel es mir nicht schwer, Rezepte zu lesen und mir die Benennung aller möglichen Arzneien einzuprägen. Kurz, ich wurde die Assistentin des Provisors.

Manchmal, wenn ich Pillen drehte oder Pulverbriefchen faltete, dachte ich daran, wie Vali Adler und ich im Gefängnis uns den Kopf zerbrochen hatten, was es denn im Lager für Arbeit geben werde. „Außer Bibliothekarin wüßte ich überhaupt nichts Passendes für mich", hatte ich erklärt. „Als Politische wird dich erstens niemand zu so einer privilegierten Arbeit nehmen. Zweitens gibt es im Lager fast nirgends Bibliotheken. Und drittens werden sie, wenn es welche gibt, kaum benutzt. Nach der Arbeit sind die Leute viel zu müde, noch Bücher zu lesen", hatte jemand gesagt.

Seit diesem Gespräch waren ungefähr drei Jahre vergangen, und zwei Jahre war ich nun schon „am Platze". In dieser Zeit hatte ich eine Fülle von verschiedensten Berufen gehabt, und wenn das so weiterging, konnte ich mich in den einunddreiviertel Jahren, die mir noch bevorstanden, zu einem sowjetischen Universalarbeiter ausbilden. Tagtäglich gingen meine Gedanken zurück zu den ehemaligen Leidensgenossinnen im Butyrki-Gefängnis. Wohin mögen Ira Lilienthal und Lotte Traubenberg gekommen sein?

Ich dachte auch an unseren Gefangenentransport auf der Reise in den hohen Norden. Unweit des Transitpunktes Schor lag ich drei Wochen im sogenannten „Eisenbahner-Krankenhaus". Jetzt erinnerte ich mich. Wir lagen dort zu dritt in einem freundlichen Zimmer: Frau Smirnowa, Jelena Ginsburg und ich.

Smirnow ist ein sehr verbreiteter, gewöhnlicher Name im Russischen. Aber Ivan Nikititsch Smirnow, dessen geschiedene Ehefrau die eine meiner beiden Zimmergenossinnen war, muß als ein ganz *außergewöhnlicher* Mensch bezeichnet werden; er war ein Mann von starkem, unbeugsamen Charakter und von bewundernswertem Temperament. Im Jahre 1905 hatte er eine führende Rolle im Moskauer Aufstand gespielt und war wegen seiner revolutionären Tätigkeit nach Sibirien verbannt worden. Er gehörte zum engsten Kreis um Trotzkij. Nach der siegreichen Oktoberrevolution bewährte sich Smirnow als Armeeführer hervorragend im Bürgerkrieg. Mehrmals entrann er, nur durch seine besondere Geistesgegenwart, dem sicheren Tod. Er war Mitglied des Revolutionären Kriegsrats, leitete den Kampf gegen Koltschak und wurde nach dessen Niederlage Vorsitzender des sibirischen Parteikomitees. Überall nannte man Ivan Nikititsch den „Lenin von Sibirien".

Mit dem Sturz Trotzkis fiel auch Smirnow in Ungnade. Er wurde auf dem XV. Parteitag (1927) aus der Partei ausgeschlossen und im Dezember 1932 verhaftet. Obwohl er seit dieser Zeit ununterbrochen im Gefängnis gesessen hatte, wurde Smirnow beschuldigt, der Führer eines „terroristischen Zentrums" gewesen zu sein, das den Mord an Kirow (Mitglied des Politbüros, ermordet am 1. Dezember 1934) vorbereitet habe.

Beim Schauprozeß vom 19.–24. August 1936, in dem Ivan Smirnow eine zentrale Figur war, zeichnete er sich dadurch aus, daß er keinen seiner Mitangeklagten belastete und die Festigkeit besaß, in seiner Selbstbezichtigung über eine gewisse einmal gesteckte politische Linie nicht hinauszugehen. Seine Verurteilung erfolgte einzig und allein aufgrund der Belastung durch die anderen Angeklagten. Sonst gab es keinerlei „Beweise" für Smirnows „Schuld". Ivan und die übrigen fünfzehn Angeklagten dieses Schauprozesses wurden am 25. August 1936 hingerichtet.

Frau Smirnowa hat schon 18 Jahre vor der Verhaftung ihres Mannes getrennt von ihm gelebt und war offiziell von ihm geschieden. Man sah ihren von tiefem Leid gezeichneten Zügen an, daß sie quälende Verhöre und ein schweres Gefängnisjahr hinter sich hatte, aber sie beklagte sich mit keinem Wort. Politische Gespräche waren bei ihr tabu. Für mich war die Frau völlig uninteressant.

Ganz anders Jelena Ginsburg, eine 24 oder 25 Jahre alte Komsomolzin, Vertreterin der *jungen* trotzkistischen Generation! Jelena, – oder Lola, wie sie genannt wurde – erregte vom ersten Moment unserer Bekanntschaft an mein lebhaftes Interesse. Sie war nicht hübsch zu nennen, denn sie hatte ein ziemlich unregelmäßiges Gesicht und schielte sogar etwas, aber in ihren Augen glühte das

Feuer derer, die fanatisch ihrem Ziel nachjagen, jenem hohen Ziele, dem sie ihr Leben geweiht haben. Lolas Überzeugungstreue und ihr politischer Ernst konnten nicht ohne Anziehungskraft auf mich bleiben, war ich doch selbst von frühester Jugend an ein Wahrheitssucher und ein von einer Idee besessener Kämpfer gewesen.

Jelena Ginsburg lag im Krankenhaus infolge eines zweiwöchigen Hungerstreiks, der jedoch durch zwangsweise vorgenommene künstliche Ernährung resultatlos beendet worden war. Zwar fühlte sich Lola noch ziemlich schwach, aber sie war nicht mehr bettlägerig, und da auch ich stundenweise aufstehen durfte, gingen wir zusammen ins Freie, um unbelauscht diskutieren zu können. Wie aber diskutieren! Meine paar Brocken Russisch reichten nicht im entferntesten zur Führung politischer Gespräche. Lola konnte etwas Französisch und etwas Deutsch.

Ihr Vater war vor der Revolution ein kleiner Altwarenhändler gewesen, später arbeitete er auf einem Bau. Lola war das älteste von sieben Kindern. Ihre ganze Kindheit war von bitterster Not beschattet gewesen, die auch nach 1917 natürlich nicht plötzlich zu Ende gewesen war. Aber im Gegensatz zu ihren analphabetischen Eltern wurde Jelena Ginsburg eine des Lesens und Schreibens Kundige (gramotejka). Nach der Revolution öffneten sich die Tore der Schule vor ihr.

Man weiß, wie mangelhaft die Allgemeinbildung war, die die Schulen im ersten Jahrzehnt nach der Oktoberrevolution der sowjetischen Jugend vermittelten. Es waren keine Lehrkräfte und keine Lehrmittel vorhanden; es gab zu wenig Schulgebäude; Bücher und Hefte waren überhaupt nicht aufzutreiben; oft gab es keine Kohlen zur Heizung der Schulen; oft auch kamen die Kinder nicht, weil sie weder Schuhe noch Mäntel hatten, weil sie zu Hause helfen mußten, oder weil nichts zu essen da war. Für Lolas Schulbegeisterung jedoch hatte es keine Grenzen gegeben.

Sie ging barfuß zur Schule, sie ging ohne Mantel, sie ging hungrig hin, wenn sie nur lernen durfte. Eine Lehrerin nahm sich ihrer an, gab ihr Bücher, lehrte sie Sprachen. Den Eltern war die viele Leserei oft nicht recht, sie belasteten Lola mit häuslichen Pflichten. Lola wußte auch hier einen Ausweg. Sie stand ganz zeitig auf, besorgte früh ihre jüngeren Geschwister, schaffte nach der Schule in der Wirtschaft, stand stundenlang nach Brot an mit einem Buch in der Hand und lernte nachts bei einem Petroleumfunzelchen, das ihr die Lehrerin wieder füllte.

Lola wurde Komsomolzin und erhielt nach Beendigung der Schule eine Anstellung im Sekretariat des Komsomols. Sie war glücklich über ihre Bildung, deren Mangelhaftigkeit sie nicht ahnte, und war stolz auf ihr Wissen, mit dem man – wie sie meinte – die Welt nicht nur erobern, sondern auch ändern könne. Und „die Welt ändern" – das war Ziel ihres Lebens.

Die Fraktionskämpfe in der russischen Kommunistischen Partei während Lenins Krankheit und nach seinem Tode, der XIV. Parteitag mit seinen entscheidenden politischen Kämpfen, der XV. Parteitag, auf dem die gesamte Opposition aus der Partei ausgeschlossen wurde, und – last not least – die Verbannung Trotzkijs nach Alma Ata: alle diese Ereignisse auf dem Wege Stalins zur Alleinherrschaft und Unfehlbarkeit hatte Lola Ginsburg noch nicht als Zeitgeschichte miterlebt. Sie gab sich damals noch mit Enthusiasmus der Aufgabe hin, den Sozialismus im einzigen Arbeiterstaat der Welt aufbauen zu helfen. Erst in den Jahren 1929/1930, als die Entkulakisierung als Hauptaufgabe auf der Tagesordnung stand, begann die siebzehnjährige Komsomolzin selbständig über politische Kernfragen nachzudenken. Nach schweren inneren Kämpfen schloß sie sich der trotzkistischen Opposition an. Als Stalin-Gegnerin wurde sie 1934 verhaftet.

Der politische Isolator, in dem sie ihre Freiheitsstrafe zu verbüßen hatte, wurde zu ihrer politischen Hochschule. In diesem Gefängnis trafen sich politisch Oppositionelle aller Schattierungen: Anhänger der „Arbeiter-Opposition" und der „Arbeiter-Wahrheit", Trotzkisten, Sinowjewisten, demokratische Zentralisten" Mitglieder der Sapronow-Oborin-Gruppe und Vertreter anderer oppositioneller Fraktionen. Das Regime in diesem Kerker muß damals noch recht mild gewesen sein. Den politischen Gefangenen stand eine reichhaltige Bibliothek zur Verfügung, und sie durften ungehindert miteinander sprechen. Heiße politische Dispute wurden hier ausgefochten: Dispute über den Begriff des Staatskapitalismus und über innerparteiliche Demokratie, über die bürokratische Entartung und über die Möglichkeit, eine Vierte Internationale zu gründen.

Lola verdankte ihrem mehr als zweijährigen Aufenthalt im politischen Isolator ihre hervorragende marxistische Haltung und ihre gründliche Kenntnis der Geschichte der politischen Parteien, die mich immer wieder in Erstaunen setzte. In Werchne-Uralsk wurde Jelena Ginsburg auch mit dem Trotzkisten Wladimir Smirnow bekannt. Es entspann sich eine intime politische und innige Freundschaft zwischen ihnen, und sie heirateten im Gefängnis.

Als die Verhaftungswelle im Jahre 1937 zu ungeahnten Höhen anschwoll und Hunderttausende politischer Inhaftierter in die Zwangsarbeitslager abtransportiert wurden, rief man plötzlich auch einen großen Teil der Insassen des politischen Isolators „in die Etappe". Wladimir Smirnow erhielt die Zusicherung, daß er und seine Frau zusammen in eins der Lager des Polargebietes verschickt werden würden. Dessen ungeachtet wurde Smirnow eines Nachts allein nach Workuta abtransportiert. Lola kam am nächsten Tag nach Tschibiju. Man hatte ihnen weder erlaubt, voneinander Abschied zu nehmen, noch hatte Smirnow seine Habseligkeiten, die sich in Lolas Koffer im Frauenzelt befanden, holen dürfen.

Lola protestierte mit einem Hungerstreik und bombardierte die Lagerleitung mit Gesuchen, auf denen sie sich ausdrücklich als die „inhaftierte Trotzkistin Jelena Ginsburg" bezeichnete. Nun muß man aber wissen, daß „Trotzkismus" als das schrecklichste, verabscheuungswürdigste Verbrechen angesehen wurde. Jeder, der das ominöse „T" in seinem Urteil hatte, versuchte, es zu verschweigen, wo er nur konnte. Lola aber nannte sich stolz „Trotzkistin", noch dazu auf einer offiziellen Eingabe, wo niemand sie danach fragte, und sie einfach als „Gefangene Soundso" hätte unterschreiben können. Ganz unnötig lieferte sie sich den Häschern aus. Man kann das politisch unreif finden, man kann über soviel Naivität den Kopf schütteln, aber mir erstarb das Lächeln auf den Lippen, als ich den glühenden Eifer in Lolas Augen leuchten sah.

Lolas Bildungshunger war übrigens auch im Krankenhaus so rege wie nur je. Irgendwoher hatte sie sich eine französische Literaturgeschichte verschafft. Das Werk war jedoch nicht zum Selbststudium geschrieben und Lola entdeckte bald, daß sie sich zuviel zugemutet hatte. Nun lasen wir zusammen. Auch erzählte ich ihr ausführlich den Stil vieler Werke und schilderte sie ihrem

Charakter, ihrem Stil und ihrer Epoche nach. Beim Studieren dieser kleinen Literaturgeschichte sah Lola erst, wie wenig sie vom Schrifttum des westlichen Kulturkreises wußte. Aus der ganzen französischen Literatur war ihr nur Maupassant und Romain Rolland ein – wenn auch vager – Begriff, und viele zeitgenössische Schriftsteller kannte sie nicht einmal dem Namen nach.

Unsere politischen Gespräche führten wir meist nicht im Krankenhaus selbst. Lola mißtraute nämlich unserer Zimmergenossin Smirnowa. Wir gingen in den Vorgarten oder ins Wäldchen, das noch zur „Zone" gehörte. Oft reichten Lolas Sprachkenntnisse nicht aus, und unsere Diskussionen wären in eine Sackgasse geraten, wenn wir nicht in dem 78jährigen Ingenieur Edelsohn einen stets hilfsbereiten Dolmetscher gefunden hätten. Der alte Edelsohn war schon 12 Jahre lang im Lager. Er stammte aus Baku, war ein wohlhabender Kaufmann-Ingenieur aus der Naphthabranche gewesen. In jungen Jahren war er viel gereist. Er kannte fast die ganze Welt und sprach außer Russisch noch fließend vier europäische Sprachen. Ideologisch-politisch waren Lola und ich natürlich meilenweit von dem alten Ingenieur getrennt. Er war der Vertreter einer versunkenen Welt, und uns beide hielt er bestenfalls für „arme Irre". Das hinderte ihn aber nicht, uns rein menschlich sehr zugetan zu sein und uns aufrichtig zu bemitleiden, da nun auch wir, von einer anderen Seite her als er, Opfer des von ihm so gehaßten Systems geworden waren.

Die Trotzkistin Lola träumte davon, Angeklagte in einem großen politischen Prozeß zu werden. Dann wolle sie der Welt die Wahrheit sagen. Sie wolle in die Öffentlichkeit hinausschreien, welches die wahren Ziele des von Stalin in so niederträchtiger Weise diffamierten Trotzkismus seien. Klar beweisen wolle sie, daß der Weg Trotzkis der einzig wahre Weg zum Kommunismus in Sowjetrußland und in Europa sei, der Weg Stalins aber ein schmählicher Verrat an der Marxschen Lehre. Ihre Anklagerede gegen Stalin, eine von Überzeugungstreue und Bekennermut getragene Philippika, hatte Lola längst fertig im Kopfe. Wenn sie endlich die Kommunisten der ganzen Welt darüber aufgeklärt habe, welches die wahren Ziele des Trotzkismus seien und warum Stalin sie bekämpfe, dann wolle sie gern sterben. Sie wisse natürlich, mit ihrem Auftreten habe sie ihr Leben verwirkt. Aber ihre letzten Worte, darauf hoffte Lola, würden Tausende von neuen Kämpfern in die Arena rufen.

Also Märtyrerin für die Sache des Trotzkismus zu sein, das war der Lebenstraum der jungen Lola. Aber war so etwas in der Sowjetunion zu verwirklichen? Lola wollte es nicht glauben, daß es einen Grad von Polizeiterror gibt, der jedes Märtyrertum unmöglich macht. „Sie rennt in den Tod, wie eine Mücke ins Licht fliegt", sagte Großväterchen Edelsohn kopfschüttelnd. So ist es auch gekommen.

Im September (1937) erfuhren wir, daß unser Transport sich in den nächsten Tagen nach seinem endgültigen Bestimmungsort Kotschmess, auf den Weg machen werde. Jelena Ginsburg trat abermals in den Hungerstreik. Sie wartete auf eine Beantwortung ihrer Gesuche und wollte deshalb nicht abtransportiert werden. Der Arzt, ein freundlicher Grusinier, namens Kiknadse, nahm mich beiseite und fragte mich, ob ich vielleicht auch hier bleiben wolle, dann könne er als Arzt sein Veto gegen meinen Abtransport einlegen. Ich entschloß mich jedoch zur Weiterreise ins Ungewisse. „Noch nie im Lager haben mir Menschen so leid getan, wie Sie beide", seufzte Kiknadse. „Schon für die russischen Intellektuellen ist es schwer, in diesen Verhältnissen zu leben. Wieviel mehr für Sie, eine gebildete Europäerin ... Und nun gar diese Jelena, dieses unglückliche, fanatische Kind! Es ist herzzerreißend. Morgen muß ich wieder mit der Prozedur der künstlichen Ernährung bei ihr beginnen. Es ist ein Befehl ..."

Am Vortage der Abreise ging ich noch einmal ins Krankenhaus, um mich von Lola zu verabschieden. Sie lag mit von Fieberhitze dickaufgeschwollenen Lippen im Bett und war sehr schwach, obwohl sie schon mehrere Tage zwangsweise künstlich ernährt wurde. „Susanne, machen Sie meinen Koffer auf. Ich möchte Ihnen etwas zum Anziehen geben. So können Sie doch nicht in die Etappe gehen, sie erfrieren ja", flüsterte Lola. Sie ruhte nicht eher, als bis ich einen warmen braunen Trainingsanzug annahm. Er war fast neu und hatte Wladimir Smirnow gehört. Dann gab Lola mir noch eine Garnitur Wäsche von ihm, ein Paar wollene Socken und warme Handschuhe. „Es sind zwar Männersachen, aber immerhin besser als gar nichts", sagte sie lächelnd.

„Ich werde meinen Mann nie wiedersehen, und auch die Sachen

kann ich ihm nicht schicken. Dann gebe ich sie doch lieber Ihnen und anderen Bedürftigen, als daß ich sie der GPU-Bande überlasse." Tief bewegt nahm ich von Lola Abschied.

Zwei Jahre, nachdem ich Schor verlassen hatte, erschien eines Tages im Spätsommer (1939) ein spezieller Bewachungssoldat mit einem Gefangenen in Adak; wenige Tage danach kam noch eine kleine Gruppe von Lagerhäftlingen mit einer Bewachungsmannschaft. Sie alle befanden sich auf der Durchreise nach Workuta. Gleich nach dem Abmarsch dieses Gefangenentransports verbreitete sich bei uns die Nachricht, Jelena Ginsburg sei im Winter 1937/38 in Schor erschossen worden. Mit ihr zusammen seien noch ungefähr zehn Menschen den Kugeln des NKWD zum Opfer gefallen, unter ihnen der Arzt Kiknadse, der Heilgehilfe Novak, eine Krankenschwester, der polnische Genosse, der in der Kleiderausgabe gearbeitet hatte, und der Kommandant des Lagers Schor. „Das ganze trotzkistische Nest haben wir ausgeräuchert", hatte einer der Soldaten gesagt.

Wieviele meiner Freunde mußten ihr Leben lassen! Ich dachte an Maria Michailowna Joffe, die Witwe des ersten sowjetischen Botschafters in Berlin. Adolf Abramowitsch Joffe war im Jahre 1927 aus dem Leben geschieden; sein Freitod hatte jedoch nicht verhindern können, daß zehn Jahre später sein Sohn Wolodja und seine Gattin Maria Opfer der Massenverhaftungen und Hinrichtungen wurden.

Joffe war schon in jungen Jahren ein großer Bewunderer L. D. Trotzkijs gewesen und wurde späterhin einer seiner besten Freunde. Bereits 1908 hatte er in Wien an Trotzkijs ‚Prawda' mitgearbeitet; er hatte Ljew Dawidowitsch damals mit dem Psychoanalytiker Alfred Adler, dem späteren Begründer der Individualpsychologie, bekannt gemacht. Im Jahre 1917 gehörte Joffe zu Trotzkijs Elitegruppe individualistischer Revolutionäre, die bislang den Anschluß an eine der mächtigen Parteien gescheut hatte. Auf dem VI. Parteitag (26. Juli bis 3. August 1917) wurde die Gruppe in die RSDRP (Russische Sozialdemokratische Arbeiterpartei) aufgenommen.

Zur Zeit der Oktoberrevolution war Joffe Mitglied des Zentralkomitees, außerdem war er im Revolutionären Militärkomitee tätig, das ja bekanntlich – unter der genialen Leitung Trotzkijs – *der* ausschlaggebende Faktor beim Oktoberumsturz gewesen ist. Ende 1917 wurde Adolf Abramowitsch Joffe als Führer der ersten sowjetischen Delegation nach Brest-Litowsk gesandt. Und zehn Jahre danach?

Am 16. November 1927 – kurz nach der Zehnjahresfeier der Revolution und zwei Tage nach dem Ausschluß Trotzkijs und Sinowjews aus der bolschewistischen Partei – hatte sich Adolf Joffe in der klaren Erkenntnis, daß Stalin die Macht schon in den Händen hatte und sie zur endgültigen Vernichtung aller seiner Widersacher benutzen werde, das Leben genommen.

Ich erinnerte mich an einen Empfang in der Sowjetischen Botschaft in Berlin im Jahre 1920. Adolf Joffe, ein stattlicher Mann von assyrischem Typus, der, obwohl er stark schielte, recht gut aussah, war damals schon zum zweiten Male verheiratet. Seine erste Frau (Berta) soll eine herbe Schönheit gewesen sein, jedoch etwas steif und unnahbar. Seine zweite Frau war die Verkörperung von Anmut und Liebreiz.

Bei jenem Empfang in der Botschaft gewann die in Jugendfrische strahlende, bildschöne Maria sofort alle Herzen. Sie waren wirklich ein interessantes Paar, Joffe und seine junge Frau. Beide auch als Gastgeber unübertrefflich: unterhaltend und geistreich, von großer Gewandtheit und Liebenswürdigkeit.

Unser Wiedersehen im Lager war kurz und intensiv.

Als ich unser Zelt betrat, kam im halbdunklen Laufgang eine Frau auf mich zu, gekleidet wie alle Gefangenen in gesteppte Wattehosen, Filzstiefel und Mütze mit Ohrenklappen. Vom Gesicht war eigentlich nicht viel mehr zu sehen als die Augen, aber die waren es auch gerade, die mich ausrufen ließen: „Madame Joffe, est-ce possible?" Sie war es, und sie erinnerte sich meiner als der „jungen interessanten Freundin von Sonja Liebknecht". Schließlich mußten wir beide lachen, als wir einander so wiedersahen. Vorbei Jugend und Schönheit, vorbei Anmut und Eleganz ...

Wir trafen eine Verabredung für den folgenden Ruhetag und da erzählte mir Maria Näheres über den Tod ihres Mannes, über seine Beerdigung und die eindrucksvollen Reden Trotzkijs und Rakowskijs. Ljew Dawidowitsch habe gesagt: Joffe hat uns verlassen – nicht etwa, weil er nicht mit uns zusammen hätte kämpfen wollen, sondern weil er so schwer krank war, daß er fürchtete, er werde den aktiven Kämpfern höchstens noch zur Last fallen. Fern vom gemeinsamen Kampf aber war das Leben wertlos für ihn.

Das Begräbnis Adolf Joffes am 19. November 1927, der lange, von Trotzkij, Rakowskij und Smirnow angeführte Trauerzug, der weit mehr einem Demonstrationszug als einer Prozession ähnelte – denn es nahmen Tausende an ihm teil, Trauerhymnen und alte revolutionäre Lieder singend –, dies war die letzte machtvolle Kundgebung der Opposition und Trotzkijs letztes Auftreten in Moskau.

Adolf Joffe habe sich schon längere Zeit mit Selbstmordgedanken getragen, berichtete Maria. Als er zur Pistole griff, war nur seine alte Njanja bei ihm.

Trotzkij (obwohl ‚Oppositioneller' noch immer Volkskommissar des Inneren der RSFSR) erreichte die schreckliche Nachricht in der Granouskij-Straße. Eine unbekannte Stimme teilte ihm telefonisch mit: „Adolf Joffe hat sich erschossen. Auf dem Schreibtisch liegt ein Brief für Sie." Trotzkij eilte sofort in Joffes Wohnung, aber – es war schon zu spät. GPU-Leute waren bereits dort und behaupteten, es sei kein Brief da. Die Kunde davon, daß die GPU den Abschiedsbrief Joffes an Trotzkij, ein Schriftstück, in dem jeder eine Art *politisches Testament* sah, unterschlagen habe, verbreitete sich wie ein Lauffeuer. Karl Radek sorgte dafür, daß sogar das Ausland von diesem Skandal erfuhr. Im Berliner Tageblatt zum Beispiel schrieb Paul Scheffer über diesen Vorfall, daran konnte ich mich gut erinnern.

Schließlich sah sich die GPU genötigt, wenigstens eine Kopie des Joffe-Briefes auszuhändigen. Maria Joffe kannte den Inhalt. Joffe schrieb, er habe sich zum Selbstmord entschlossen in dem Bewußtsein, daß sein Leben seinen Sinn verloren habe. Krankheit hindere ihn, jetzt den aktiven Kampf aufzunehmen, der große Kräfte erfordere. Er sei daher überzeugt, mit seinem Freitod der Sache Lenins mehr dienen zu können als mit seinem Leben. Vielleicht werde sein Tod ein wirksames Hemmnis auf dem Wege der Partei zum „Thermidor" sein. Man möge seinen Selbstmord als ein Zeichen des Protestes auffassen gegen die, durch deren Machenschaften die Partei auf ein solches Niveau gesunken wäre, daß sie nicht einmal mehr imstande sei, in irgendeiner Form auf den Ausschluß Trotzkijs zu reagieren ...

Maria Joffe war, wenn ich mich recht erinnere, mit ihrem kleinen Wolodja nach Turkestan, später nach Tomsk, in die Verbannung geschickt und im Spätsommer 1936 verhaftet worden. Von ihrem Sohne hatte sie bis Ende 1937 noch Nachricht bekommen. Er hatte die Schule mit höchsten Auszeichnungen beendet, zum Studium an der Universität war er jedoch nicht zugelassen worden. Später erhielt die Mutter keine Briefe mehr von ihm.

Maria Michailowna Joffe oder Mussja – wie ich sie bald nannte – war ein außerordentlich tapferer, lebensbejahender Mensch von seltenen Gaben des Herzens und des Verstandes. Auch zeichnete sie sich durch vorbildliche Kameradschaftlichkeit aus. Am Geschick anderer nahm sie stets regen Anteil. In der Arbeit wurde sie sehr geschätzt. Der erste Agronom setzte sie zur Brigadierin für Frühbeetvorbereitung ein, und de facto blieb sie das auch, als nach einer Bestimmung der Lagerleitung Trotzkisten nicht mehr in gehobenen Stellungen arbeiten durften. Ebensosehr wie Mussja in der Arbeit von ihren Vorgesetzten geschätzt wurde, war sie bei ihren Arbeitskollegen beliebt. Allerdings gab es auch Feiglinge; die Furcht mancher Frauen ging soweit, daß sie um die Zeltecke, wo die „echten Trotzkisten" – Maria Joffe, Vera Gildermann und Rosa Solnzewa – ihre Plätze hatten, einen weiten Bogen machten.

Als sich unsere Wege trennten, sagte sie: „Wenn Sie einmal hören werden, daß ich nach Workuta abkommandiert bin, dann wissen Sie, was das bedeutet ..." (Sie spielte darauf an, daß Gefangene oft nur zu dem Zweck nach Workuta geschickt wurden, um dort erschossen zu werden.) Wir erneuerten den Schwur, den wir einander gegeben hatten: wer von uns die Lagerzeit überlebt und in die „Freiheit" kommt, versucht, etwas über den Sohn der anderen in Erfahrung zu bringen. Mein Wolodja und Mussjas Wolodja waren ungefähr gleichaltrig. Trotz vielen Versuchen ist es mir nicht gelungen, wieder mit ihr Verbindung zu bekommen. Auch die Bemühungen, die ich nach meiner Entlassung von Sibirien aus unternahm, waren erfolglos. Ich konnte nichts Authentisches erfahren, weder über Mussja noch über ihren Wolodja. In Moskau sagte man mir im Sommer 1948, der junge Joffe sei schon 1938 erschossen worden ...

In der Baracke war es feuchtkalt, und auch in der Apotheke zog es scheußlich vom Fenster, an dem ich saß. Gesundheitlich ging es mir nicht gut in dieser Zeit. Mein Rheumatismus, den ich mir 1918 im Moabiter Gefängnis zugezogen hatte, machte sich bemerkbar, auch fieberte ich oft.

Anfang Februar 1940 kam abermals eine ärztliche Kommission. Ob sie Arbeitsfähige für eine Etappe aussuchen sollte oder ob sie nur eine der alljährlichen Reihenuntersuchungen vornahm, weiß ich nicht mehr. Jedenfalls wurde ich von dieser Kommission als spitalbedürftig bezeichnet, und Dr. Schönberg nahm mich mit auf die Station. Es wurde wieder Eiweiß im Urin festgestellt, deshalb verschrieb mir der behandelnde Arzt salzlose Milchdiät. Zur allgemeinen Stärkung bekam ich Glukose-Injektionen. Da ich ziemlich elend war und überdies nichts zu versäumen hatte, ließ ich mir ein bißchen Pflege und Nichtstun im Krankenhaus gern gefallen.

Den Chefarzt sahen wir nur selten. Patienten mit konservativer Behandlung interessierten ihn nicht die Spur. Er belebte sich erst, als eine Frau mit kompliziertem Beckenbruch eingeliefert wurde. Zu ihr kam er öfters. Eines Tages ließ Dr. Schönberg mich herausrufen. Dimitrij Rosé, sagte er, erkundige sich fast täglich bei ihm nach meinem Befinden und habe gebeten, mich einmal im Krankenhaus besuchen zu dürfen. „Wo denken Sie hin? Rosé stellt mir nach. Ich beschwöre Sie, Doktor, lassen Sie sich auf nichts ein!" bat ich. Aber alle Vorsicht nützte nichts. Rosé wußte sich Einlaß zu verschaffen. Er bestach die Krankenschwester Tamara und machte einen regelrechten Überfall auf mich, bei dem er mich fast erwürgt hätte. Ich wurde aus dem Spital „ausgeschrieben" und fühlte mich elender als zuvor. Auf meiner Pritsche liegend, überdachte ich die Geschehnisse. War es nicht grotesk, daß ich, die ich bisher das Glück gehabt hatte, von der schwersten Sklavenarbeit verschont zu bleiben, nun daran zugrunde gehen sollte, daß ein Verrückter mir nachstellte?

Im Gefängnis sind sexuelle Beziehungen verboten und technisch unmöglich, im Lager aber sind sie, obwohl ebenfalls nicht gestattet, unter gewissen Bedingungen möglich, und durch den Mangel an Frauen kommt es zu den fürchterlichsten Exzessen, zu Verfolgungen, zu Eifersuchtstragödien, zu Mord und Totschlag. Es kommt aber auch zu Amtsanmaßungen, zur Überschreitung von Befugnissen, zur Ausnutzung der sozialen Machtposition und anderen Mißhelligkeiten. Daß für alle diese Vergehen allein sexuelle Motive ausschlaggebend sein können, dafür hatten wir im Lager schon Beispiele gehabt. Rosé hatte Semjon M. aus persönlichen Gründen in die Etappe geschickt, er hatte mir nachgestellt, mich verfolgt, bedroht, verleumdet und mir nach dem Leben getrachtet.

Wenige Tage, nachdem ich das Krankenhaus hatte verlassen müssen, kam am frühen Morgen der Kommandant in unsere Frauenbaracke. „Fertigmachen mit Sachen folgende Gefangene", und er las von einem Zettel sieben Namen ab. Unter den Genannten war auch ich. „Wohin? Wohin?" fragten die Frauen. „Nach der ‚Ziegelei'", sagte er, „in zehn Minuten am Zonentor antreten zur Kontrolle". Erst nachdem die Durchsuchung des Gepäcks vorüber war, und wir alle unsere Sachen auf dem Schlitten verstaut hatten, kamen wir dazu, einander anzuschauen. Da war Rita Korshikowa, eine Dreißigerin mit ungewöhnlich schönem Gesicht; ferner eine ältere Jüdin namens Anaplotis, die in Odessa mit einem Griechen verheiratet gewesen war, und schließlich die Grusinierin Domeniko Nikoladse, die ich schon von Kotschmess her kannte. Sie war überall unbeliebt und auch ich mochte sie nicht leiden. Immer war sie neidisch, ewig nörgelte sie. Auch jetzt brummte sie gleich unzufrieden: „Wir können hier im Schnee steckenbleiben, und kein Mensch kümmert sich um uns!" – „Verlaufen können wir uns ja nicht. Wir gehen auf dem zugefrorenen Fluß, an dem auch die ‚Ziegelei' liegt und werden bestimmt richtig hinkommen." – „Das schon, aber dann werden alle guten Plätze weg sein", fürchtete sie gleich wieder. – „In der Baracke sind acht untere Plätze, also reicht es für uns sieben", meinte ich, „aber, wenn Sie unbedingt wollen, versuchen wir, schneller zu gehen", und wir strengten uns an, rascher vorwärts zu kommen. Mir fiel es sehr schwer. Die vielen schlaflosen Nächte hatten mich entkräftet, und mein Herz machte mir zu schaffen. Dabei war ich durch monatelanges Sitzen in der Baracke und durch den Krankenhausaufenthalt des Gehens und der scharfen Winterluft entwöhnt. Wir marschierten schweigend. Ich bekam immer stärkere Herzbeklemmungen, wollte aber nichts sagen. Schritt für Schritt kämpfte ich gegen etwas an, was sich mir drohend entgegenzustellen schien.

Plötzlich tat sich ein schwarzer Abgrund vor mir auf, und ich glitt hinein ...

Als ich wieder zu mir kam, schnaubte ein Pferd dicht neben mir, und Schnee stob hoch unter seinen dampfenden Hufen. Der Kommandant hob mich auf den Schlitten. Nebenher lief Domeniko. Sie erzählte, ich hätte plötzlich das Bewußtsein verloren. Ihr Rufen habe niemand gehört, die anderen seien schon weit weg gewesen, fast in der „Ziegelei". Da habe sie mich auf ihre wattierte Jacke gebettet, damit ich inzwischen nicht erfriere, und dann sei sie gerannt und gerannt ... Ich bedankte mich herzlich bei Domeniko und dachte: Wie vorschnell man doch oft urteilt! Immer war diese Grusinierin für eine egoistische Misanthropin gehalten worden, aber hier, als es darauf ankam, hatte sie sich kameradschaftlich und altruistisch gezeigt.

Die Monate, die nun folgten, waren die angenehmsten meiner Gefangenenjahre, und wenn ich später an diese Zeit zurückdachte, schien es mir, als sei sie überhaupt durch nichts getrübt gewesen ...

Auf der „Ziegelei", wohin ich ja eigentlich geschickt worden war, damit ich vor den Nachstellungen meines Chefs Dimitrij Rosé Schutz fände, erhielt ich einen besseren Einblick in das private Leben der Gefangenen und vor allem in das Lagereheleben. Da hier – nicht so dicht unter den Augen des Gesetzes wie in Adak – alles „freier" war, herrschten auch andere Gepflogenheiten, als ich sie bisher gekannt hatte.

Das Lagerregime stellte sexuelle Beziehungen zwischen den Häftlingen unter Strafe. Die Verordnung wurde einmal sehr streng, einmal weniger streng gehandhabt. In Adak war es zum Beispiel verboten, daß Frauen die Männerbaracke betraten oder Männer in die Frauenbaracke gingen. Drei Tage Karzer stand auf Übertretung dieses Verbots. So war einmal die alte schwerhörige Frau Almass in den Isolator gekommen, weil sie in einer Männerbaracke erwischt worden war. Sie hatte einem hungrigen Invaliden, einem hinfälligen Mummelgreis, Brot geben wollen. Bei dem im Lager üblichen sturen Bürokratismus verfiel sie der Strafe wegen Übertretung eines Verbots, das selbstverständlich Disziplinbrüchige mit ganz anderen Motiven treffen sollte.

Nachts wurden die Trockenräume, die Wäscherei, das Bad, die

Küche, die Brotbäckerei inspiziert; überall wurden vermeintliche Liebespaare aufgestöbert und gehetzt, – aber wer wollte oder konnte jedem Fuhrmann, jeder Melkerin, jedem Holzfäller und jeder Erntearbeiterin Tag und Nacht nachlaufen? Es blieben genug Gelegenheiten für die, die sich treffen wollten, ganz abgesehen davon, daß die Kontrolleure vor ihrer eigenen Kontrolle so sicher waren, wie die Fliege, die auf der Klappe sitzt.

Auch wenn Kommandanten und Schutz-Soldaten alles aufboten, um sexuelle Beziehungen zwischen Gefangenen unmöglich zu machen, gelang es ihnen nicht, zu verhindern, daß Kinder gezeugt und geboren wurden.

Überblickte man die Möglichkeit zu illegalem Eheleben im Lager, so ergab sich folgendes: von den 880 bis 900 männlichen Gefangenen, die ein durchschnittlich 1000 Gefangene zählendes Lager beherbergt, konnten sich – von geringen Ausnahmen abgesehen – nur die Zugehörigen zu einer gewissen privilegierten Oberschicht eine Frau leisten, mit anderen Worten: sie verfügten über die Mittel, materiell für eine Lagerfrau zu sorgen. Gelegentlich hatten wohl noch Handwerker, die heimlich für Freie arbeiteten, oder auch gewöhnliche Arbeiter, die Pakete von zu Hause geschickt bekamen, die Möglichkeit, eine Frau mit durchzufüttern. Im ganzen gab es also in einem Lager vielleicht 70 bis höchstens 100 Menschen, denen die materielle Position das Verheiratetsein erlaubte, gerade genügend viele für alle diejenigen Frauen, die sich überhaupt kaufen lassen wollten.

Die Entlohnung war verschieden. Während der Sawchos, der Speicherverwalter, die Expedienten, die Agronomen und der „Inhaber" des Ladens hauptsächlich direkt mit Lebensmitteln zahlten, gab es andere – vor allem die Ärzte, Heilgehilfen, die Angestellten der Arbeitsverteilungsstelle und die Brigadiere, die ihren Frauen Arbeitsbefreiungen oder Arbeitsvergünstigungen verschaffen konnten. Wenn gewöhnliche Gefangene, die zur „grauen Masse" gehörten, eine Frau haben wollten, war es sogar üblich, mit Arbeitsleistungen zu zahlen. „Ruh dich aus, ich mach dir deine Norm fertig auf den dritten Kessel", sagte der Mann. „Was du mir schuldig bist, ist wohl klar. Geht in Ordnung?" – „Versteht sich", antwortete die Frau, sinkt müde ins Moos, verschränkt die Arme unter dem Kopf und schließt die Augen. Was ist schon dabei! denkt sie ... Schließlich will sie ja am Leben bleiben.

Auf solcher Grundlage kam allerdings kaum eine Lagerehe zustande; sondern hier handelte es sich um Verbindungen, die sich von berufsmäßiger Prostitution nur wenig unterschieden. Auch die traditionelle Art „käuflicher Liebe" war natürlich weit verbreitet. Für ein Schneehuhn, für ein Kesselchen Beeren, für eine Handvoll Machorka, für ein Stück Brot oder Shmych (Ölkuchen), gaben sich manche Frauen jedem beliebigen Manne hin.

Diejenigen unter den prominenten Gefangenen, die nicht in der allgemeinen Baracke zu wohnen brauchten, sondern ein separates Dienstzimmer hatten, waren natürlich in puncto „Liebe" am besten dran. Überhaupt wurden die Prominenten, die ihr eigenes „Liebesnest" hatten und nicht auf zufällige Begegnungen in Heuschobern oder auf Dachböden angewiesen waren, meist gar nicht verfolgt. Die Leidtragenden waren immer nur die Nichtprominenten.

Meine beiden Verehrer waren der Feuerwehrmann U., ein Tatare, und der Kommandant W., ein Ukrainer. Beide belagerten mich unentwegt, und der eine wachte mißtrauisch über den anderen. Kostlas Davidis, ein fetter Grieche, bemühte sich um Domeniko, die aber fest entschlossen war, ihn abzuweisen, obwohl er den beneidenswerten Posten des Lebensmittelverwalters hatte, denn eine nationalstolze Grusinierin wird sich selbst einen Lager-Ehemann immer nur aus ihrem eigenen Volke wählen. Domeniko erkrankte übrigens nach kurzer Zeit und wurde nach Adak zurückgestellt. An ihrer Stelle kamen gleich vier Neue: Valentina Berg, Anna Isakowa, Assja Altschuler und Anna Kokkonen, meine alte finnische Freundin. Es dauerte nicht lange, und fast sämtliche Bewohner der „Frauenbaracke" waren in „festen Händen".

Der Waldbrigadier Senja Konenko hatte eine Schwäche für gutes Essen; er nahm sich Anna Iwanowa Issakowa zur Frau, die gute Lebensmittelpakete bekam und vorzüglich kochen konnte. Sascha Smirnow, dieser leichtsinnige Schürzenjäger, der Vater von sechs oder sieben „Lager"-Kindern war, eroberte sich Valja Berg, die frühere Gattin eines Stellvertretenden Volkskommissars, die zu Hause schon einen erwachsenen Sohn hatte. Der von mir abgewiesene Kommandant, Lukaschenko, tröstete sich mit Manja Browar.

Assja Altschuler, eine Karäerin aus Melitopol, saß Abend für Abend mit dem Buchhalter der „Ziegelei", dem Armenier Nikolas Amrojan, im Kontor und behauptete, im Tête-à-tête mit ihm die Kunst der Buchführung zu lernen.

Schließlich hatten auch Shenja A. und Raissa A. unter den Gefangenen, die auf allgemeiner Arbeit waren, Ehemänner gefunden; „unverheiratet" blieben nur Anna und ich übrig. Gerade wir beide, die wir als Publizistinnen in unserer Vergangenheit für Befreiung der Frau von den Gesetzen des Muckertums eingetreten waren, konnten uns nicht entschließen, mit dem „ersten besten" Mann eine leichtfertige Liaison einzugehen. Sah man doch, daß die meisten dieser Verbindungen nur aus wirtschaftlichen Gründen erfolgten und auf keinem inneren Bedürfnis basierten. Ich bereue keineswegs, daß ich 8 Monate mit M. so etwas wie ein Privatleben genossen hatte; nicht prinzipiell war ich gegen eine Lagerehe, aber alles in mir lehnte sich dagegen auf, mit einem Manne zusammenzuleben, mit dem ich mich weder durch gemeinschaftliche Bildungserlebnisse, noch durch gleiche geistige Interessen verbunden fühlte.

Der Wunsch des Menschen, mit einem anderen sein Leid zu teilen, ist ja durchaus verständlich, und nirgends wird er ungeduldiger und stärker zum Durchbruch drängen, als in einem Gefangenenlager, in einem Leben des Entrechtetseins und der Sklaverei, aber in vielen, sehr vielen Fällen sah ich nichts von dieser seelischen Gemeinschaft; – die meisten Lagerehen waren Zweckverbände auf materieller Grundlage, analog übrigens, wie sie es auch im zivilen Leben oft sind; nur war man in der Gefangenschaft notgedrungen weniger wählerisch. Und wenn man sich erinnert, daß Marx die bürgerliche Ehe in der kapitalistischen Gesellschaft „nichtoffizielle Prostitution" genannt hat, so konnte man feststellen, daß sich die meisten Lagerehefrauen ganz offen wie Prostituierte benahmen. Allerdings bemühten sich unsere neuverheirateten Zimmergenossinnen eifrig, ein gewisses Dekorum zu wahren. Die allgemeine Heuchelei war merkwürdig und – abstoßend.

Es kam vor, daß ich gesprächsweise freie Gedanken über die Ehe und das Recht der Frau über sich selbst äußerte. Dann traten alle Frauen – außer Anna Kokkonen – gegen mich auf, dieselben Frauen, die sich in der Freiheit ihren Mann nach seiner wirtschaftlichen und sozialen Position ausgesucht hatten, und die im Lager von Hand zu Hand gingen, um versorgt zu sein. Ich erwähnte Alexandra Kollontaj, die Verfechterin der Frauenemanzipation und der freien Liebe. Ihre Bücher, die in Deutschland seinerzeit Aufsehen erregt hatten, waren im Vaterland der Autorin unbekannt – jedenfalls bei allen den Frauen in Kotschmess, in Adak und auf der „Ziegelei", die ich fragte. Später erfuhr ich, Alexandra Kollontajs Bücher seien ungefähr im Jahre 1928 aus den Bibliotheken entfernt worden.

Diskussionen über die Beziehungen der Geschlechter, ja überhaupt die Themen „Sexualität" und „Erotik" waren tabu. Erotische Wünsche? So etwas komme doch nur bei Männern vor, entgegnete man mir verständnislos – oder nur heuchlerisch. Ich wagte nicht, es zu entscheiden. Wenn Frauen aus sozial höheren Schichten im Lager das Pech hatten, schwanger zu werden, dann wurden sie von den einen geächtet und von den anderen, den Toleranten, mit den Worten entschuldigt: „Die Arme! Sie war hungrig, deshalb hat sie sich mit dem Mann einlassen müssen."

Wir kamen zu keiner Verständigung über dieses heikle Thema. Aber – wie dem auch sei, das, was man in der ganzen Welt „Prostitution" nennt, wurde im Lager von den Angehörigen aller Nationen, aller Rassen und Religionen betrieben.

In Butyrki war viel darüber gerätselt und phantasiert worden, was für Arbeiten uns später im Lager erwarten würden. Hier in der Ziegelei war ich für die Bemalung von Blumentöpfen verantwortlich. Eine Mitgefangene, die mir aber damals prophezeit hätte, ich würde im Arbeitslager Ölmalerei lernen und griechische Vasen bemalen, hätte ich sicherlich für irrsinnig gehalten. Unsere Künstlerwerkstatt war in der Tat eine fast „sonderbar" zu nennende Ausnahme. In unserer nächsten Nähe wurden Hunderte von armen Teufeln bis aufs letzte ausgebeutet, während wir im Atelier saßen. Aber morgen schon – das wußten wir – konnten wir auch wieder zu jener grauen Masse der Zwangsarbeiter gehören. Der Gefangene jedoch denkt nur an den heutigen Tag ...

Museumserinnerungen waren für meine neue Aufgabe sehr ergiebig. Aus dem Gedächtnis kopierte ich Landschaften berühmter Maler, und im eifrigen Wettbewerb entstand eine ganze Serie von Amphoren mit Miniatur-Paysagen. Den „Goldenen Herbst" und das „Wehr" von Lewitan, Dorf- und Waldbilder nach Schischkin und Polenow, nach Schtschedrin, Sserar Serow und Korowin malten meine Kollegen, und in meinen Landschaften fanden sich Motive von Pissarro, Sisley und Monet, von Vlaminck und Marquet, von Lovis Corinth und Max Pechstein, – ein Sammelsurium skrupelloser Plagiate.

Die Prämierung von Arbeitern und ihre öffentliche Belobigung auf der roten Ehrentafel gab unter den Gefangenen öfters Anlaß zu grundsätzlichen Debatten. Verträgt es sich – so wurde gefragt – mit dem politischen Gewissen eines „Trotzkisten", „Spions" und „Konterrevolutionärs", daß er Stachanow-Arbeiter (Udarnik) ist? Die Entscheidung der Frage wurde dadurch scheinbar simplifiziert, in Wirklichkeit aber kompliziert, daß jede solche Hervorhebung mit materiellen Vorteilen verknüpft war.

Viele erklärten kurz und bündig: „Ich war früher mal ein loyaler Sowjetbürger. Man hat mich zum ‚Volksfeind' gestempelt, und nach allem, was ich durchgemacht habe, bin ich jetzt tatsächlich das geworden, dessen ich früher fälschlicherweise beschuldigt wurde: ein *Kontr*. Nicht ein Konterrevolutionär, sondern ein Konterstalinist, nicht ein Feind des Volkes, sondern ein Feind der derzeitigen sowjetischen Machthaber. Ich habe nicht den geringsten Grund, mich etwa für diesen Staat abzurackern. Aber ich muß leben. Ich arbeite nicht fürs Lager, sondern für mich. Und wenn ich das ganze Schlamassel überleben will, so muß ich eben hohe Prozente machen und mir einen höheren ‚Kessel' verdienen. Das ist doch logisch."

Das Hauptargument gegen solche, die schlecht arbeiteten oder herumlungerten und redeten: „Ich denke gar nicht daran, mich zu schinden, soll doch der Stalin selber arbeiten, wenn ers nötig hat", war immer: „Du arbeitest doch nicht für Stalin, sondern für Dich, damit Du nicht verreckst." In vielen Fällen waren die Arbeitsverweigerer überhaupt keine politischen Saboteure, sondern arbeitsscheue Elemente, die sich ein politisches Mäntelchen umhängten.

Ich teilte den Standpunkt der prinzipiellen „Schädlinge" nicht, weil ich Sabotage, ganz besonders in der Sowjetunion, nicht für ein geeignetes Mittel im politischen Kampfe hielt. Manchmal habe ich mir die Frage vorgelegt, wie ich mich wohl in einem nazistischen KZ benommen hätte. Unter einem totalitären Regime individuell die Arbeit zu verweigern, ist überhaupt Nonsens – es ist identisch mit Selbstmord –; aber vielleicht schlossen sich unsere Genossen in den deutschen KZ's zu einer organisierten Sabotage zusammen, dann hätte natürlich jeder überzeugte Nazigegner sich beteiligen müssen.

Neben den politischen spielen aber auch psychologische Momente eine Rolle. Für einen Menschen mit meinem Charakter und meiner Mentalität wäre Sabotage das Schwierigste gewesen, was man hätte verlangen können; denn ich hatte doch meinen unausrottbaren Ehrgeiz bei der Arbeit, den Wunsch, alles so gut wie möglich zu machen. Es muß schwer sein, etwas absichtlich schlecht auszuführen, dachte ich.

Am 19. September 1940 erhielt ich endlich wieder einen Brief von meinem Sohn Wolodja. Der Brief war vom 1. Juli datiert; er war also, obwohl in russischer Sprache geschrieben, 81 Tage unterwegs gewesen! Wolodja schrieb, er stehe vor dem Abschlußexamen des Vorbereitungskurses. Wenn er die Prüfung bestehe – und daran sei kein Zweifel –, werde er in der Moskauer Hochschule für Fremdsprachen aufgenommen. Dann werde er auch nicht mehr im Kinderheim wohnen, sondern in der Studenten-Gemeinschaftswohnung des Instituts. Als ich den Brief las, war Wolodja also vermutlich schon Student. So einen großen Sohn hatte ich nun schon. Ich hatte ihn bereits vier Jahre lang nicht gesehen und bei dem Gedanken, ihn in Jahresfrist wiederzusehen, fühlte ich meine Spannkraft wachsen.

Damals, als ich mein Urteil erfahren hatte, und noch während der ersten Monate im Lager auf dem Staatsgut Kotschmess I hatte ich es für unmöglich gehalten, daß ich diese fünf Jahre überleben werde. Nun aber lagen schon fast vier Jahre hinter mir ...

Eigentlich, wenn ich es recht bedachte, hatte ich doch bisher kolossales Glück in der Gefangenschaft gehabt. Wieviele Frauen, die ihr Lagerdasein einst als junge, gesunde Arbeiterinnen angefangen hatten, waren jetzt nicht mehr wiederzuerkennen. Und wie viele lebten schon nicht mehr! Ich hingegen, die ich als Invalide ins Lager gekommen war, hatte gerade dadurch die Chance gehabt, mich vor schwerer physischer Arbeit zu drücken, und war ohne ernsteren gesundheitlichen Schaden geblieben. So wenigstens schien es mir damals.

Es ging das Gerücht, daß Ausländer vorzeitig freigelassen und abgeschoben werden sollten. Ich hielt das für ausgeschlossen. Aber trotzdem, für den Fall, daß das Unmögliche möglich wurde, bat ich Franz B., meinen Freunden in England Nachricht zu geben. Übrigens hätte Franz B. in nicht allzu ferner Zeit bereits frei werden müssen. Seine Strafzeit war im April 1941 abgelaufen. Ich bat ihn, sich mit meinem Sohn in Verbindung zu setzen und ihm ein paar Worte von mir zu überbringen. Auf einen Fetzen Stoff malte ich mit Farbe ein Briefchen an meinen Wolodja. Den beschriebenen Lappen nähte ich in Franz B.'s Jacke ein, zwischen Stoff und Unterfutter. Für den Fall jedoch, daß Franz B. etwa in ein anderes Lager käme, versprach er, sofort nach seiner Ankunft im neuen Bestimmungsort zu schreiben.

Wieder, wie so oft im Lager, endete die ganze Verabredung mit einem völligen Fiasko. Weder haben wir einen Brief von Franz B. erhalten, noch ist er je bei meinem Sohn aufgetaucht oder hat ihm geschrieben. Auch Franz B. ist verschollen, wie so mancher andere.

Mit Beginn des Kalenderjahres 1941 fingen wir – die im Jahre 1936 Inhaftierten – tatsächlich ernsthaft an, uns Gedanken über das „Nachher" zu machen. Daß entlassene Strafgefangene sich nicht in jeder beliebigen Stadt ansiedeln dürfen, war uns bekannt. Die Einschränkungen waren verschieden. Manche Freigelassene erhielten „minus neun", das heißt, sie durften überall wohnen, mit Ausnahme von neun großen Städten: Leningrad, Moskau, Kiew, Charkow und so weiter. Andere bekamen „minus zwanzig" oder „minus vierzig". Da waren dann schon die Hauptstädte der Unionsrepubliken inbegriffen. Außer diesen Großstädten waren auch Hafenstädte und Orte nahe einer der Grenzen verboten und schließlich die Umgebung von Leningrad und Moskau in einem Radius von 100 Kilometer.

Wohin sollte man gehen? Ich war ratloser als alle anderen. In den Norden wollte ich keinesfalls, mein Bedarf an Kälte, Schnee und Eis schien mir für den Rest meines Lebens reichlich gedeckt; sogar am Polarlicht, so schön es ist, hatte ich mich satt gesehen. Man riet mir zur Ukraine, zu Zentralasien oder zum Kaukasus. Zentralasien – also die kasachische, turkmenische, usbekische, tadshikische oder kirgisische Republik – lockte mich nicht.

Die Ukraine wieder schien mit ungeeignet, da ich dort abermals ein halber Analphabet sein würde. Kaum hatte ich einigermaßen Russisch gelernt, würde ich schon wieder eine andere Sprache lernen müssen, denn nirgends, hieß es, werde so viel Wert auf eine nationale Schriftsprache gelegt wie in der ukrainischen Unionsrepublik. Auch in den kaukasischen Sowjetrepubliken (Georgien, Armenien, Aserbaidshan) werden natürlich nichtrussische Sprachen gesprochen. So blieb für mich nur das südliche Rußland übrig: Dongebiet, Kuban und Nordkaukasus. Ich dachte an Krasnodar, wo Semjon M. studiert hatte, an Anapa, Maikop oder Armavir, an Wolgodonsk oder Morosowsk, schließlich auch an Naltschik, wo – wie es hieß – Anna Meyer lebte. Man schlug Taganrog vor. Taganrog, die Geburtsstadt Tschechows, liegt am Asowschen Meer, nicht weit von Rostow am Don. Dort sei eine gut entwickelte Industrie, landschaftlich sei es wundervoll gelegen und klimatisch äußerst günstig. Der Vorschlag gefiel mir, aber wie wollte ich mit meiner Freundin Sonja Liebknecht und mit meinem Sohne über die Sache korrespondieren.

Ende Februar oder Anfang März 1941 wurde die keramische Werkstatt der Ziegelei auf höheren Befehl liquidiert. Es seien keine Absatzmöglichkeiten mehr für unsere Produktion vorhanden, hieß es. Meine drei Mitarbeiter kamen auf allgemeine Arbeit. Mir schlug der Leiter der „Ziegelei" vor, das Amt des Trockners zu übernehmen. Da die Gefangenen weder Kleidung noch Schuhwerk zum Wechseln besaßen, war es notwendig, nachts die Sachen zu trocknen. Auf der „Ziegelei" gab es keinen besonderen Trockenraum zu diesem Zweck, der große Trockenraum für die Ziegelei wurde als „Suschilka" für die Sachen benutzt. Die Arbeitszeit betrug elf Stunden, von sieben Uhr abends bis 6 Uhr morgens.

Kaum hatte ich am ersten Abend meiner neuen Tätigkeit meinen Posten bezogen, da erschien Ewald Knaus, der Wolga-Deutsche, der mit unserer Shenja A. lebte, und erkundigte sich, erst stotternd, so daß ich gar nicht verstand, worauf er hinaus wollte, aber dann mit einem Mal deutlich und frech werdend, ob ich nicht..., und die Gelegenheit sei doch hier so günstig und so weiter. Ich war wütend und schmiß ihn ziemlich unsanft raus.

Gleich darauf kamen noch zwei mit demselben Anliegen. Der vierte Freier war ein junger hochgewachsener Mann, namens Mironowitsch. Der brachte gleich drei Schneehühner mit. Er war sehr erstaunt, daß ich ihn abwies. Offenbar war er seiner Sache ganz sicher gewesen, denn erstens war er zweifellos ein sehr gut aussehender Mann, und zweitens kam er nicht mit leeren Händen.

Übrigens benahm er sich nach der Absage ganz wohlerzogen und fragte höflich: „Wie schade, ich habe mich wohl verspätet? Darf ich wissen, mit wem Sie hier ...?" Da mußte ich schon wirklich lachen. Als M. sich zum gehen wandte, erschien Sascha Smirnow, der berüchtigte Schürzenjäger, der noch immer mit Valja Berg lebte, aber auch gern mal einen Seitensprung machte. „Tag, Sascha, was wollen *Sie* denn hier?" fragte ich. „Ich glaube, das gleiche", sagte er mit einem forschen Seitenblick auf M. „Na, seid Ihr denn alle verrückt geworden?" fragte ich. „Wenn es Euch leid tut, daß die schöne Gelegenheit nicht ausgenützt wird, bitte, Ihr könnt Euch von mir aus hier mit Euren diversen Freundinnen treffen. Ich bin kein Sittenschnüffler, sondern habe nur auf die Filzstiefel und auf die wattierten Hosen aufzupassen. Alles andere geht mich nichts an. Die Suschilka ist groß genug. Nur eins bitte ich mir aus. *Mich* laßt gefälligst in Ruh." – „Ja, warum haben Sie denn dann diese Arbeit angenommen?" fragte Sascha ganz verwundert.

Das beste kam aber noch. Es mochte schon elf Uhr abends sein, da tat sich die Tür auf und Urdjuj Awgaj, der Feuerwehrmann, erschien. Er stellte seine Laterne hin, setzte sich neben mich und eröffnete mir, er habe hier in der Suschilka die vom Standpunkt der Feuergefahr das Objekt Nummer Eins sei, eine Art Hausrecht. Von jeher habe er mir den Hof gemacht; jetzt sei endlich der Zeitpunkt gekommen ... Er werde nicht dulden, daß ich hier mit jemand anderem ein Rendezvous hätte. Ich klärte ihn darüber auf, daß ich keinerlei Nebenabsichten mit der Arbeit im Trockenschuppen verbände, aber er ließ sich nicht so leicht abweisen. Anderthalb Monate lang arbeitete ich als Trocknerin, und jede Nacht kam dieser U. – der direkt neben der Brennerei in seinem Fuerwehrdepot wohnte – zwei- oder dreimal in die Suschilka, um mich zu „kontrollieren". Er sollte mir noch recht lästig werden, dieser abgewiesene Verehrer, viel lästiger, als ich anfangs geglaubt hatte.

Eines Abends, es mochte zwischen 10 und 11 Uhr sein, hörte ich plötzlich ein Geräusch. „Wer ist dort?" fragte ich scharf. „Haben Sie keine Angst" ließ sich eine mir völlig fremde Stimme vernehmen. „Angst! Lächerlich! Ich fürchte mich überhaupt nicht. Aber ich frage offiziell als Diensttuende, wer ist da." – „Ich bin es", sagte der Fremde. „Ich ist jeder", entgegnete ich ärgerlich. „Sie haben Ihren Namen zu nennen und zu sagen, was Sie hier wollen, wenn ich Sie frage."

Es war der erste Brigadier der Ziegelei Pawel D. L., mit dem ich wohl früher schon einige Male zusammengekommen war, der aber so wenig Eindruck auf mich gemacht hatte, daß ich ihn nicht erkannte. „Ach so, Sie! Na, warum sagen Sie das nicht gleich!" entgegnete ich und kümmerte mich weiter nicht um ihn, da er ja zu denen gehörte, die das Recht hatten, jederzeit die Suschilka zu betreten. Nachdem er sich eine Weile an einer der Trockenstellagen zu schaffen gemacht hatte, rief er mir ein „Gute Nacht" zu und ging fort.

Unser Lagerleiter schätzte seinen Mitarbeiter Pawel D. L. sehr hoch und ernannte ihn stets zu seinem Stellvertreter, wenn er selbst abwesend war. Auch die Arbeiter liebten diesen Brigadier sehr, sie nannten ihn alle „Pascha" (Koseform von Pawel). Ein Adonis war Pawel D. freilich nicht. Er hatte eine schlechte Körperhaltung, und seine Beine waren nicht ganz gerade. Schön waren nur seine leicht gebogene Nase, die gar nicht in das Dutzendgesicht passen wollte, und seine langen schmalen Hände. Als ich Pawel kennenlernte, war er 41 Jahre alt; er wirkte jedoch älter, weil er durch Skorbut einen Vorderzahn verloren hatte. Aber nicht nur äußerlich war er so wenig repräsentativ; er war auch viel zu still und bescheiden, als daß er – so schien es mir – irgendwo hätte eine Rolle spielen können. Ich war erstaunt, als ich hörte, Pawel sei Lehrer bei der Roten Armee gewesen und habe im Range eines Kommandeurs gestanden.

Pawel L. hatte reges Interesse für philosophische Fragen, insbesondere für Erkenntnistheorie. Öfters diskutierte er mit Barackenkameraden, vor allem mit dem Materialverwalter der „Ziegelei", B., einem ehemaligen Mathematikprofessor. Einmal kamen sie auf Probleme der Axiomatik und der nichteuklidischen Geometrie zu sprechen und konnten sich nicht einigen. Da sagte, wie mir Pawel erzählte, B.: „Wenn überhaupt jemand, dann kann uns das höchstens Leonhard erklären, die hat ja Mathematik und Philosophie studiert ...", und Pawel D. wurde von seinen Diskussionspartnern, den Bewohnern der „technischen Baracke" beauftragt, mich bei nächster Gelegenheit um Auskunft zu bitten. Ich erzählte ihm vom Euklidschen Parallelenaxiom, von den Begründern der nichteuklidischen Geometrie, Bolyai und Lobatschewskij, von der n-dimensionalen Geometrie Riemanns, von der Zeitkoordinate und dem „Weltpunkt" Minkowskis und von den Riemannschen Flächen. Nicht nur bis in die Axiomatik, sondern sogar bis in die Mengenlehre verstiegen wir uns bei unseren mathematischen Streifzügen. Ich berichtete über die verschiedenen Versuche, die Mathematik auf ein neues Fundament zu stellen: über die logizistische Grundlagentheorie Bertrand Russells, über die axiomatische David Hilberts und über die intuitionistische L. E. J. Brouwers. Erfreut, einen aufmerksamen Zuhörer zu haben, holte ich meine Reminiszenzen aus den Büchern von Frege und Peano, aus Russells „Principia mathematica" und Hilberts „Grundlagen der Geometrie" hervor. Die „Paradoxien des Unendlichen" Bolzanos und die „Antinomien der Mengenlehre" bereiteten uns nicht wenig Kopfzerbrechen.

Noch schwieriger war es, dem „dialektischen Materialisten" Pawel D. die philosophischen Grundbegriffe einer metaphysikfreien Philosophie nahezubringen. Doch gelang es mir, Erinnerungen aus der kleinen programmatischen Schrift „Wissenschaftliche Weltauffassung", mit der der „Wiener Kreis" im Jahre 1929 an die Öffentlichkeit getreten war, lebendig werden zu lassen. Aus den Büchern „Der logische Aufbau der Welt", „Scheinprobleme der Philosophie" (von Rudolf Carnap), „Allgemeine Erkenntnislehre", „Raum und Zeit in der gegenwärtigen Physik" (von Moritz Schlick), „Relativitätstheorie und Erkenntnis a priori", „Philosophie der Raum-Zeit-Lehre" (von Hans Reichenbach), zuletzt, 1932, noch „Das Kausalgesetz und seine Grenzen" (von Philipp Frank), und „Philosophie der Mathematik" (von Walter Dubislaw), aus allen diesen Werken, die ich um 1930 gründlich gelesen hatte und über die in der „Gesellschaft für empirische Philosophie" in Berlin häufig diskutiert worden war, versuchte ich, die erkenntnistheoretischen Grundlagen zu rekonstruieren und sie an der modernen Physik und Mathematik zu erläutern.

Auch für die neueste Physik und Kosmologie interessierte sich Pawel D. brennend. So gut ich konnte, gab ich ihm einen Überblick über die Quantentheorie von Planck und das quantenphysikalische Atommodell von Niels Bohr, über Ernst Machs bahnbrechende Kritik an der Newtonschen Mechanik, über den Michelsonschen Lichtversuch, das „Machsche Prinzip", die Einsteinsche Äquivalenzhypothese und die Relativitätstheorie. Ich erzählte von Louis de Broglies Wellentheorie der Materie, von Erwin Schrödingers quantenphysikalischer Wellenmechanik und von Werner Heisenbergs Unbestimmtheitsrelation. Was Struktur und Entwicklung des Kosmos anbelangte, so war Pawel D. bei Kants Nebularhypothese stehengeblieben. Ich erklärte ihm die – auf den Entdeckungen Hubbels basierende – „relativistische" Kosmologie; ich berichtete von Einsteins Raum-Zeit-Kontinuum, von de Sitters vierdimensionaler Pseudokugel, von Eddingtons und Lemaîtres sich ausdehnendem Universum, vom Friedmann-Lobatschewskijschen Weltmodell. „Und wer weiß, wie viel weiter die Erforschung inzwischen schon gekommen ist, während wir hier ..."

Komisch waren die äußeren Umstände unserer mathematico-philosophischen Gespräche. Gewöhnlich saßen wir höchst unbequem auf den unteren Brettern einer Trockenstellage, und vor mir hatte ich, wie ein Schafhirte seine Herde, vier oder fünf Dutzend schmutziger, stinkender Filzstiefel, die auf dem heißen Sandfußboden trockneten. Aber und zu setzte ich sie um, weil nicht alle Stellen des Bodens gleich heiß waren. Der Trockenraum wurde von unten durch vier große Heizrohre geheizt. Wenn wir so dasaßen und diskutierten, kam auch meist A., der Feuerwehrmann, dazu und kauerte sich, wie das bei den Tataren üblich ist, in Hockstellung uns gegenüber. Er schien streng darüber zu wachen, daß hier nichts anderes vor sich ging, als „unnützes Geschwätz". Der arme A.! Gähnend und seine Unlust schlecht verbergend saß er da und hörte uns zu. „Philosophie" sei das, worüber wir redeten, hatten wir ihm gesagt, aber mitunter lachten wir. Warum wohl? Ob nicht doch dieses mit einem so unverständlichen Wort wie „Russellschen Paradoxon" bezeichnete Ding, über das wir uns so amüsierten, nur eine Tarnung war? schienen seine mißtrauischen Blicke zu fragen. Die Tatsache, daß Pawel L. und ich nie eng nebeneinander saßen, sondern Pawel meist noch seine Laterne zwischen uns stehen hatte, schien A. zu beruhigen, andererseits war ihm aber dieser „ewige Pawel" ein Dorn im Auge.

Mit der Zeit erfuhr ich einiges aus dem Leben Pawels. Auch *sein* Schicksal, wie das meines ersten Freundes im Lager, Semjon M., war das typische Schicksal eines jungen Sowjetmenschen in der Zeit nach der Oktoberrevolution. Geboren war Pawel als dritter Sohn eines Bauern in einem Dörfchen nördlich von Wologda, also ungefähr auf derselben nördlichen Breite wie Oslo oder Leningrad. Ganz analphabetisch, wie viele andere Dorfjungen, war Pawel L. nicht geblieben. Er besuchte zwei oder drei Jahre lang die Schule seines Heimatdörfchens, die, wenn ich recht verstanden habe, eine Episkopalschule war. Zum Ärger seines Vaters, der Beschäftigung mit Büchern für Faulenzerei hielt, wurde Pascha ein eifriger Leser. Er ging jede Woche ein- oder zweimal in ein fünf Kilometer entferntes größeres Kirchdorf, wo es eine Volksbibliothek gab. Wenn der Junge ein Buch zurückbrachte, stellte die Bibliothekarin ihm Fragen oder ließ sich den Inhalt erzählen. So machte sie sich ein Bild von der geistigen Entwicklung des kleinen Pawel und half ihm weiter. Außer Kinderbüchern, Reisebeschreibungen und Abenteurergeschichten las Pawel L. damals schon die Werke der russischen Erzähler: Tschechow, Andrejew, Tolstoj, Korolenko, Kuprin, Gorkij und Gontscharow.

Während des ersten Weltkrieges blieb Pascha allein mit seiner Mutter und dem kleinen Brüderchen. Er, der Vierzehnjährige, mußte die schwere Arbeit des Vaters verrichten: pflügen, Heu machen, Brennholz für den Winter herbeischaffen, den Stall ausmisten.

Nach der Oktoberrevolution war der junge Pawel einer der ersten, die sich dem Komsomol anschlossen, und bald wurde er Sekretär der Komsomolorganisation seines Heimatbezirks. Zur Belohnung für aufopferungsvolle Arbeit schickte man ihn auf eine Schule. Dann kam er zum Militärdienst, danach studierte er Volkswirtschaft, und schließlich wurde er Dozent für „Politökonomie" in der Armee. Als nach der Ermordung Kirows im Dezember 1934 die Leningrader Partei- und Jugendorganisation in Verruf geriet, und als dann die Nachforschungen und Schnüffeleien einsetzten, wer jemals auf Seiten der „konterrevolutionären", sinowjewschen Richtung gestanden habe – nebenbei gesagt, hatte ja jedes Parteimitglied zu einer gewissen Zeit notwendigerweise für Sinowjew, den Leiter der Leningrader Parteiorganisation, gestimmt! – erkannte Pawel sehr schnell, daß es ihm, ebenso wie hunderttausend anderen, an den Kragen gehen würde.

Er versuchte, sich zu retten, in dem er um seine Versetzung nach Archangelsk bat, wo der Bruder seiner Frau lebte. Die Versetzung erhielt er; aber er konnte den Schicksalsschlag dadurch nicht abwenden. Zunächst verlor er seine Stellung. Er arbeitete einige Monate lang in der Kommunalverwaltung. Im September 1937 wurde er schließlich verhaftet und zu fünf Jahren Besserungs-Arbeits-Lager verurteilt.

Pawel L. war ein ausgezeichneter Kenner und Interpret des Marxismus. Er hatte ein enormes Gedächtnis. Über jedes beliebige Thema, sei es russische Parteigeschichte, Dialektik der Natur oder historischer Materialismus, konnte er aus dem Stegreif einen ausgezeichneten Vortrag halten, nicht in der seichten phrasenhaften Art, wie man es bei den sowjetischen Leitartiklern und Versammlungsrednern gewöhnt war, sondern wirklich gut fundiert. Sobald aber der enge Umkreis seiner „Polit-Ökonomie" und des „Marxismus-Leninismus-Stalinismus" überschritten wurde, war bei Pawel tabula rasa. Er war sich selbst der Einseitigkeit seiner Bildung bewußt.

Als ich ihm zum Beispiel einmal von Protagoras und Karneades sprach und ein andermal Francis Bacon und David Hume erwähnte, stellte es sich heraus, daß Pawel kaum etwas von ihnen wußte. Er kannte überhaupt keinen einzigen Philosophen im Original. Ob Rationalismus oder Sensualismus, ob Positivismus oder Pragmatismus, ob Logizismus, Phänomenologie oder Empiriokritizismus – einerlei, das waren ja alles „Idealisten", mit denen der sowjetische Student sich nicht abzugeben brauchte, wenn er nur wußte, wie Lenin in seinen philosophischen Schriften all diese „Philosophen" widerlegt und ad absurdum führt. Descartes und Hobbes, Spinoza und Locke, Leibniz und Berkeley, Diderot und Kant, Hegel, Comte und Feuerbach, Ernst Mach, Bergson und Husserl –: sie alle kannte Pawel nur dem Namen nach oder höchstens in marxistischer Interpretation.

Außer Marx' „Elend der Philosophie", Engels' „Herrn Eugen

Dührings Umwälzung der Wissenschaft" und Lenins „Materialismus und Empiriokritizismus" hatte Pawel L. kein einziges philosophisches Buch gelesen. Das polemische Werk „Das Elend der Philosophie" von Karl Marx wurde studiert, aber ein Blick in Pierre Joseph Proudhons „Philosophie des Elends" zu werfen, war nicht vorgesehen. „Wieso eigentlich nicht?" fragte ich Pawel. „Und von Euch, den Studenten, hat sich niemand nach diesem Buch erkundigt? Nicht, daß *ich* Proudhons Qu' est-ce que c'est que la propriété ou: Recherches sur le principe du droit et du gouvernement" (1840) und „Philosophie de la misére ou: Système des contradictions économiques" etwa höher einschätze als die soziologischen Werke von Marx! Keineswegs. Aber sehr interessant sind sie zweifellos, und Marx selbst hat Proudhons erstes Buch, in dem der weltberühmte Satz ‚La propriété c'est le vol' (Eigentum ist Diebstahl) steht, sogar für ‚epochemachend' erklärt. Später allerdings war sein Urteil abfällig: Proudhons Bücher seien der Kodex des Sozialismus des „petit bourgeois". Durch die stark polemisch gefärbte Kritik Marx' in „Das Elend der Philosophie" bekommt der Leser überhaupt kein klares Bild von den soziologischen Lehren P. J. Proudhons, in denen der sogenannte Mutualismus (gegenseitige Hilfe) eine Art Anarchismus, befürwortet wird ... Übrigens ist Proudhon der erste Sozialphilosoph, der sich theoretisch mit der Institution von ‚Räten' beschäftigt hat", fügte ich hinzu. Pawel D. fand, im Lande des Rätesystems sollte man eigentlich hierüber informiert werden. „Auf jeden Fall ist nicht einzusehen, warum Stalin den Studenten die Bücher Proudhons vorenthält."

Pawel L. und seine Kommilitonen hatten nie etwas von Ludwig Feuerbach gelesen. Man könne sich mit *dem* begnügen, was Marx und Engels über Feuerbach geschrieben haben, hieß es. Selbst die Bücher von Marx und Engels „Die deutsche Ideologie" und „Die heilige Familie" – eine Satire auf den deutschen Idealismus – gehörten nicht zur vorgeschriebenen Lektüre des sowjetischen Politökonomie-Studenten, und erst recht nicht die Beschäftigung mit den Philosophen, gegen die in diesem Werk polemisiert wird.

Daß *Marx* mit dem vulgären Ausdruck „Scheiß-Positivismus" für alle Kommunisten aller Völker und aller Zeiten ein Verdammungsurteil über die Lehren des französischen Philosophen Auguste Comte (1798–1857) gefällt hat, weiß jeder sowjetische Student; und da ihm selbstverständlich nicht zusteht, an der Berechtigung dieser abfälligen Kritik zu zweifeln, bleibt Comte in den Augen der Studierenden für immer ein Scharlatan. Comtes Werke jedoch, der „Cours de philosophie positive" oder „Discours sur l'ésprit positif" stehen dem Philosophiestudenten nicht zur Verfügung, und so erfährt er weder, daß Auguste Comte einer der bedeutendsten metaphysikfeindlichen Denker der ersten Hälfte des 19. Jahrhunderts gewesen und als ‚Vater des Positivismus' in die Geschichte der Philosophie eingegangen ist, noch, daß namhafte Philosophen anderer Nationen – die Engländer John Stuart Mill und Herbert Spencer, der Italiener Ardigò, der Russe P. L. Lawrow und viele andere – durch den Einfluß Comtescher Ideen wesentlich bereichert worden sind; auch wäre der sowjetische Student wohl sehr erstaunt, wenn er erführe, daß die internationale Wissenschaft diesem von Marx verachteten Philosophen Comte zwei heute allgemein gebrauchte Wortschöpfungen zu verdanken hat: Auguste Comte forderte für den Menschen der zukünftigen Gesellschaft eine neue ethische Einstellung, nämlich Selbstlosigkeit, Uneigennützigkeit, d. h. die Bereitschaft, sich für die Interessen seiner Mitmenschen ebenso einzusetzen wie für die eigenen Interessen, und er erfand für diese Tugend das Wort ‚*Altruismus*'; außerdem prägte er den Fachausdruck „Soziologie" für ‚soziale Physik' oder ‚Physiopolitik', wie der Terminus früher hieß.

Noch rigoroser als Marx und Engels ging sein getreuer Schüler Lenin vor, wenn es galt, einen geistigen Widersacher zu vernichten. Lenin schimpfte die russischen „Machisten" (Anhänger des österreichischen Physikers/Philosophen Ernst *Mach* (1838–1916): ‚Reaktionäre Retraitebläser', ‚diplomierte Lakaien des Fideismus', ‚relativistische Agnostiker', ‚vollendete Dunkelmänner'; Ernst Mach selbst, den genialen Naturforscher, den Wegbereiter der Relativitätstheorie, nannte er einen „eklektischen Flohknacker", einen ‚intellektuellen Schwätzer', einen ‚Speichellecker des Fideismus', einen ‚Kommis der Theologen'; und die Philosophie der ‚Machisten' bezeichnete er als ‚Professorenscholastik', ‚Obskurantismus', ‚kindisches Geschwätz' und ‚Quacksalberei'.

„Dies alles", sagte ich, „gehört bei Euch zum Unterrichtsstoff des Marxismus-Leninismus, es muß nachgebetet werden. Aber die

Möglichkeit, Ernst Machs physikalische Werke zu lesen, zum Beispiel „Die Mechanik in ihrer Entwicklung, historisch-kritisch dargestellt", wo man gleich im Vorwort den Satz finden kann: „Die vorliegende Schrift ist kein Lehrbuch zur Einübung der Sätze der Mechanik. Ihre Tendenz ist vielmehr eine aufklärende oder, um es noch deutlicher zu sagen, eine antimetaphysische", diese Möglichkeit besteht nicht." Pawel D. war sprachlos.

Natürlich hatte er Ernst *Mach* für einen Mystiker und Erzreaktionär gehalten. Lenins „Materialismus und Empiriokritizismus" hatte er offenbar eifrig studiert, aber es wäre ihm, einem treuen dogmengläubigen Lenin-Schüler, früher nie in den Sinn gekommen, ein Buch von Ernst Mach, von Richard Avenarius, von Joseph Petzoldt zu lesen oder sich gar für die Philosophen des „Wiener Kreises", die logizistischen Empiristen, zu interessieren. „Hätte ich das getan oder tun wollen – vermutlich gibt es gar keine russischen Übersetzungen", sagte Pascha, „dann brauchte ich mich wenigstens nicht zu wundern, warum ich heute im Lager sitze." – „Mit Auswendiglernen dogmatischer marxistischer Weisheiten bildet man nicht einmal sogenannte Marxisten heran", argumentierte ich, „geschweige denn Wissenschaftler, Philosophen, selbständige Forscher oder überhaupt – kritische Denker." Pawel gab mir recht.

Bis Mitte April 1941 behielt ich meinen Posten als nächtlicher Filzstiefel-Trockner. Dann wurden, wie jedes Jahr, die Filzstiefel gegen Leder- oder Segeltuchstiefel umgetauscht. Damit war mein Amt überflüssig geworden. Aber es fand sich schnell eine andere Arbeit für mich. Der Trockenschuppen sollte frisch verputzt werden. Diese Arbeit bot man mir an; ich übernahm sie gern.

Gegen Ende des Monats wurde bekannt, daß die beiden ersten derjenigen Gefangenen, die 1936 zu 5 Jahren Zwangsarbeit verurteilt worden waren, am 5. Mai 1941 entlassen werden und „nach Hause" fahren würden. Es waren dies ein gewisser Romanow und der alte Mathematiklehrer Bogomolow.

Nach diesen beiden ersten Kandidaten auf Freilassung werde unser Natschalnik einer der nächsten sein, deren Strafzeit zu Ende gehe, wurde erzählt. Mir blieb noch knapp sechs Monate. Es war merkwürdig. Viereinhalb Jahre hatte man geduldig ausgeharrt, und nun, während der letzten Monate, bemächtigte sich aller vom

„Jahrgang 1936" eine kolossale Nervosität. „Nie hätte ich geglaubt, daß die letzten Wochen schwerer zu ertragen sein würden als die ersten."

Bei vielen Frauen sah man jetzt Gefangenen-Kalender über den Pritschen an der Wand hängen. Manche hatten die Tage, die ihnen noch verblieben, in Strichen dargestellt, andere hatten ein schachbrettartiges Rechteck aufgezeichnet, auf dem jedes Feld einen Tag bedeutete, noch andere hatten sich einen regelrechten Kalender mit Daten gemacht. Ich selbst tat zwar nichts dergleichen, zählte aber in Gedanken nicht weniger ungeduldig die Wochen und Tage bis zu meiner Freilassung. Übrigens hieß es, daß alle Oktober-Verhafteten schon im September vom äußersten Norden fortgelassen würden bis Kirow oder wenigstens bis Koshwa, jedenfalls bis zu irgendeiner Eisenbahnstation, denn im Oktober besteht in diesen Gegenden keine Transportmöglichkeit. Der Fluß ist zwar schon zugefroren, aber das Eis trägt noch keine Pferdeschlitten.

Am 5. Mai 1941 fuhren Bogomolow und Romanow fort. Die ersten Opfer der Verhaftungswelle von 1936 waren frei geworden. Genau auf den Tag hatte man sie fortgelassen. Im Lager herrschte eine übermütige und ausgelassene Stimmung. „Wie lange hast Du noch?" – „Fährst Du noch mit dem Schiff weg?" – „Wirst Du auch vor den Revolutionsfeiertagen frei?" fragten alle einander. Ich hatte noch genau fünf Monate und zwanzig Tage. Wenn ich in dieser Zeit in der „Ziegelei" arbeitete, dann konnte mir in den letzten Monaten meines Lageraufenthalts eigentlich nichts Schlimmes mehr passieren, dachte ich. Ich stürzte mich mit Feuereifer in die neue Arbeit. Ende Mai, nur wenige Tage vor seinem Entlassungstermin, erkrankte der alte Natschalnik. Er war schon jahrelang kränklich, und ab und zu, insbesondere, wenn er seine Diätvorschriften nicht beachtete, verschlimmerte sich sein chronisches Leiden – ganz offensichtlich waren es Magengeschwüre – so sehr, daß er auf mehrere Tage bettlägerig wurde. Aber so schlimm war es nun auch wieder nicht, daß er nicht hätte abreisen können. Vielleicht waren es auch seelische Konflikte, die ihn jetzt davon abhielten zu fahren. Zu Hause lebte seine Frau, von der er sich ganz entfremdet fühlte.

Ich hatte mich inzwischen auf meinem neuen Posten gut eingearbeitet. Zweimal hatte ich schon nach Öffnung der großen Brennöfen, von denen einer 12 000, zwei 10 000 und einer 8000 Ziegel faßten, die gebrannten Ziegel entgegengenommen. Eine Sklavenarbeit par excellence! So haben de Fronarbeiter schon zu Pharaos Zeiten Steine geschleppt ... Es wurde den ganzen Tag und die ganze Nacht gearbeitet. Spät am Abend, während die zweite Schicht arbeitete, kam Pawel D. in den Laderaum. Ich schrieb gerade wieder mit einem Kalkstückchen Nummern an die Ziegelsteine und die letzte Nummer auf meinen Notizblock. „Zweiundsiebzig" fragte er, „was ist das?" – „Zweiundsiebzig Stapel zu je 250 Stück, also 18 000 Ziegel, nun, sagen wir schätzungsweise, 18 500 – denn da sind noch einige angefangene Stapel – sind bis jetzt geladen worden. Die erste Schicht hat über 12 000 geladen." – „Das ist ja eine geniale Idee, die Stapel zu numerieren! Wie bist Du bloß darauf gekommen? Wir haben uns immer schrecklich gequält mit der Zählerei, und immer hat es Krach deswegen gegeben!" lachte er.

In fünf Schichten wurde die Ladung der Ziegel bewältigt. Nur noch die Dokumente erledigen, dachte ich, und dann schlafen! Ich ließ den Natschalnik wecken. Abraham Berg und ich unterschrieben, und alles war fertig.

Da es inzwischen fünf Uhr vorbei war, entschloß ich mich, noch meine Brotration zu nehmen. Bei Davidis, dem alten Prod-Kaptjor, saß Arkin, der Expeditor von Adak. „Wo kommen Sie denn schon her, in aller Frühe, Foma Danilowitsch?" – „Ich komme von weit her, bin soeben über Kossiju-Wom eingetroffen, mit dem Boot ..." antwortete Arkin. „Setzen Sie sich, Susanne..." – „Sieht man mir etwa an, daß ich todmüde bin?" – „Nicht das nur, aber eine Nachricht..." sagte Davidis stockend und guckte Arkin an. „Ja, ihr können wir es sagen", meinte Arkin. „Sagen kann man es überhaupt jedem, es wird sowieso bekannt heute" entgegnete Davidis. „Na, was denn? Was ist das für eine Geheimnistuerei?" fragte ich, und mir wurde sonderbar zu Mute. Die beiden – das merkte ich erst jetzt – sahen verstört aus.

„Krieg!" brachte Arkin heraus. „Ja, es ist Krieg!" wiederholte Davidis.

„Was für ein Krieg?" fragte ich entsetzt und wußte im selben Moment, wie dumm meine Frage war. „Hitler?" – „Ja" – „Dann ist alles aus. Dann kommen wir nie mehr von hier weg", sagte ich dumpf. Und mein Wolodja? Mir war, als ob das Blut in meinen Adern erstarrte. „Nun, das gerade nicht", hörte ich Arkin sagen. „Aber man kann uns vielleicht zeitweilig zurückhalten". – „Euch ja, euch wird man höchstens noch eine kurze Zeit hier zurückhalten, aber uns ...?" ... „Wieso?" – „Sie ist Deutsche", murmelte Davidis. „Und Sie wissen", sagte ich, „wenn Krieg ist, dann fragt man nicht mehr, ob einer Internationalist oder Sozialist oder Kommunist war, da wird in erster Linie die Zugehörigkeit eines Menschen zu seiner Nation gefragt, insbesondere, wenn diese Nation die feindliche ist." Die beiden schweigen. Ich erhob mich schwer. „Genosse Arkin, ist die Nachricht absolut authentisch?" – „Es besteht kein Zweifel. Ich habe selbst die Mitteilung im Radio gehört."

Als ich unsere Baracke betragt, waren schon alle aufgestanden. Es herrschte das übliche Tohuwabohu. „Genossinnen!" sagte ich, „ich muß Ihnen eine Mitteilung machen: Hitler ist in die Sowjetunion eingefallen. Wir haben Krieg!" Eine Sekunde waren alle wie erstarrt. Dann aber begann ein Durcheinander von lärmenden Fragen. Die meisten faßten das Ganze nur als eine interessante Sensation auf. „Ja, verstehen Sie denn nicht, was das für uns Gefangene bedeutet?" fragte ich. „Von uns kann vorläufig niemand damit rechnen, entlassen zu werden, das scheint mir sicher."

Jetzt fingen sie an zu begreifen. „Das Schlimmste ist, daß wir hier sitzen ohne Radio und ohne Zeitungen und nichts über den Verlauf des Krieges erfahren werden", sagte Manja B. Sie war Jüdin und hatte ihre Angehörigen in Kiew. Sicherlich fürchtete sie schon in diesem Moment Hitlers Vormarsch in die Ukraine und die unausbleiblich damit verbundenen Pogrome. „Valja!" wandte ich mich an Valentina Berg, „unsere Söhne!" Ihr Sohn war um drei oder vier Jahre älter als mein Wolodja. Sie sah mich erst entgeistert an. „Ihren nehmen sie nicht, er ist ja Deutscher", tröstete sie mich dann. Es war vielleicht gut gemeint, aber jetzt empfand ich das Wort „deutsch" als Vorwurf.

Im Laufe des Vormittags kam Pawel D. auf einen Moment. „Du schläfst noch nicht?" – „Nein, Pascha, diese schreckliche Nachricht ..." – „Ja, unser Schicksal ist vorerst besiegelt. Aus mit den Zukunftsträumen." – „Weißt Du irgendetwas Genaues?" „Nein, nichts. Es gibt nur eine Quelle: Arkin. Mehr weiß niemand." – „Mein Junge! Nein Wolodja!" flüsterte ich und zum ersten Mal kamen mir die Tränen.

Ich habe viele schwere Tage im Lager erlebt, aber der schwärzeste Tag für alle Gefangenen war doch jener 3. Juli 1941, als die, wir schon irgendwo in der Heimat bei ihren Angehörigen wähnten, wieder auf der „Ziegelei" einzogen. Schleppenden Schrittes, mit hängenden Köpfen, manche um 10 Jahre älter geworden, kamen sie an. Ein Zug von sechzehn oder achtzehn völlig niedergeschlagenen, verzweifelten Menschen. Außer Bogomolow und Romanow hatten nur vier unserer ehemaligen Mitgefangenen Kotlas schon passiert gehabt, ehe die Sperre einsetzte. Wäre unser alter Natschalnik Podobjedow sofort am Tage seiner Entlassung weggefahren, so hätte er die Grenze des Lagergebietes schon überschritten haben können; nun war er wieder auf unbestimmte Zeit Gefangener. Er nahm seinen alten Platz als Natschalnik wieder ein. Sein Nachfolger, ein Deutscher, wurde nicht einmal als Brigadier bestätigt. Es kam eine Bestimmung heraus, wonach alle Deutschen von führenden Posten abzusetzen seien.

Wenige Tage nach der Schreckensmeldung bekam ich den Auftrag, in Adak Gespräche zu führen. Lange hatte ich mich schon nicht mehr sehen lassen. In der Frauenbaracke wurde ich mit großem Hallo begrüßt. Auch hier in Adak war natürlich das Hauptgespräch der Krieg. Bei Kriegsbeginn hatten im ganzen Land neue Massenverhaftungen eingesetzt, denen auch viele ehemalige Lagerinsassen zum Opfer gefallen waren. Ein junger Mann, der kurz nach dem Einmarsch der Hitler-Armee verhaftet worden und nach nur einmonatigem Gefängnisaufenthalt nach Adak gekommen war, hatte erzählt, er habe mit Dimitrij Rosé in einer Zelle gesessen. Rosé habe sich durch Erhängen das Leben genommen.

Ich verbrachte einen sehr interessanten Abend bei den Adaker Frauen. Zur Nacht bot man mir von allen Seiten Kissen und Decken an, und ich schlief wie im Carlton-Hotel. In einem Arbeitslager, wo der Mensch ein Nichts ist, wo er sich als ohnmächtiges Werkzeug in der Hand feindlicher Mächte fühlt, ist er jeder freundschaftlichen Beziehung viel mehr zugänglich als irgendwo sonst in der Welt.

Wir hatten weder Zeitungen noch Radio. Kein Wort über den Verlauf des Krieges drang zu uns. Es interessierte uns ja nicht nur der Krieg auf sowjetischem Boden, obwohl er sich für uns persönlich so schicksalsbestimmend ausgewirkt hatte, es interessierte uns die gesamte damalige weltpolitische Konstellation, und es interessierte uns die Geschichte der Außenpolitik der vergangenen Jahre, die zur gegenwärtigen Situation geführt hatte. Aber wir hatten keinen Anhaltspunkt zu einer Analyse.

Durch neu ins Lager gekommene Gefangene erfuhren wir einiges – wenn auch recht Ungenaues – über Hitlers Krieg gegen Frankreich und England. Auch von einem angeblich im August 1939 geschlossenen „Freundschaftsbündnis" Stalins mit Hitler hatten wir gehört. Die Möglichkeit eines solchen Paktes hatte ich zwar schon viel früher auf Grund meiner Kenntnisse der militärischen deutsch-sowjetischen Zusammenarbeit unter Seeckt erwogen, wie aber war dieses Bündnis ideologisch verkleidet worden? Hatte Stalin das „sozialistische" Programm des Nationalsozialismus Hitlers auf einmal für bare Münze erklärt und Hitler für würdig befunden, Bundesgenosse der Sowjetunion im Kampf gegen den noch gefährlicheren britischen Imperialismus zu sein? Ich erinnerte mich an eine witzige Glosse von Ossietzky. Er schrieb: „Auch wenn Stalin sich plötzlich entschlösse, zum Katholizismus überzutreten, würden seine dialektisch geschulten Vasallen noch die nötigen Marx- und Leninzitate zusammenklauben, um diese neueste ideologische Wendung wissenschaftlich zu untermauern."

Der Standpunkt, von dem aus wir die Frage nun diskutierten, war der des internationalen Sozialismus. Schon seit eh und je hat Stalin die „Kommunistische Internationale" verächtlich „Verkaufsbude" genannt. Nun sitzt die ganze Komintern längst in Gefängnissen und Arbeitslagern, viele der führenden Politiker sind erschossen worden. Wer ist denn da groß übrig geblieben? Alle ehrlichen Revolutionäre, die 1917 mit Lenin und Trotzkij die Oktoberrevolution zum Siege geführt haben, die roten Partisanen, die alten Bolschewiki – gleichgültig, ob sie irgendwann einmal mit einer Opposition sympathisiert haben oder nicht –, die meisten Antiimperialisten von Zimmerwald und Kienthal, ja sogar die einfachen Parteigenossen, die die Zeit vor der Revolution gekannt haben, dazu die besten revolutionären Kämpfer von Berlin, Hamburg und München, vom Ruhrgebiet und von den Leunawerken, von Kanton und Sofia, von Ungarn und Spanien hat Stalin für Konterrevolutionäre erklärt. Die Kampfgefährten Lenins werden noch heute von der revolutionär gesinnten Jugend der ganzen Welt verehrt und geliebt. Stalin aber soll gesagt haben, sie seien zu einem ‚Mühlstein am Halse der Revolution' geworden. Natürlich: in einer Zeit, in der die Geschichte der Oktoberrevolution systematisch umgelogen und verfälscht wird, ist kein Platz mehr für die Träger dieser Revolution, ja nicht einmal für die Augenzeugen. Jetzt sind fast alle tot.

Das NKWD hat mehr Kommunisten ausgerottet als sämtliche politischen Polizeien aller Länder. Eigentlich hätten die Monopolkapitalisten alle Ursache, Stalin ein Denkmal in purem Gold zu errichten zum Dank dafür, daß er die sozialistische Arbeiterbewegung in der ganzen Welt geschwächt hat. Das Bittere ist, daß, während die Faschisten ihre ideologischen Erzfeinde vernichteten, Stalin die Helden der Oktoberrevolution, die Kampfgefährten Lenins, liquidiert hat.

Die Hauptfrage, die uns nunmehr interessierte war: wie müßte die Entwicklung weitergehen, d. h. der Sieg welcher Machtgruppe wird dem internationalen Sozialismus zum Vorteil gereichen? Meine Verbitterung nahm zu; wir glaubten einmal, 1917–1918, an der Schwelle der Umwandlung der Gesellschaftsordnung zu stehen; es war ein Irrtum. Den Sozialismus werden spätere Generationen verwirklichen, nicht wir. Die „Föderation der Freien Sozialistischen Staaten der Welt" ist noch in weiter Ferne. *Wir* werden die sozialistische Weltregierung nicht mehr erleben, aber das soll uns nicht entmutigen, für sie zu kämpfen.

Von meinem Sohn hatte ich während des ganzen Jahres 1941 nur einen einzigen Brief bekommen, der fast 9 Monate unterwegs gewesen war. Wolodja schrieb, die Kostenlosigkeit des Unterrichts sei am 2. Oktober 1940 aufgehoben worden. Nach einer neuen Bestimmung sollten nur diejenigen Studenten Stipendien erhalten, die in allen Fächern „ausgezeichnet" haben. Die halbjährlichen Examina seien daher von größter Wichtigkeit. Bisher habe er alle Prüfungen mit „ausgezeichnet" bestanden und hoffe, daß es auch weiterhin so sein werde. Wolodja studierte auf der englischen Fakultät des Instituts für Fremdsprachen, und da er seit frühester Kindheit fließend Englisch sprach, brachte er natürlich sehr gute Voraussetzungen für dieses Studium mit.

Aus dem, was Wolodja mir sonst noch schrieb, interessierte mich besonders, daß Ilja Ehrenburg auf einem Vortragsabend in der Hochschule aus seinem neuen Buch „Der Fall von Paris" vorgelesen hatte. Mein Sohn hatte sich nach dem Vortrag privat mit Ehrenburg unterhalten, und Ehrenburg hatte ihm von Rudolf Leonhard erzählt. Mich schien er nicht erwähnt zu haben, und ich wunderte mich nicht darüber. Zwar hatten mein Freund, der Maler Nathan I. Altmann, und ich im Winter 1923/24 Abend für Abend in einem kleinen Kreise, dessen Mittelpunkt Ilja Ehrenburg war, in der „Prager Diele" in Berlin-Wilmersdorf gesessen, aber seitdem war viel Zeit vergangen. Ehrenburg war inzwischen ein hochpatriotischer Sowjetschriftsteller geworden, überdies haßte er Deutschland und die Deutschen geradezu fanatisch, und Leute wie ich waren natürlich für ihn erledigt. Es war nicht überraschend, und doch wirkte es niederdrückend. Würde ich, wenn ich in die Freiheit käme, auch von allen gemieden werden? Würde sich jeder gute Sowjetbürger scheuen, mit einem ehemaligen politischen Gefangenen kameradschaftlich zu verkehren?

Mich quälte vor allem, daß ich gerade jetzt nichts von Wolodja wußte. Zwar traf Ende Januar 1942 ein Brief von ihm aus Moskau ein, aber der war Anfang Mai 1941 geschrieben und enthielt die Antwort auf meine Frage, wo ich mich wohl am besten nach meiner Rückkehr aus dem Lager niederlassen solle. Es war bitter, jetzt zu lesen, Wolodja freue sich sehr auf unser baldiges Wiedersehen. Würden wir uns überhaupt je wiedersehen? Vielleicht war er verhaftet worden? Oder bei Kriegsbeginn interniert? Oder gar als Soldat an der Front?

Auch ich fürchtete mich davor, in die Hände der Nazis zu fallen. Als eine vom Nazi-Regime Verfolgte konnte ich mir ganz gewiß nicht wünschen, vom NKWD an die Gestapo ausgeliefert zu werden.

Im Lager wurden phantastische Pläne geschmiedet. Der springende Punkt war natürlich immer die Frage nach der Bewaffnung der Gefangenen und der Überrumpelung der Wachsoldaten. Wenn ich heute daran zurückdenke, wieviel abenteuerliche Pläne damals ausgeheckt, wieviele Reiserouten sauber aufgezeichnet, wieviele Einbäume, Kähne oder Flöße auf dem Papier konstruiert worden sind, so greife ich mir an den Kopf. Wie war das möglich?! Es war wohl die Folge dieses unwirklichen Daseins selbst. Man existierte von einem Zufall zum anderen, existierte in Bruchstücken. Einmal spürte man sein Ich wie eine erdichtete Gestalt auf der Bühne, einmal fühlte man sich auf den Schutthaufen geworfen – Abfall vom Dasein.

Eines Nachts um zwölf Uhr, als ich gerade den Dienst übernommen hatte, hörte ich auf einmal ein verdächtiges Geräusch. Es war wie ein leises Knistern an der Decke oder an der Wand, die meinen Stollen vom Nachbarstollen trennte. Ein Tier im Schnee, oder? Ich stieß die Tür auf, lief zum Eingang des anderen Lehmbruchs und – sah mich einem Flammenmeer gegenüber. Das trockene Moos, mit dem die Ritzen an der Decke und in den Wänden verstopft waren, hatte Feuer gefangen. Wahrscheinlich hatte der Kollege beim letzten Nachlegen die Ofentür nicht fest geschlossen, und etwas Glut war auf den Boden gefallen. Ich riß das brennende Moos heraus, aber ich sah sofort: hier mußte mit Wasserschläuchen und Äxten gearbeitet werden. Nur mit den Händen und mit Schnee war da nichts zu machen: „Wenn die Flammen weiter um sich greifen ... wenn sie die Verschalung zerstören ... zwanzig Jahre Lager gibt es für Brandstiftung ... und ich, als Deutsche ... Schädlingstätigkeit Paragraph 58/14 ... konterrevolutionäre Sabotage ... ich bin verloren ..." ging es mir durch den Kopf, während ich, so schnell ich konnte, zur Wohnung des Natschalniks rannte. Aus der Tür der Männerbaracke traten gerade einige Gefangene heraus. Unter ihnen der Chinese Mischa. „Heh! Mischa, schnell hinunter zum Feuerwehrmann, es brennt im Lehmbruch!" rief ich ihm zu, und schon sah ich ihn, in Unterhosen und Gummilatschen, den Berg hinunterrasen. Mit vereinten Kräften wurde der Brand schnell gelöscht.

Ende Februar war relativ milde Temperatur, zwischen 26 und 30 Grad, und es herrschten starke Schneestürme. Ich hatte die zweite Schicht. Ging ich um vier Uhr nachmittags, so war oft kaum der Weg zu finden, und während meiner acht Stunden Dienst fiel so dichter Schnee, daß das Gelände schon wieder ganz anders aussah, wenn ich mich zu mitternächtlicher Stunde auf den Heimweg machte. Ich mußte mich durch Berge frisch gefallenen Schnees hindurcharbeiten.

Anfang März hörten die Niederschläge auf. Es setzte noch einmal strenge Kälte ein. An einem Vormittag, als die Sonne blutrot über dem Horizont stand und die Eiskristalle in der klaren Luft glitzerten, war ich aus dem Stollen herausgetreten, um einen Arm voll Holz zu holen. Die Holzkloben an die Brust gedrückt stand ich da und warf einen Blick über die winterlich schöne Natur. So rein, so weiß, so leuchtend klar, als ob es nirgends in der Welt Krieg und Elend, Not und Tod gäbe. Aus der Ferne sah ich eine dunkle Gestalt über die Schneeberge auf den Lehmbruch zulaufen. Es war Pawel D. Er sah verstört aus. „Pascha! Was ist?" fragte ich voll banger Ahnung.

Seine blassen Lippen zitterten, auf den Wangen zeichnete sich eine hektische Röte ab. „So sprich doch! Ist etwas passiert?" – „Komm herein", sagte er tonlos und faßte mich am Arm. „Ich soll ... du mußt ... Nikolaj läßt Dir sagen, es ist ein Befehl gekommen ..., du ... ihr ... ihr kommt von hier fort." – „Wer, ihr? Die Deutschen?" fragte ich. Pawel ließ den Kopf hängen. „Ja, es scheint, die Deutschen", sagte er unsicher.

„Also werden wir doch noch erschossen."

Ich mußte es aussprechen, wußte ich doch, daß Pascha dasselbe dachte. Und während ich die Worte mechanisch formte, sah ich vor mir ein riesengroßes schwarzes Nichts. Keine rote Märzsonne, kein flimmernder Schnee, kein blinkendes Eis, nichts mehr würde sein ...

„Mein Wolodja ...," sagte ich. „Pascha, Du mußt ihn finden. Hörst Du, Pascha. Du wirst ja einmal frei. Einmal geht ja dieser Krieg zu Ende, so oder so. Versprich mir, daß du meinen Wolodja suchen wirst?" – „Ja, ja, alles verspreche ich dir. Ich werde alles tun." – „Also schau", und ich zog ihn hinüber in den anderen Stollen, wo ich jetzt, seit wenigen Tagen erst, meine Kostbarkeiten versteckt hielt. Pascha kannte diesen Kasten, ich hatte ihn früher mit seiner Hilfe in der „Ziegelei" versteckt gehabt. „Sieh her. Hier ist ein kleines Foto von meinem Jungen. Das lasse ich Dir sozusagen als Erkennungszeichen. Hier, das Taschenmesserchen für ihn – zum Andenken. Meine Gedichte ... Ich lasse alles hier, es hat doch keinen Sinn, etwas mitzunehmen. Hier, die deutsch geschriebenen Briefe meines Jungen ... Sieh, daß Du sie rettest, Pawlik, es ist ja alles zusammen nur ein kleines Kästchen voll, und Du gibst es meinem Jungen und sagst ihm, daß ich bis zum letzten Atemzug an ihn gedacht und mich nach ihm gesehnt habe, ja?"

Pawel D. schluckte die Tränen herunter. „Ich hoffe, ich werde dir alles noch selbst zurückgeben können ..."

Wir gingen zusammen zu den unteren Baracken. Der Kommandant, noch vor wenigen Tagen mein Verehrer und hilfsbereiter Kavalier, sah mich an, als kenne er mich nicht. „Beeilen Sie sich, die anderen sind schon fertig!" Ich packte meine Sachen. Von wem ich mich in der Baracke verabschiedete, weiß ich nicht mehr. Fast alle waren auf Arbeit. Draußen auf der Straße stand die zum Abmarsch bereite Etappe. Pawel D. flehte den Kommandanten an, er solle sich um mich kümmern, mich nicht im Stich lassen. Er versprach es ihm. Ein letzter Händedruck, ein letztes Lebewohl. Unsere kleine Etappe setzte sich in Bewegung. Ich brachte es nicht fertig, mich noch einmal nach der „Ziegelei" umzusehen.

Wir gingen schweigend. Es war bitter kalt. Als wir schon eine ganze Weile unterwegs waren, entdeckte ich erst, daß auch ein Chinese mit uns marschierte. „Der hat wahrscheinlich freiwillig die deutsche Staatsbürgerschaft angenommen", sagte Franken, ohne mit der Wimper zu zucken. „Aus lauter Begeisterung für Hitler", setzte Martinow hinzu. Die konnten noch Witze machen, dachte ich. Galgenhumor.

Meine Gedanken eilten den Ereignissen voraus. Also erschießen würden sie uns. Das ist so gut wie sicher. Sollte der Soldat, der hinter uns ging, mich doch gleich lieber abknallen. Als ob Erschossenwerden so etwas Schlimmes wäre. Gar nicht. Man würde sich nicht lange quälen. Schrecklich ist nur das Wissen um den bevorstehenden Tod, das Bewußtsein, jetzt gleich wirst Du erschossen. Durch diese schweren Sekunden mußte man hindurch. Sekunden? Vielleicht Stunden. Vielleicht werden wir unser Grab selber schaufeln müssen, uns davor stellen und dann ...

Nein, man darf nicht daran denken! Man hält es nicht aus! Hinter dem Tod steht das große Nichts. Man darf nicht, man darf gar nicht an das Nichts denken. An das Leben sollte man denken, an sein eigenes Leben, das jetzt nutzlos versickert. Nutzlos! Sinnlos! Wie bitter das war!

Aber hatte ich nicht mühselig um Wissen und Erkenntnis gerungen? War ich nicht jahrelang von nichts anderem erfüllt gewesen, hatte ich gekämpft mit Wort und Schrift, hatte auf der Barrikade gestanden und in Gefängnissen gesessen, um die Weltrevolution voranzutreiben? Hatte ich nicht auf eigenes Glück und Geborgenheit verzichtet, um kommenden Generationen Glück und Wohlstand zu sichern? Ganz nutzlos hatte ich mein Leben nicht vertan. Nur dieses Ende, erschossen zu werden in dem Lande, daß sich anmaßte, der Menschheit die Erfüllung unseres hohen Zieles zu bringen oder gar schon gebracht zu haben –, das war sinnlos.

Doch vielleicht hatte ich nicht genug getan, hatte Irrtümer nicht rechtzeitig erkannt, hatte versäumt, andere vor diesen Irrtümern zu bewahren? Wer hätte von sich sagen können, er habe immer getan, was zu tun nötig gewesen war? Wenn das Selgeboot in Sturm gerät, dann sind alle Hände am Werk, Schiff und Mannschaft zu retten. Wenn es in der Flaute liegt, sind viele Hände müßig.

So manches hatte man unterlassen. So vieles hatte man noch gutmachen wollen. Nun war es zu spät. Zu spät um ...

> Departing leave behind us
> Footprints in the sands of time.

Fußstapfen im Sande der Zeit, auch ich hätte sie gern zurückgelassen, tiefe Fußspuren, die anderen den Weg weisen könnten. Damit war es nun nichts geworden. Nicht einmal meinem eigenen Kinde, meinem geliebten Wolodja, hatte ich den Weg ins Leben ebnen können.

Niemand hatte mehr ein Wort gesprochen. Aber jetzt kam Bewegung in unseren Trupp. Der Übernachtungspunkt eine Erdhütte, in der die Etappen nächtigen, war in Sicht. Würden wir haltmachen?

Nein! Wir gingen vorüber.

Eine halbe Stunde später kamen wir in Adak an. Den Chinesen lieferte der Kommandant im Krankenhaus ab, die fünf deutschen Männer wurden in eine der Männerbaracken einquartiert.

Mich übernahm ein fremder Wach-Soldat. Er führte mich in die zweite Frauenbaracke. Ich sah kein einziges bekanntes Gesicht. Lauter neue Frauen ...

„Bleiben Sie dauernd in Adak?" – „Wo kommen Sie her?" – „Sind Sie entlassen?" so fragten sie mich von allen Seiten. „Ich komme von der ‚Ziegelei'. Aber ich weiß nicht, was weiter sein wird", antwortete ich.

„Sie ist frei geworden, ganz frei", sagte der Aufseher und wandte sich, über das ganze Gesicht grienend, zum Gehen. Um mich herum bildete sich ein Vakuum. „Ganz frei werden" bedeutete im Lagerjargon „sterben".

Nun wußte ich, daß wir erschossen werden sollten.

Bei einer Kälte von 46 Grad mußten wir unsere Sachen zur Untersuchung vorzeigen. Kaum gelang es, die steifgefrorenen Stricke zu lösen und mit den ungeschickten, klammen Fingern die Kofferschlösser zu öffnen. Bei arktischer Kälte darf man niemals mit bloßen Händen Eisen berühren, da die Haut sofort anfriert. Mit den dicken Überhandschuhen in Fäustlingsform aber ist es wieder kaum möglich, einen kleinen Kofferschlüssel zu halten und in die Schloßöffnung zu dirigieren.

Die Durchsuchung ging so grob vor sich, wie ich es überhaupt bisher noch nicht erlebt hatte. Alle Sachen flogen rücksichtslos auf den Schnee. Die Durchsuchung dauerte ziemlich lange, denn wir waren 23 Personen, fünfzehn Männer und acht Frauen. Auf einmal hörte ich ein jämmerliches „Susi" rufen, und wieder kläglich langgezogen: „Su-si!" „Su-si!" Hinter der Zonenumzäunung, die sich aus dicht nebeneinanderstehenden dünnen Baumstämmchen zusammensetzte, stand Mira Koslowa und spähte durch die Ritzen. Ich kannte Mira schon seit 1938 und wußte, daß sie eine schwere Psychose hatte. Manchmal zwar schien sie wochenlang ganz normal, aber dann war ihr Geist wieder monatelang völlig umnachtet. Ich hatte immer tiefes Mitleid mit der armen Mira empfunden. Und als sie mich jetzt weinend rief, zögerte ich nicht, zu ihr zu gehen. Meine Sachen waren ja schon durchsucht, und es kam mir gar nicht in den Kopf, daß ich etwas Verbotenes tat, als ich die paar Schritte hinüberlief, um mich am Zaun von Mira zu verabschieden. „Oh, Susie, you won't leave me alone here, will you?" jammerte sie. Ich sagte ihr, sie müsse doch verstehen, daß es nicht von mir abhänge ... Sie nestelte eine Sicherheitsnadel los und reichte sie mir „zum Andenken". Um Mira zu beruhigen, nahm ich die halb verrostete Nadel und steckte den Kragen meiner Jacke damit zu. Mira freute sich und lachte. Aber gleich darauf fing sie wieder zu weinen und zu schimpfen an. Sie sprach das vulgäre Pidgin-English, das sie im Hafen von Schanghai aufgeschnappt hatte.

Plötzlich riß sie erschreckt die Augen auf und richtete den Blick starr in die Weite. Gleichzeitig ertönte hinter mir ein vielstimmiges, gellendes: „Ah – ah"! „Ich wandte erschrocken den Kopf und blickte direkt in die Mündung eines Gewehrs. Ein Aufseher hatte auf mich angelegt. Wollte er tatsächlich schießen? „Son of a bitch! Son of a bitch!" schrie Mira. „Oh-ooh" kreischten die anderen. Ich konnte kein Wort hervorbringen und ging langsam auf die Gruppe der anderen Gefangenen zu, den Blick starr auf das Gewehr gerichtet, dessen Mündung mir folgte ... Jetzt erkannte ich auch den Schießhelden. Es war unser Strelok von der „Ziegelei".

„Wie können Sie die Frau so erschrecken!" wandte sich M. aufgebracht an den Soldaten. „Wir haben Krieg, und es gibt neue Disziplinarische Vorschriften", entgegnete er selbstbewußt. „Es ist euch streng verboten, mit anderen Gefangenen in Berührung zu kommen. Das ist vor einer halben Stunde beim Etappenappell ausdrücklich gesagt worden. Ich hätte das Recht gehabt, die Frau glatt niederzuknallen." Gesagt oder nicht gesagt – mir war nicht danach, mit ihm zu diskutieren. Noch immer zitterten mir die Knie, aber ich lebte. Was wollte ich mehr?

Schließlich waren alle Gepäckstücke durchsucht und wurden auf drei Schlitten verladen. Gegen sieben Uhr setzte sich unsere Etappe endlich in Marsch. Vier Soldaten begleiteten uns. Wir gingen ans Ufer und lenkten auf den schmalen Fahrweg, der auf der Eisdecke der Ussa stromaufwärts über Weschkurja nach Kotschmess führt. Auch Workuta liegt in derselben Richtung, dachte ich besorgt, ungefähr zehn Tagereisen von Kotschmess entfernt, nach Nordosten zu. Ich rechnete noch immer mit der Möglichkeit, daß Kotschmess für uns nur eine Station auf dem Wege nach dem berüchtigten Gefängnis für Todeskandidaten, „Kirpsawod" bei Workuta, sein werde.

Es fröstelte mich. Schwer wie Blei waren die Füße in den klobigen Filzstiefeln. Wie sinnlos war doch das alles! Da war ich nun schon fünf Jahre und vier Monate Gefangene des NKWD, wußte nicht, wie lange ich noch würde sitzen müssen, jedenfalls aber mindestens bis Kriegsende, und der Krieg konnte ja noch jahrelang dauern. Ich hatte also, schien es mir, noch unbegrenzt viel Zeit vor mir. Aber plötzlich, an diesem 5. März 1942, pressierte es offenbar kolossal, mich in *einem* Tage 45 km weiter zu transportieren. Als ob wir nicht am folgenden Tage auch noch zurechtgekommen wären! Als ob wir nicht überhaupt günstigere Wetterverhältnisse für diese Etappen hätten abwarten können!

Achtzehn Kilometer waren es noch bis Kotschmess. Ich hatte längst aufgehört, auf die Gespräche meiner Nachbarinnen zu achten und mich überhaupt als Glied einer Gemeinschaft zu fühlen. Ganz allein war ich, weit und breit allein im Raum, und nur darauf bedacht, mich irgendwie vorwärts zu bringen. Alle meine Kräfte konzentrierte ich darauf, meine Beine fortzubewegen. Sie wurden immer schwerer. Es schien mir nicht nur so, sondern tatsächlich trug ich schon dicke Eisklumpen an den Füßen.

Ich hatte schon nicht mehr die Empfindung, daß ich es selber sei, die sich fortschleppte. Es war mir, als sei ich an ein fremdes, fluchbeladenes, schreckliches Geschöpf gekettet, das mich nun erbarmungslos durch den hohen Schnee hinter sich her zerrte. Nicht ich war es, die meine Beine fortbewegte. Ein fremdes Wesen kämpfte sich vorwärts und schleifte mich geduldiges, hilfloses Bündel mit sich fort. Ich fing an zu stolpern und zu fallen. Kopfüber stürze ich in den Schnee und ich habe keine Kraft, mich wieder herauszurappeln. Einfach liegenbleiben? Erfrieren? Der Gedanke hat nichts schreckliches mehr an sich. „Aufstehen!" schimpfen die Soldaten hinter mir. Und so geht es wieder weiter. Sollen Sie mich doch lieber erschießen! Dann wäre alles vorbei. Erschießen, nicht vorwärts treiben, nur endlich erschießen!

„Was ist Ihnen? Sie weinen ja!" sagte auf einmal eine Stimme neben mir. Es ist Martinow, der Matrose. Ich weine? Es war mir selbst noch gar nicht zum Bewußtsein gekommen, daß ich schon die ganze Zeit vor mich hingeweint hatte, einfach ins Leere, ins Nichts hinein. Aber wieder ist es mir, als ob ich das gar nicht selbst bin. „Ich weine nicht", bringe ich mühsam hervor, „es weint ganz von alleine."

Wieder bleibe ich zurück. Ich falle und falle noch einmal und bin zu schwach aufzustehen. Das Gehen schmerzt immer mehr. Meine Tränen gefrieren sofort zu Eisperlen. Ich sehe nichts. Ich kann nicht mehr weiter. Der Schnee hält mich fest. „Eh! Eh!" ruft es durch die Polarnacht. Ein paar Arme ergreifen mich. Wie einen Sack werfen sie mich auf einen Schlitten.

Erst nach einer geraumen Weile kam ich zu mir. Eine vermummte Gestalt auf dem Schlitten redete auf mich ein. Es war der alte Tischler Leiser, ein Wolgadeutscher, der in Adak in der Schreinerei gearbeitet hatte. „Sie werden erfrieren, Genossin, haben Sie nichts, womit Sie sich zudecken können?" fragte er besorgt. „Ziehen Sie wenigstens die Füße hoch!" rät er. Aber ich habe keine Kraft. Mir ist, als ob mein ganzer Körper sich in einzelne Teile auflöse, die sich immer weiter von mir entfernen. Die Arme und Beine sind schon ganz weit weg, ganz weit.

Ich weiß nicht, wie lange wir noch gefahren sind. Zwei Stunden? Drei Stunden? Es wurde stiller um mich. In Kotschmess angekommen, warf man mich in eine Baracke. „Mein Gott! Was ist denn mit Ihnen? Wie sehen Sie denn aus?" fragte mich jemand. Zwei Frauen faßten mich unter und führten mich in ein Zimmer. Dort standen zwei von meinen Reisegefährtinnen. Die anderen Frauen, die schon geschlafen hatten, hoben die Köpfe und unterhielten sich mit Neuankömmlingen. Eine Blonde stand auf – Lilli hieß sie –, zog sich Filzstiefel und Mantel über und sagte, sie wolle hinüber ins Krankenhaus gehen, der Arzt werde mich vielleicht gleich aufnehmen. Sie war Dnewalnaja = Ordnerin der Baracke, eine Deutsche.

Die Frauen bemühten sich, mir die Filzstiefel abzustreifen. Es war nicht möglich. Hände und Gesicht waren bis zur Unförmigkeit geschwollen. Eine Frau rieb mir Nase und Wangen mit Schnee. Endlich kam der Arzt, ein junger Mensch. Auch er zerrte an den Filzstiefeln. „Aufschneiden!" ordnete er an. Dick angeschwollene, dunkel verfärbte Füße kamen zum Vorschein. Wie Klumpen rohen Fleisches sahen sie aus. Der Arzt befühlte alles: Gesicht, Hände und Füße. Er schrieb ein Rezept aus und sagte: „Sie sind doch wohl Deutsche?" – „Ja, Genosse Doktor, Deutsche!" „Hm", machte er, „böse Geschichte: Blasenbildung, wahrscheinlich Nekrose ... wir werden es mit antiseptischen trockenen Verbänden versuchen." – „Nehmen Sie sie denn nicht ins Krankenhaus, Doktor?" fragte die Ordnerin den Arzt. „Vorläufig nicht. Warten wir ab, ob es... Man braucht es schließlich nicht Erfrierung II. Grades zu nennen, obwohl es hm etwas schlimmer als I. Grades..." Lilli und ich wechselten Blicke. Wir verstanden, daß für Deutsche im Krankenhaus kein Platz ist.

Es war eiskalt in unserer neuen Behausung. Ohne Matratzen, ohne Decken hier auf nackten Brettern schlafen, hieß, sich den Tod holen. Eine Frau gab mir einen pelzgefütterten Ledermantel zum Zudecken. Aber so müde ich war –, ich zitterte die ganze Nacht vor Kälte, und erst am Morgen, als alle zur Arbeit weggegangen waren und Ordnerin Lilli mich auf ihre eigene Matratze gebettet und mich mit ungezählten Decken und Mänteln zugedeckt hatte, konnte ich einschlafen.

Was für eine miserable Unterkunft war doch diese Baracke Nr. 30! Ich hatte gehofft, in das schöne Zelt eingewiesen zu werden, in dem ich während meines früheren Kotschmesser Aufenthalts zuletzt gewohnt hatte, und fragte Lilli danach. Sie hatte von diesem Zelt nur erzählen hören. Als sie selbst nach Kotschmess gekommen war, hatte es schon nicht mehr existiert; es sei im Spätsommer 1938 abgebrannt, berichtete sie.

Lilli stammte aus Hagen in Westfalen und hieß mit ihrem Mädchennamen Ertel. Seit 1921 aber trug sie den schwierigen georgischen Familiennamen Batkuaschwili. Sie hatte sich nämlich in ihrer Heimat mit einem russischen Kriegsgefangenen des I. Weltkrieges, einem Grusinier, verheiratet. Das Ehepaar hatte zwei Kinder: einen 1921 geborenen Jungen und ein 1927 geborenes Mädchen. Bis 1933 lebten die Batkuatschwilis in Hagen; dann fuhren sie in die Sowjetunion, und zwar nach Tiflis. Während der großen „Säuberung" – es war wohl im Jahre 1937 – wurden Lilli und ihr Mann verhaftet, und ihre Kinder, der sanfte blonde Georg und die brünette temperamentvolle Ruth, die zur Zeit der Verhaftung der Eltern erst zehn Jahre alt war, blieben in der Obhut der ihnen wenig vertrauten georgischen Großmutter zurück.

Lilli gehörte zu den Menschen, die durch eigenes Leid nicht unempfänglich für die Nöte ihrer Mitgefangenen geworden waren. So hilfsbereit, wie sie sich mir gegenüber zeigte, habe ich sie auch später immer wieder anderen gegenüber gesehen. Sie holte die Medikamente aus der Apotheke und legte mir einen sterilen Dermatolverband an. Dann ging sie zur Kommandantur am Zonentor, um sich nach meinem Gepäck zu erkundigen. Es wurde ihr aber nicht ausgehändigt, der Eigentümer müsse selbst kommen. Meine Füße eiterten, ich hatte starke Schmerzen. Mir war alles so unendlich gleichgültig geworden, daß ich mir aus dem Verlust meiner Sachen gar nichts machte.

Aber Lilli ruhte nicht. Am vierten Tag lud sie mich auf den kleinen Schlitten, mit dem sie gewöhnlich Holz holte, und fuhr mich zur Kommandantur. Meine beiden Gepäckstücke, der Koffer und der Sack, lagen tatsächlich dort. Aber ich hatte insofern Pech, als gerade der zweite Kommandant, ein notorischer Bandit, anwesend war. Er nahm eine „offizielle" Durchsuchung der Sachen vor und „beschlagnahmte" als angeblich „gestohlenes Lagergut", was ihm paßte. Vergebens verwies ich auf meine Eintragungen im „Armaturenbüchlein", vergebens erbot ich mich, Zeugen dafür beizubringen, daß die übrigen Sachen mein rechtmäßig erworbenes Eigentum seien. Früher hätte ich es wohl noch mit einer Eingabe an die höhere Behörde versucht, aber für eine Deutsche hätte das jetzt wenig Sinn gehabt. Auch Lilli war dieser Meinung. Ein paar Tage später sah ich eine junge Kriminelle, die Freundin des Kommandanten, in meinem dunkelblauen Morgenrock herumstolzieren, und im Sommer erkannte ich an ihr meine Hosen wieder.

Daß wir tatsächlich zu Menschen zweiter Klasse unter den Gefangenen geworden waren, wurde uns vom ersten Tage unseres Aufenthalts in Kotschmess klar. Zwar sprach niemand mehr von der Möglichkeit unserer Weiterverschickung nach Workuta, um so mehr jedoch beschäftigte unser zukünftiges Geschick in Kotschmess die Gemüter. Am Nachmittag des dritten Tages wurden wir dann plötzlich zur „medizinischen Kommission" gerufen. Also ohne Affentheater ging es nicht ab. Lilli kutschierte mich auf dem kleinen Schlitten hin, und schon im Vorzimmer hörte ich, daß jeder für „tauglich" befunden worden sei. Als letzte wankte ich, auf zwei Stöcke gestützt, ins Sprechzimmer. „Name, Alter, Paragraph ..." die übliche Litanei. Neu war nur die Nationalität.

In unserem neuen Heim herrschte fast ausnahmslos Weinen und Wehklagen. Es wurde über die Dunkelheit und Feuchtigkeit in diesem „Erdloch" gejammert; und die „Schmach", im Lager noch einmal extra hinter Schloß und Riegel zu kommen wie

Schwerverbrecher. In ihrer „Ehre" fühlten sie sich gekränkt, die „Schande" könnten sie nicht überleben, so jammerten die Frauen unter bitteren Tränen.

Mir war das unfaßlich. „Wessen Schande ist das denn? Wissen Sie nicht, daß von jeher die Angehörigen einer Nation interniert werden, wenn das Land in dem sie leben, mit ihrem ursprünglichen Heimatland Krieg führt?" fragte ich. „Wie aber können sie uns, die wir schon Gefangene sind, dem Usus entsprechend internieren, wenn nicht dadurch, daß sie uns innerhalb der großen Zone noch einmal in eine „kleine Zone" sperren? Ich finde da absolut nichts Ehrenrühriges oder Schmachvolles. Wenn gewisse Leute die Deutschen mit den Nazis identifizieren, so bin ich nicht Schuld daran. Ich muß selber wissen, wer ich bin und ob mich das trifft." Einigen leuchtete das ein.

Eine Intellektuelle unter den Wolgadeutschen jedoch, Alma Schütz, zog eine neue Saite auf. „Für *Sie* ist es natürlich etwas anderes. Sie kommen aus Deutschland und es geschieht Ihnen ganz recht, wenn sie eingesperrt werden. Aber warum behandelt man *uns* als Feinde? Wir haben in unserem Leben niemals russischen Boden verlassen. Schon unsere Mütter und Großmütter sind hier geboren. Mit uns sollte man ganz anders verfahren, als mit Euch!"

Dieses Argument habe ich in der Folgezeit noch tausendmal gehört. Die Wolgadeutschen, die sich selbst „Deutsche" und die Reichsdeutschen zum Unterschied zu sich „Deutschländer" nannten, sahen in uns die Feinde, um derentwillen nun auch sie selbst leiden mußten. Das war wieder eine ideologische Verwirrung, die ihresgleichen suchte. In mir, die ich seit früher Jugend Sozialistin gewesen war, von jeher gegen den Chauvinismus und noch nach Hitlers Machtübernahme zwei Jahre lang unter Lebensgefahr gegen den Nationalsozialismus gekämpft hatte, in mir sahen sie den Feind, den Faschisten, nur aus dem Grunde, weil ich aus Deutschland stammte.

So stellte sich also gleich am ersten Abend in der „kleinen Zone" heraus, daß es auch hier noch – zumindest in der Vorstellung gewisser Leute – Menschen verschiedener Klassen gab. Man mußte sich damit abfinden. Mit den wolgadeutschen Bauernmädchen und -frauen – Lydia Reiz, Rosa Kunz, Louise Airich, Natalie Grützner und anderen –, die untereinander ihren, uns Reichsdeutschen zunächst völlig unverständlichen Dialekt sprachen, bin ich nie näher zusammengekommen. Auch die beiden Intellektuellen unter den Wolgadeutschen, Alma Schütz und Ottilie Wagner, suchte ich zu meiden; beide waren bekannte und gefürchtete Denunziantinnen, hieß es.

Sympathischer waren mir einige Deutsche aus Leningrad, aus Moskau und aus den deutschen Kolonisten-Dörfern in der Ukraine, vor allem die intelligente und tüchtige Magda Knapp. Magda stammte aus der Umgebung von Odessa und hatte später lange Jahre in Hamburg gelebt. Ihr zweiter Mann, ein antifaschistischer Kämpfer namens Raddatz, war in ein Nazi-KZ gekommen. Sie war mit Hilfe der Internationalen Roten Hilfe aus Deutschland emigriert und saß nun in einem sowjetischen Arbeitslager.

Wenige Tage nach unserer Übersiedlung in die „kleine Zone" kam noch ein weiterer Schub feindlicher Ausländer: die aus den neuerdings „befreiten" Gebieten stammenden Estinnen, Lettinnen und Litauerinnen.

Bis Mitte April arbeitete ich in der Töpfchenfabrik. Meine linke Nachbarin war Olga S., aus Moskau, die – in zweiter Ehe – mit einem bedeutenden Energetiker der Sowjetunion verheiratet war. Sie war ihres ersten Mannes wegen ins Lager und ihrer deutschen Mutter wegen in die „kleine Zone" gekommen. Eines Tages führte uns ein Gespräch näher zusammen. Als wir unsere Masse aus Kuhdung und Torf mengten, sagte Olga zu mir: „Ich wundere mich, daß sie noch immer sorgfältig gepflegte lange Fingernägel tragen. Mir sagte einmal ein Arzt, es gehöre zu den Grundregeln der Prophylaxe, im Lager die Nägel ganz kurz abzuschneiden. Maniküre sei eine Angelegenheit für Damen im Salon, aber nicht für Gefangene im Zwangsarbeitslager."

Diese Worte kamen mir so bekannt vor. „Wer war dieser Arzt, Olga? Hieß er vielleicht Semjon M.?" Olga ließ vor Überraschung ihre Form in die Masse fallen. Es stellte sich heraus, daß sie meinen früheren Freund sehr gut kannte. Er hatte ihr und ihrer damaligen Freundin, ebenfalls einer Deutschen, stundenlang von mir erzählt.

Erinnerungen stiegen auf und die Erkenntnis, daß Menschen im Lager willenlose Figuren auf dem Schachbrett des NKWD sind, vertiefte meinen Schmerz. Ich werde Semjon, auch wenn die Ungunst der äußeren Umstände unsere Bindung zerstörte, niemals vergessen.

Der erste Sommer in Kotschmess (1942) ist mir in der grauenhaftesten Erinnerung geblieben. Hunger und Mücken, Mücken und Hunger, das waren die beiden Pole, um die das Leben kreiste. Wer nie in Polargegenden gelebt hat, kann sich von diesen Mücken einfach keine Vorstellung machen. Wie der Schneesturm im Winter, so machen die Mückenschwärme im Sommer die Luft buchstäblich undurchsichtig. In Mückenkapuzen wurde gearbeitet, den Kopf mit Mückenschleiern verhüllt, legte man sich schlafen, mit Mückenkappen auf den Köpfen und Handschuhen an den Händen standen wir vor der Küche Schlange, um unser Essen zu fassen, und über den Menschenreihen wälzten sich Myriaden von Mücken gleich dicken Rauchschwaden. Wer keinen Deckel zu seinem Feldkesselchen hatte, brachte eine Suppe in die Baracke, auf der oben an die hundert Mücken schwammen.

Es gab eine große theoretische und praktische Überlieferung über die Methoden der Entmückung, und wir haben sie alle durchprobiert. Die Baracke wurde verdunkelt und mit den verschiedensten Mitteln ausgeräuchert, angefangen mit feuchtem Gras bis zu alten Lappen, die beim Brennen einen unerträglichen Qualm entwickelten. Aber es blieb alles ergebnislos. Nur einen Trost gab es: die Gewißheit, daß die Mückenplage kaum länger als sechs Wochen dauert.

Von der anderen Geißel, dem Hunger, konnte man das leider nicht sagen. Er nagte und saugte, er rumorte und fraß in den Eingeweiden ohne Aufhören. Im Innern spürte man buchstäblich die gähnende Leere, und dann erfaßte den ganzen Körper eine Schlaffheit und Kraftlosigkeit, die einen völlig apathisch machte. Hunger und Hunger ist nicht dasselbe. Ich war auf dem Punkt angelangt, wo man nur noch Hunger hat und sonst gar nichts.

So sehr beherrschte der Magen den Geist, daß ich nachts vom Essen träumte, und auch in meinen Wachträumen umgaukelten mich große duftende Brote und Berge von saftigen Früchten. Ich erinnerte mich an den Chaplin-Film „Goldrausch", an die Hungerhalluzinationen der armen verirrten Goldgräber. Man hatte das damals gesehen, zwischen dem Nachmittagskaffee und dem Abendbrot, und hatte es psychisch fein erfaßt gefunden. Wie wenig hatte man aber geahnt, was Hunger wirklich bedeutete. Jetzt erst verstand ich es und ich wußte, ich werde es nie im Leben vergessen.

Im August 1942 erhielt ich endlich wieder eine Nachricht von meinem Sohn. Man hatte ihn nicht eingezogen; das war das wichtigste. Der Brief, datiert am 26. Juni 1942, kam aus Petropawlowsk, war also nur zwei Monate unterwegs gewesen. Wolodja schrieb, er sei im Oktober 1941 bei der Evakuierung Moskaus nach Karaganda in Kasachstan gekommen. Was mich sehr überraschte, war die Hoffnung Wolodjas auf die baldige Vertreibung der deutschen Okkupatoren vom sowjetischen Boden und auf den bevorstehenden endgültigen Sieg der Sowjetunion. Das klang so ganz, ganz anders als die Gerüchte, die bei uns in Kotschmess über die Kriegslage kursierten. Wenn überhaupt damals oder späterhin Nachrichten über das Zurückgehen der Deutschen ins Lager gelangten, so wurden sie prompt als „strategischer Schachzug" Hitlers interpretiert. Bis weit ins Jahr 1944 hinein waren die Gefangenen von der Überlegenheit der Nazi-Armee felsenfest überzeugt. Ob es daran lag, daß die Mehrzahl von einem Sieg Hitlers größere Freiheiten erwartete als von einem Sieg Stalins? Einige meinten, man müsse in den Worten Wolodjas einen Abklatsch der offiziellen Prawda-Leitartikel sehen, deren propagandistischem Einfluß sich nicht so leicht jemand entziehen könne. Ich hingegen hatte den Eindruck, Wolodja habe diese Sätze vielleicht nur „für den Zensor" geschrieben. Leider blieb dieser Brief der einzige, und wieder hörte ich eineinhalb Jahre lang nichts von meinem Sohn.

Ob ein Mensch, der von Jugend auf zur Ehrlichkeit und Wahrhaftigkeit erzogen worden ist, im Lager zum Dieb und Betrüger werden könne oder nicht, war ein beliebtes Gesprächsthema. Einige, die sich ihre moralische Integrität bewahrt hatten, vertraten die Meinung, ein anständiger Mensch könne nie und nimmer durch die äußeren Verhältnisse verdorben werden. Wer im Lager stehle, der sei eben im Grunde genommen von jeher ein Dieb gewesen und habe es höchstens in der Freiheit „nicht nötig" gehabt, sich fremdes Gut anzueignen. Die strengsten Pharisäerinnen der Sittlichkeit waren zumeist Frauen, die Freßpakete bekamen und den krassesten Hunger nie kennenlernten. Es gibt wohl für jeden Menschen eine äußerste Grenze der Charakterfestigkeit, jenseits dieser Grenze zerbrechen die besten Grundsätze, und keiner kann vorher sagen, wann auf seinem Lebenswege die letzte Barriere fällt.

Das Lager Kotschmess hatte übrigens 1944 bei der Zentrale zusätzliche Arbeitskräfte für die Erntezeit angefordert. Trotz dem strengen Zentralismus, auf den sich die Lagerleitung einen Haufen einbildete, war es de facto so, daß jedes Lager vorerst einmal sein eigenes Süppchen kochte. Typisch war, daß jede Verwaltung, sobald sie konnte, einem anderen Lager ihre arbeitsuntauglichen Gefangenen, ihre Kriminellen, Arbeitsverweigerer und sonstigen Störenfriede zuschob.

Der Kommandant erschien bei uns: „Alle fertigmachen mit Sachen". So zogen wir aus unserer „kleinen Zone" aus, in der wir zweieinhalb Jahre gelebt hatten. Wer hatte sich je bedroht gefühlt durch uns, die „feindlichen Ausländer". Die Fiktion, daß wir isoliert werden müßten, konnte fallengelassen werden, als es dringend notwendig wurde, sich vor den gefährlichen Gaunern und Banditen aus Workuta zu schützen. Allerdings wurde uns eine miserable, eigentlich gar nicht mehr bewohnbare Baracke zugewiesen, durch deren Ritzen der Wind pfiff, und was wir an „Ehre" gewonnen hatten bei diesem Tausch, das büßten wir reichlich an Wohlbehagen ein. Grundsätzlich jedoch war mit dem Barackenwechsel unsere Internierung aufgehoben worden.

Die Invasion der Workutaer Strolche blieb nicht die einzige Überraschung des Sommers 1944. Ein Gerücht ging um. Eine Krankenschwester, die ich schon 1937 in Schor kennengelernt und in Kotschmess wiedergetroffen hatte, habe Besuch von ihrer Tochter aus Moskau bekommen. Lisa gehörte zu den Bevorzugten, die wegen tüchtiger Arbeit und möglicherweise auch wegen anderer Verdienste schon im Winter 1943/44 freigeworden war mit der Versprechung, im Lagergebiet als freie Angestellte zu arbeiten. Sie erlaubte uns, den Gefangenen, nicht, mit ihrer Tochter Maja zu sprechen. Als ich aber im Krankenhaus lag, nahm sie das kleine Briefchen an, das ich für Wolodja vorbereitet hatte. Ihre Tochter werde versuchen, mit Wolodja Verbindung aufzunehmen, versprach sie.

Das dritte aufregende Ereignis in dieser Zeit war ein Fluchtversuch. In jedem Sommer wurden in Kotschmess zehn bis zwölf

Heumachebrigaden zusammengestellt, die unter Führung erprobter zuverlässiger Brigadiere in ziemlich weit vom Staatsgut entfernte Distrikte ausgeschickt wurden. Der Agronom für Futtermittelversorgung, Michail S., wählte die Brigademitglieder aus und der Lagerleiter mußte jeden einzelnen Mann bestätigen. Die Personalakten der Vorgeschlagenen wurden ganz genau durchgesehen, ehe jemand die Erlaubnis erhielt, ins Heu zu fahren. Ganz besonders sorgfältig war natürlich die Auswahl der Brigadiere. Wurden sie doch im Grunde genommen für die Zeit der Arbeit im Heu selbständige kleine Vorgesetzte.

Zu den Heubrigadieren, die schon zwei- oder dreimal ihre Eignung bewiesen hatten, gehörte S., ein ernster Mann mittleren Alters, ehemaliger kleiner Handwerker. Er war im Herbst 1936 zu acht Jahren Zwangsarbeitslager verurteilt worden.

Im Juni 1944 marschierte er abermals mit seiner Brigade zum Heumachen ab. Ungefähr zehn Tage nach Beginn der Heuernte erschien plötzlich ein Mann aus der Brigade von S. im Kontor und fragte mich ziemlich verstört, ob S. in Kotschmess zurückgehalten worden sei. Er sei vor zwei Tagen unter der Angabe, er habe Verschiedenes im Kontor zu erledigen, weggegangen und bis jetzt noch nicht zurückgekehrt. Die Aufregung war groß, denn S. war überhaupt nicht in Kotschmess gewesen. Er war also offenbar geflohen. Jetzt kamen auch Gerüchte auf, er habe sich die letzte Zeit über so sonderbar benommen, habe die Einsamkeit gesucht, habe abends stundenlang über den Photographien und Briefen seiner Angehörigen geträumt ... War er vielleicht geistig umnachtet?

Ein kleines Aufgebot von Wachsoldaten mit Spürhunden machte sich auf die Suche. S. hatte einen Vorsprung von drei Tagen, und er war gut mit Proviant versorgt. Als Brigadier der Mäher hatte er ja über die Lebensmittel der Brigade verfügt. Trotzdem wurde er am siebenten Tage seiner Flucht gefunden, zurückgebracht und in den Strafisolator versetzt. Er wurde zu zehn Jahren Zwangsarbeitslager verurteilt und kam in eine Strafbrigade. Es war allen rätselhaft, warum er, der schon fast acht Jahre im Lager zugebracht hatte, drei Monate vor seiner Entlassung diesen unbedachten Schritt getan hatte. Selbst seine näheren Freunde wußten nicht, was sie davon halten sollten. War S. das Opfer eines unheilvollen Triebs zur Selbstzerstörung?

Als die Sträflingsgruppe am vierten Tage im Wald arbeitete, entfernte sich S. von den anderen. Einer der Begleitsoldaten rief ihn an, er lief weiter. Der Soldat schoß. Schwerverletzt mit Lungenschuß wurde S. auf eine Bahre gelegt. Auf dem Wege zum Krankenhaus starb er. Viele waren der Meinung, er habe absichtlich den Tod gesucht.

Aus den sowjetischen Zwangsarbeitslagern zu flüchten, ist nahezu unmöglich. Mir ist aus persönlicher Erfahrung kein Fall bekannt, der glücklich ausgegangen wäre. Die Schwierigkeit besteht nicht darin, sich aus dem Lager selbst zu entfernen, sondern darin, außerhalb des Lagers sein Fortkommen zu finden. Die Einheimischen jener Gegenden, in denen es Lager gibt, wissen, daß sie schwer bestraft werden, falls sie einen entsprungenen Häftling bei sich aufnehmen, ihm zu essen geben oder ihm sonstwie weiterhelfen. Der entlaufene Lagerinsasse ist also, wenn er nicht verhungern will, darauf angewiesen, zu stehlen. Und so wird er wieder gefaßt. Sollte es ihm aber trotz aller fast unüberwindlichen Schwierigkeiten gelungen sein, aus dem Bereich der Lagerprovinzen zu entkommen, was macht er dann? Wie verschafft er sich Papiere? Wo und auf welche Weise kann er Arbeit bekommen? Infolge der strengen Zuzugs- und Personenkontrolle und der Notwendigkeit, einen Inlandspaß zu haben, ist es für den Flüchtling unmöglich, sich zu legalisieren. Nur als „lichtscheues Element", ewig in Angst vor dem NKWD, könnte der frühere Häftling leben.

Was das materielle Leben anbetraf, so war der Sommer 1944 wohl der schlimmste, den ich im Lager erlebt habe. Zu der ungünstigen Ernährungslage im Herbst 1944 kam jetzt noch die Verschlechterung der Wohnungsverhältnisse hinzu. Während man sich früher in der „kleinen Zone" hatte ausziehen können, bevor man sich schlafen legte, mußten wir in dieser Baracke alles anziehen, was wir besaßen. Wände und Decke waren beständig mit einer Eisschicht überzogen. Wir verstopften die Löcher und Ritzen, verschmierten sie auch mit Lehm, aber es half nicht viel. Die Hütte war so baufällig, daß man jeden Tag dachte, sie würde auseinanderpurzeln.

Im Verlaufe des Jahres 1944 erhielt ich auch endlich wieder Briefe von meinem Sohn. Er schrieb mir, er habe zweieinhalb Jahre lang nichts von mir gehört. Übrigens nahm er an, ich sei schon 1941, mit Ablauf meiner offiziellen Strafzeit „frei" geworden und habe es nur in Anbetracht des Krieges „vorgezogen", einstweilen in der Komi-Republik zu bleiben.

Zu meiner großen Freude schickte er mir im Laufe des Jahres 1944, auch noch Anfang 1945, mehrere Drucksachensendungen. Vielmehr: eigentlich war nicht Wolodja derjenige gewesen, der daran gedacht hatte, daß mir etwas Lesestoff große Freude machen würde, sondern – Johannes R. Becher. Er hatte meinen Sohn zu sich bestellt und ihm die fertigen Lektüre-Pakete für mich ausgehändigt; nur den Absender hatte er nicht geschrieben.

Das Jahr 1944 war abgelaufen und hatte uns nicht das ersehnte Ende des Krieges gebracht. Im Januar 1945 meldete das Radio Siege der Roten Armee in Ostpreußen und Oberschlesien, im März erfuhren wir, daß schon 55 km von Berlin entfernt gekämpft wird und die amerikanischen Truppen auf bayerisches Territorium vorgestoßen sind. Wir hörten den Tagesbefehl Nr. 359 über die Einnahme von Berlin ... Eines Morgens um sechs Uhr erscholl plötzlich aus dem Nebenzimmer lautes Händeklatschen. Mit Hurrarufen stürmten einige zu uns herein. „Sieg, Sieg, bedingungslose Kapitulation Deutschlands!" schrien sie. Soeben war die Nachricht im Radio wiederholt worden, die zum ersten Mal um zwei Uhr zehn Minuten nachts gesendet worden war.

Der Krieg war zu Ende. Der Tag, auf den wir seit dem 22. Juni 1941 gewartet hatten, war da.

Alle Gefangenen wurden von der Außenarbeit zurückgeholt. „Um neun Uhr Versammlung auf dem großen Platz", meldete der Kommandant. Es wurde im Freien eine Siegesfeier improvisiert. Der Lagerleiter sprach. Der Politische Leiter sprach. Die Gefangenen applaudierten wie toll. Der 9. Mai wurde zum Feiertag erklärt. Wir gingen tief erregt in unsere Baracken zurück. Viele weinten.

So schwer wie jetzt nach Beendigung des Krieges war die Gefangenschaft noch nie zu ertragen gewesen. Jeder Tag brachte neue Gerüchte. Ein Expedient wollte ganze Züge von bereits freigelassenen Gefangenen gesehen haben, andere wußten davon, daß sofort nach Beendigung des Eingangs eine Kommission auf einem „Glisser" (Luftpropellerboot) in Kotschmess eintreffen werde, wieder andere rechneten darauf, daß diese Kommission schon in den nächsten Tagen mit dem Flugzeug zu erwarten sei. Aber es geschah nichts.

Von meinem Sohn erhielt ich keinen Brief mehr. Wohl aber schrieb auf seine Veranlassung eine Moskauer Studentin, seine Freundin Jadwiga. Sie schrieb mir nicht nur, sondern schickte mir sogar ein Paket. Zum ersten Mal nach fast neunjähriger Gefangenschaft war ich unter den Glücklichen, die in die Kommandantur gerufen wurden, wo sie den Inhalt eines Pakets, nachdem es eingehend durchsucht worden war, in einen Sack verstauen und in ihre Baracke mitnehmen durften. Im Verlaufe der folgenden Monate – meiner letzten auf dem Staatsgut Kotschmess – bekam ich noch drei Pakete. Meine Moskauer Freundin, Sonja Liebknecht, und die junge Freundin meines Sohnes hatten sie gemeinsam zusammengestellt. Das letzte war eine warme Steppdecke, die mir noch später wertvolle Dienste geleistet hat.

Im Sommer 1945 kam – von vielen sehnsüchtig erwartet – die Moskauer Studentin Maja P. zum zweiten Male nach Kotschmess. Sie hatte im Vorjahr eine Menge illegale Aufträge mitbekommen und sich bemüht, alle Wünsche zu erfüllen.

Es war für mich eine unbeschreiblich große Freude, mit einem Menschen zu sprechen, der meinen Sohn vor wenigen Monaten noch leibhaftig gesehen hatte. Maja erzählte mir, sie habe Wolodja im Herbst 1944 mein „Andenken", das Taschenmesserchen, persönlich überreicht und sei noch einige Male mit ihm zusammengekommen. Das letzte Mal, im April 1945, als sie ihn zufällig auf der Straße getroffen habe, habe er gesagt, er fahre in den nächsten Tagen ins Ausland und werde wahrscheinlich längere Zeit, möglicherweise auch für immer, dort bleiben. Was ich schon aus den Briefen meiner Freundin Sonja Liebknecht zu entnehmen geglaubt hatte, stimmte also: Wolodja war nach Deutschland geschickt worden. So sehr ich mich einerseits für ihn freute, daß er die Sowjetunion hatte verlassen können, so quälten mich doch nun mehr denn je die Zweifel, ob ich ihn noch einmal im Leben wiedersehen würde.

Hin- und hergerissen zwischen Hoffnung und Furcht, Zuversicht und Verzweiflung, vegetierten wir dahin. In der Lagersprache hießen wir schon jahrelang die „Peresidtschiki", das heißt die, die über ihre Strafzeit hinaus „sitzen". Werden wir ewig „Peresidtschiki" bleiben? Mit Ungeduld erwartete man den Termin, an dem die Strafzeit der „Shony", der zu acht Jahre Lager verurteilten Ehefrauen der sogenannten Volksfeinde, zu Ende gehen sollte. Der Termin kam heran. Die Frauen wurden aufgerufen und es wurde ihnen mitgeteilt, daß sie aus dem Lager entlassen würden. Wieder stieg das Stimmungsbarometer und die Ungeduld bei uns an.

Ich kann zwar von mir sagen, daß ich sowohl im Gefängnis als auch in den langen Lager-Jahren bis zum Mai 1945 den Kopf oben behalten habe, aber die Monate nach Beendigung des Krieges schienen mir den Rest zu geben. Während der Nächte wälzte ich mich schlaflos auf meinem harten Lager. Nicht nur die quälenden Zweifel, ob wir nun endlich freigelassen werden würden oder nicht, zermürbten mich. Auch die Gedanken darüber, was für ein Leben mich in der „Freiheit" erwarte, ließen mir keine Ruhe. Wohin fahre ich? Was mache ich dort? Wovon lebe ich? Wer würde einer aus dem Zwangsarbeitslager entlassenen politischen Verbrecherin, noch dazu einer Deutschen, eine Anstellung geben? Wer würde einen solchen Menschen als Untermieter in seine Wohnung nehmen? Es war grotesk. Da hatte man jahrelang den Tag der Entlassung aus dem Lager herbeigewünscht, und nun, da er in greifbare Nähe gerückt war, bekam man eine maßlose Angst davor.

Als Verbannte in Sibirien

Am 29. März 1946 traf die „Außerordentliche Kommission" in Kotschmess ein, um die „Entlassung der politischen Gefangenen" vorzunehmen. Es war eine unbeschreibliche Aufregung. Selbst die Diszipliniertesten dachten nicht daran zu arbeiten. Alle Verbote schienen wie weggefegt. Aber der allgemeine Aufruhr legte sich schnell. Es kam eine Verordnung heraus, wonach jeder wie gewöhnlich seiner Arbeit nachzugehen hatte.

Zwei Tage später, am 31. März, wurde Susanne Leonhard vorgeladen. Sie erhielt von der Kommission die offizielle Mitteilung, sie sei in Freiheit. Auf die Frage, wo sie sich niederlassen werde, sagte sie: „Alexin". Das war ein Ort auf der Bahnstrecke zwischen Kaluga und Tula. Ein Ort, den sie sich ausgesucht hatte, um wenigstens ab und zu mal nach Moskau fahren zu können.

Sie freute sich schon darauf, drei Tage in Moskau ihre Freunde besuchen zu können. Länger gab es keine Aufenthaltserlaubnis. Vor der Überreichung der Dokumente mußte sie auf einem vorgedruckten Text die Verpflichtung unterschreiben, niemandem vom Lager zu erzählen. Durch die Unterschrift bestätigte sie, daß sie sich durch die Verurteilung nicht benachteiligt gefühlt und während ihrer Strafzeit über nichts zu klagen hatte.

Susanne Leonhard war optimistisch. Sie freute sich darauf, in Alexin wieder regelmäßig Zeitungen und Zeitschriften zu lesen und sich über die Entwicklungen der Sowjetunion und der Welt orientieren zu können. Sie hoffte, daß nach dem Kriegsende nicht nur ein wirtschaftlicher Aufschwung, sondern auch eine Neuordnung der gesellschaftlichen Struktur einsetzen werde: Aufhebung der politischen Bevormundung, Minderung des Drucks, Gewährung persönlicher Freiheiten. Das waren ihre damaligen Hoffnungen.

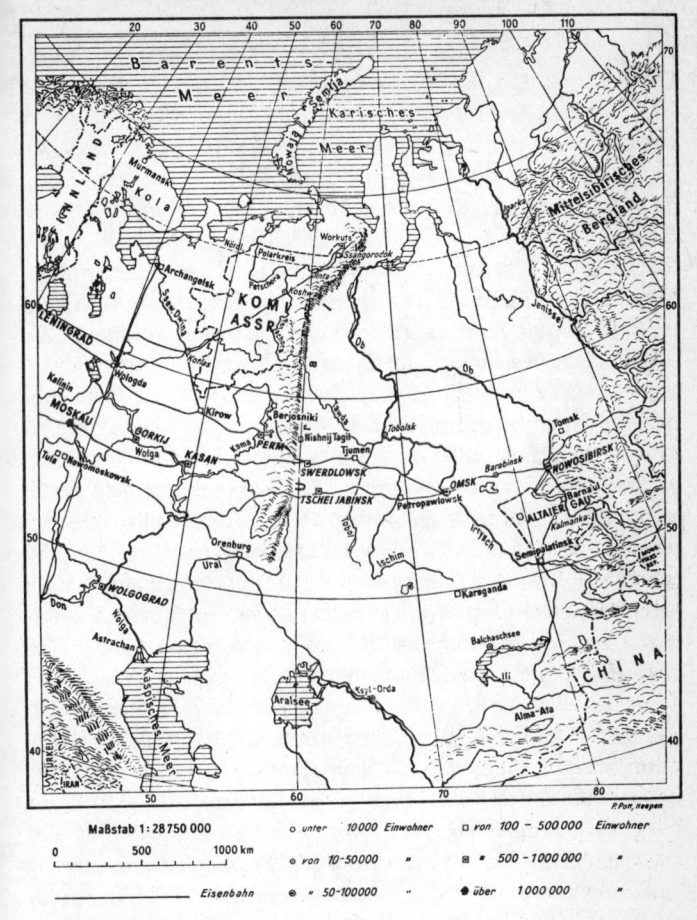

Am 8. April 1946 verließ sie das Lager. Die letzten Kräfte schienen verbraucht. „Jeder lebt nur einmal" – wieviel Jahre sollten ihr noch gestohlen werden? Nach einer langen Reise in überfüllten Zügen kam sie in Koshwa an. Dort erfuhr sie, daß alle deutschen Haftentlassenen nur nach Sibirien, bzw. den nordöstlichen Zipfel von Kasachstan, in das Altai-Gebiet, fahren durften. Sie entschied sich,

wie mehrere andere Deutsche, für den Ort Kalmanka im Altai-Gebiet.

Unter unermeßlichen Schwierigkeiten fuhren sie über Swerdlowsk, Omsk und Novosibirsk in den Altaier Gau. Die Bahnhöfe lagen verwaist da. Auf der ganzen Strecke war kein Wald mehr zu sehen. Baumlose Steppe. Nichts als Steppe. Es war stockdunkel. Der Zug hielt in Kalmanka. Nur fünf deutsche Haftentlassene stiegen aus. Sonst niemand. Sie wurden in den Ort, 26 Kilometer von der Eisenbahnstation, gebracht. Am nächsten Morgen mußten sie sich bei der NKWD melden. Sie wurden eingehend verhört, registriert. Man erklärte ihnen, daß sie nicht das Recht hätten, den Wohnsitz im Rayon (Kreis) Kalmanka unerlaubt zu verlassen. Sie wurden als „Zwangsübersiedelte" auf das Staatsgut („Ssowchos") Kubanka gebracht. „Hier gibt es nur Feldarbeit, weiter nichts!" erklärte man ihnen. Sie waren müde und sollten Säcke austragen. Schon beim ersten Sack brach Susanne unter den achtzig Kilo zusammen. Trotz größter Anstrengungen konnte sie die Arbeit nicht schaffen. Die Wohnungsverhältnisse der Zwangsübersiedelten waren katastrophal. In einem mittelgroßen Raum lebten meist zwei Familien. Oft zehn bis elf Personen. In manchen Hütten gab es nicht ein einziges Bett. Auf dem Ssowchos gab es nichts zu kaufen. Wenn sich einmal irgendwelche Bedarfsartikel – Kochgeschirr oder Kleider – in das weltentfernte Staatsgut verirrten, nahmen sich die Vertreter der Obrigkeit, was sie brauchten. Den Rest verteilte der Direktor nach eigenem Gutdünken. Getrunken wurde aus Blech- oder Aluminium-Bechern. Gegessen aus demselben Topf, in dem gekocht wurde. Alle langten mit ihren Löffeln in das Gefäß. Kartoffeln nahm jeder in die Hand. Der Umgangston der Brigadiere und Agronome mit den Arbeitern war hart und verletzend. Medizinische Behandlung gab es nicht. Susanne Leonhard hatte mehrere Schwächeanfälle. Niemand kümmerte sich darum. Es gab nur eine Hebamme im Ort, die von Medizin nichts verstand. Als Susanne eines morgens mit verschwollenem Gesicht zur Arbeit ging, wurde sie vom leitenden Brigadier entdeckt, der sofort ihre schwere Erkrankung sah. Sie wurde zunächst in die Gemüsebrigade geschickt. Nach weiteren Krankheitsanfällen schickte man sie zur Bewachung in die im Dorfe liegenden Gemüsefelder. So wurde sie Flurhüter mit siebzig Rubel Monatsgehalt.

Am 31. August 1946, als sie gerade zur Nachtwache auf ihr Gemüsefeld gehen wollte, wurde sie in die Schule gerufen. Eine Kommission fragte, ob sie Sekretärin der Schule werden und gleichzeitig die Buchhaltung übernehmen wolle. Von der neuen Arbeit war sie sehr angetan. Sie führte Buch über die Wirtschaft der Schule (die Schule hatte ein Pferd, einen Wagen, einen Schlitten und etwas Land), berechnete Gehälter, machte statistische Angaben und andere Berichte für die vorgesetzte Schulbehörde, schrieb Protokolle der pädagogischen Konferenzen, beantwortete Briefe der Behörden, bereitete Elternversammlungen vor und leitete Schulausstellungen. Außerdem machte sie sich ans Ordnen der vernachlässigten Schulbibliothek. Kurz darauf wurde sie zur Bibliothekarin ernannt.

Als sie in ihrer neuen Tätigkeit im September 1946 eine Liste über alle Kinder im schulpflichtigen Alter anfertigen sollte, begannen mühsame Nachforschungen. Viele Eltern wußten weder, ob ihre Kinder in die Schule gingen, noch, wann sie geboren waren. Von den 185 schulpflichtigen Kindern besuchten 161 die Schule. 24 Kinder (13%) wurden nicht von den Eltern in die Schule geschickt. Unnötig zu sagen, daß alle Nachforschungen umsonst waren. Hundertprozentiger Schulbesuch mußte „nach oben" gemeldet werden. Wenige Wochen später, als eine Planstelle der Lehrerin für deutsche Sprache in Kubanka frei geworden war, trat sie (genau 10 Jahre nach ihrer Verhaftung in Moskau) in den Schuldienst ein. Die Sekretärsarbeit und ihre ehrenamtliche Tätigkeit als Bibliothekarin behielt sie bei. Sie war beeindruckt von dem einheitlichen Lehrplan für alle Schulen und von den Lehrbüchern (vor allem für Physik, Zoologie, russische Grammatik, alte Geschichte, physikalische Geographie und Latein). Die Schulbücher für Mathematik, Botanik, Biologie und Chemie fand sie methodisch-systematisch gut aufgebaut. Die Pläne für jede Unterrichtsstunde mußten bis ins Detail ausgearbeitet werden. Man übergab sie dem „Leiter des Lehrteils" mit genauer Beschreibung über Themen, Ziel, Stunde, Lehrmittel, Aufbau und Ablauf des Unterrichts. Die minuziöse Beschreibung (einschließlich der Minuten für das Abhören oder Durchsehen der Hausarbeiten) wirkte sich jedoch als Fessel und Maulkorb aus. Die Planung unterband jede Spontaneität. Hinzu kam die geringe Bildung der Lehrkräfte. Einige Lehrer stolperten über jedes Fremdwort. Sie kannten keine Fremdsprachen. Von vergleichender Sprachwissenschaft hatten sie nichts gehört. Susanne Leonhard litt außerdem als Ausländerin (zwischen deutschen Antifaschisten und Nazianhängern machten die Menschen in Kalmanka keinen Unterschied) und war über den übersteigerten Patriotismus – „Sowjetunion über alles, über alles in der Welt" – sowie die chauvinistischen Reden vieler ihrer Mitbürger entsetzt. Aber auch die Unkenntnis vieler Menschen über das Leben im Ausland war erschreckend. Die Lesetexte der Schulbücher gaben ein rührseliges Bild über zerlumpte, verhungerte Kinder deutscher Erwerbsloser, die am Ostersonntag von Hof zu Hof gehen und in den Müllgruben nach alten Brotrinden suchen. Aus Romanen ausländischer Autoren nahm man Auszüge, die als „typisch" für das Leben im Ausland galten. Nach dem Roman „Der Tunnel" von Bernhard Kellermann erzählte man den Kindern täglich, wie gut sie es im Vergleich zu den armen Kindern des kapitalistischen Auslands hätten.

Auch bei anderen Lesestücken mußte Susanne äußerst vorsichtig sein. So wurde der „Moskau-Wolga-Kanal" offiziell als „Denkmal des befreiten menschlichen Schaffens und der sozialistischen Kultur" bezeichnet, obwohl Susanne Leonhard wußte, daß von 1932 bis 1937 am Bau dieses 128 km langen Kanals fast nur Zwangsarbeiter tätig waren, von denen sie später viele in Workuta gesehen hatte. Als Lehrerin wußte sie, daß sie auf einem Vulkan saß. Ein einziges unvorsichtiges Wort, ja nur eine kritische Miene, hätte sie erneut ins Gefängnis oder Lager bringen können.

Aber es gab nicht nur in der Schule Schwierigkeiten. Auch im Ort versuchte man ihr primitive Suggestivfragen zu stellen um sie überführen zu können: „Nicht wahr, das ist in Berlin oder in Paris schöner..." Man versuchte sie zu provozieren, das „Horst-Wessel-Lied" zu singen, um dann darüber Bericht erstatten zu können. Mehrfach kamen NKWD-Kommissionen auf das sowjetische Staatsgut. Ende 1947, Anfang 1948, begann die zweite Welle der Verhaftungen. Im Ort wurde eine Deutsche verhaftet. Sie wurde als angebliche Spionin zu zehn Jahren Lager verurteilt. Der Druck wurde mit jedem Tag stärker.

In Kalmanka ging das Gerücht, daß auch Susanne Leonhard bald verhaftet werde. Die Auslandsabteilung der KP Deutschland versuchte jedoch, durch die Internationale Rote Hilfe (MOPR) ihre Rückberufung in die Wege zu leiten. Schon seit April 1947 lief ein Antrag auf ihre endgültige Freilassung nach Deutschland. Susanne Leonhard konnte endlich wieder Hoffnung schöpfen. Aber es gab noch viele Hindernisse zu überwinden. Mehrfach mußte sie nun nach Barnaul zur MOPR in die Puschkin-Straße, um Fragebogen auszufüllen und ihren Lebenslauf wiederholt neu zu schreiben. Im Februar 1948 kam die Leiterin der MOPR sogar zu ihr in das Dorf, um die Rückreiseverhandlungen zu bestätigen. Susanne Leonhard hatte das beruhigende Gefühl, jetzt sei wirklich alles in Ordnung. Auch ihre Freundin Sonja Liebknecht schrieb aus Moskau, es habe „Unklarheiten" gegeben, aber nun scheine alles einem „happy end" entgegenzugehen.

Mit Ungeduld erwartete sie die weiteren Nachrichten. Doch es folgte ein schwerer Schlag. Sie erhielt die Mitteilung, die MOPR, die Internationale Rote Hilfe, sei aufgelöst. Das Büro sei liquidiert worden. Die Funktion der Repatriierung politischer Emigranten habe das Rote Kreuz übernommen.

Die Lebensbedingungen in Kubanka wurden mittlerweile von Tag zu Tag schwieriger. Es gab keine Kartoffeln, kein Mehl, keine Hirse. Sie hätte, als sie im April 1946 das arktische Lager verließ, nie geglaubt, daß sie jemals im Leben werde wieder so hungern müssen. Es war schlimmer als in Workuta (Kotschmess).

Am 12. Juni 1948 ging das Schuljahr zu Ende und die Abschlußprüfungen begannen. Plötzlich wurde sie herausgerufen. Sie bekam eine kurze Nachricht vom Roten Kreuz in Moskau: „Repatriierung genehmigt, unverzüglich nach Moskau abreisen". Sie hielt die langersehnte Nachricht in den Händen und war stumm vor Glück. Susanne Leonhard ging zum NKWD und erzählte, sie habe positiven Bescheid vom Roten Kreuz bekommen. „Ich darf fahren!" verkündete sie voller Freude und reichte dem NKWD-Mann das Telegramm. Aber auf den NKWD-Mann machte das nicht den geringsten Eindruck. „Und auf dieses Telegramm hin glauben Sie sich einfach in den Zug setzen und nach Moskau fahren zu können", fragte er mit einem lauernden Lächeln. „Ein Telegramm ist kein Dokument. Jeder kann ein Telegramm aufgeben und irgendeinen Namen drunterschreiben." Sie erhielt nicht einmal die Erlaubnis, nach Barnaul, zum Gebietskomitee des Roten Kreuzes, zu gehen.

Sie schickte Telegramme nach Moskau und erhielt Antworttelegramme. Die entscheidenden Instanzen hatten jedoch noch immer nicht begriffen, daß sie einfach nicht fahren konnte. „Alles erledigt, sofort nach Moskau abreisen" telegraphierte das Moskauer Rote Kreuz immer wieder. „Ohne Reiseerlaubnis ist Abreise nicht möglich. Erbitte dringend Intervention NKWD Barnaul und Kalmanka", telegrafierte sie in verschiedenen Variationen zurück. Sie lebte zwischen Hoffnung und Verzweiflung. Aus Moskau kamen überzeugte Briefe, alles sei nun glücklich erledigt, während in Kalmanka das NKWD behauptete, über nichts informiert zu sein.

Endlich, am 18. Juli, meldete sich das NKWD in Barnaul. Am 19. Juli 1948 um 9 Uhr früh solle sie sich dort einfinden. Als sie das gefürchtete Gebäude betrat, zitterten ihr die Knie. Jetzt, jetzt kam die Entscheidung! Schon glaubte sie, es sei eine erneute Falle, als der Offizier ihr die Bestätigung gab. Die Papiere wurden gestempelt. Die Mappen wurden von einem Schreibtisch zum anderen gereicht. Sie erhielt das begehrte Schreiben. Bis zum 15. August sollte sie nach Moskau fahren.

In Kalmanka hatte sich die Nachricht, daß sie endlich nach Deutschland fahre, wie ein Lauffeuer verbreitet. Es war die größte Sensation, die man seit langem erlebt hatte. Die Menschen belagerten ihre Wohnung. Sie bettelten um ihre Habe, um Koch- und Eßgeschirr, Decken, Kleidung, um den Schemel und das Regal. Selbst die Kistchen aus Furnierholz, mit denen sie Sachen aus Workuta und aus Moskau geschickt bekommen hatte, wollte man haben. Das NKWD in Kalmanka signalisierte grünes Licht. Sie erhielt Dokumente und verließ das Gebäude mit dem Gefühl unendlicher Erleichterung. Von überall kamen Kinder herbeigelaufen, riefen, winkten und schrien Abschiedsworte. In 10 Tagen, so dachte sie, würde sie in Moskau sein und dann bald in Berlin. Es war nicht auszudenken.

Doch es gab eine weitere Schwierigkeit: die Fahrkarte zu erstehen und in den Zug hineinzukommen. Sie mußte mehrere Tage in Barnaul bleiben. Mit Hilfe eines Werkstudenten begann dann die entscheidende Arbeit. Die Fahrkartenausgabe war noch geschlossen. Auf dem Hof und der Holztreppe, die zum Eingang führten, drängten sich bereits über 200 Menschen. Unter vielen Schwierigkeiten erhielt sie schließlich doch die Karte: direkter Wagen Barnaul–Moskau. Ihre letzte Fahrt begann. Sie fuhr dieselbe Strecke, über Nowosibirsk, Omsk, Tjumen, Swerdlowsk – die sie von ihrer Hinfahrt nach dem Altai her kannte. Nach Swerdlowsk nahm der Zug die südliche Route über Kasan. Zwischen Tjumen und Kasan lagen und standen längs des Schienenstrangs ungezählte Maschinenteile: Eisenkonstruktionen, Turbinen, Waggons, Werkbänke und Panzer. Manche waren neu, die meisten aber schon verrostet. Vieles hatte offensichtlich nur Schrottwert. War das Kriegsbeute? Sie sah deutsche Firmennamen. Waren es demontierte Fabriken aus Deutschland? Alle sahen es. Keiner sagte ein Wort.

Gegen Ende der Reise kam sie mit einem jüngeren Sowjetoffizier ins Gespräch. Er war in Berlin gewesen. Sie hatten Gesprächsstoff. Der junge Offizier war erst vor einigen Monaten aus Berlin zurückgekehrt. Er erzählte, daß die Gehsteige kaputt und die Steinplatten zertrümmert seien. Wenn man durch Sand und Matsch gehe, brauche man Galoschen. „Und mitten in Berlin werden Kartoffeln angebaut", fügte seine Frau hinzu. Aus dem Gespräch ergab sich, daß der Tiergarten abgeholzt wurde. Dort pflanzte man Kartoffeln.

In Moskau besuchte Susanne Sonja Liebknecht und ihren Sohn Helmi, den sie schon 1919, wenige Monate nach der Ermordung seines Vaters Karl Liebknecht, in Berlin kennengelernt hatte. Beim Roten Kreuz in Moskau mußte sie erneut einen Fragebogen ausfüllen. Sie durfte nur zehn Tage in Moskau bleiben. Dort traf sie eine Berlinerin, Hertha Reder. Sie war mit ihrem zwölfjährigen Jungen soeben aus Taschkent eingetroffen. Ihr Mann, ein gewisser Gabo, verantwortlicher Funktionär der KPD, war seinerzeit in Moskau verhaftet worden. Er hatte viele Jahre im Zwangsarbeitslager bei Magadan verbracht.

Gemeinsam mit Hertha Reder löste sie nun die Probleme der Abreise. Wieder gab es Schwierigkeiten wegen einer Bestimmung über die Mitnahme von Büchern und beschriebenem Papier. Keiner hatte vorher etwas davon gesagt. Wenige Tage vor der Abreise erfuhren sie: es darf nichts Gedrucktes oder Geschriebenes mitgenommen werden, wenn nicht eine Liste der betreffenden Sachen in vierfacher Ausfertigung von der Zensurstelle im Zollamt genehmigt worden sei. Eine Hetzjagd begann. Man lief von einer Stelle zur anderen. Keiner war zuständig. Nach vier Tagen vergeblicher Bemühungen fand man einen zuständigen Beamten. Der erklärte, man solle ihm Listen dalassen. In acht bis zehn Tagen könne sie die Antwort haben. Trotzdem bekam sie die Antwort schon nach vier Tagen. Aber nur für Bücher. Geschriebenes mitzunehmen, wurde ihr nicht erlaubt.

Das wichtigste Ereignis für Susanne Leonhard war, nach all den Jahren der Trennung, ihr Wiedersehen mit Sonja Liebknecht. Am 22. August 1948, so erinnert sie sich, war es, als ob wir uns erst vor einer Woche das letzte Mal gesehen hätten. Aber es lagen zwölf Jahre dazwischen.

Am 24. August war es soweit. Ab zwei Uhr mittags sollte sie auf Anweisung des Roten Kreuzes zu Hause sein. Gegen fünf Uhr kam das Lastauto. Die beiden Gepäckstücke wurden aufgeladen. Kurz vor zwölf Uhr nachts fuhr der Zug vom Weißrussischen Bahnhof ab. Um elf Uhr vormittags des nächsten Tages kam Susanne Leonhard in Smolensk an, um acht Uhr abends war sie in Minsk, der weißrussischen Hauptstadt, um Miternacht in Baranowitschi. Am 26. August 1948 um sechs Uhr morgens hielt der Zug in Brest, der sowjetischen Grenzstadt, wo die letzte Paß- und Gepäckkontrolle stattfinden sollte.

Nach einer genauen Kontrolle erfuhr sie, daß der Zug gegen elf Uhr abgeht. Plötzlich eine Schreckensnachricht: „Wir können nicht fahren", sagte eine deutsche Kommunistin. „Es kostet 39 Rubel Zuschlag pro Person. Wir haben doch kein Geld mehr." Niemand hatte das vorher mitgeteilt: Weder das Rote Kreuz noch der Zugleiter. Noch immer war sie auf sowjetischem Boden, noch immer in Gefahr. Sollte etwa im letzten Moment noch etwas passieren? Sollte sie hier an der Grenze aufgehalten oder gar verhaftet und zurücktransportiert werden? Die Angst saß in allen Gliedern. Auch ihre beiden Reisekameradinnen kämpften mit Furcht und Zweifel. Keiner sagte ein Wort. Keiner traute dem anderen. Zwei Tage und Nächte verbrachten sie auf dem Bahnhof in Brest auf einer Bank in der Bahnhofshalle. Sie konnten keine Ruhe finden. Alle zwei Stunden wurden sämtliche Anwesende kontrolliert. Wenn sie schliefen, wurden sie aufgeweckt. Schlafen war nicht gestattet!

Ihre Rettung war ein sowjetischer Oberst, mit dem sie ins Gespräch kam. Aus kleinsten Hinweisen erriet er das Schicksal: „Sie werden schlechte Erinnerungen aus meiner Heimat mitnehmen in ihre Heimat. Nicht alle russischen Menschen sind schlecht", sagte er. „Nein, nein, so ist das nicht", antwortete Susanne Leonhard, „auch in den schwierigsten Zeiten habe ich immer gütige, hilfsbereite Menschen gefunden." Es war ihr letztes Gespräch in der Sowjetunion. Der Oberst meinte, es sei so schade, daß sie sich nicht früher ausgesprochen habe. Man hätte über manches noch reden können. Nun sei es zu spät. Er müsse jetzt mit dem Zug weiter. Als er sich erhob, öffnete er seine Brieftasche und gab ihr die 39 Rubel für den Zuschlag. „Ich wünsche Ihnen von ganzem Herzen ein gutes Leben in Deutschland. Ich hoffe, Sie denken nicht nur mit Bitterkeit an die Jahre zurück, die Sie hier verbracht haben."

Das Erlebnis mit dem sowjetischen Offizier, der sein Vaterland liebte und es nicht ertrug, daß ein Ausländer mit Bitterkeit im Herzen das Land verläßt, hat sie niemals vergessen.

Gemeinsam mit zwei deutschen Kommunistinnen fuhr sie nun in die Heimat. Sie kam am 29. August 1948 morgens um zehn Uhr in Frankfurt/Oder an. Endlich zurück! Der Wartesaal in Frankfurt/Oder war mit sowjetischem Militär überfüllt. An der Wand ein riesiges Portrait von Stalin. Irgendwie hatte sie sich das Wiedersehen mit Deutschland anders gedacht. Jetzt sah sie nur die sowjetische Besatzungsmacht.

Knapp zwei Stunden später wurde der Zug nach Berlin angesagt. Eins war eigentümlich: man sprach Deutsch.

Sie fuhren durch die damalige sowjetische Besatzungszone: Wälder und Hügel, Wiesen und Felder, Landstraßen mit Bäumen eingefaßt, Brücken und Wege, kleine Häuser mit Vorgärtchen. Jedes Eckchen Boden war ausgenutzt. Wo früher Blumen blühten, wuchs jetzt Kohl. Erinnerungen kamen auf.

Schließlich näherte sich der Zug Berlin. Die Ruinen von Erkner und Rahnsdorf tauchten auf. Einzelne Hauswände mit zackigen Rißwunden, ganze Häuser wie leere Gestelle. Innen alles ausgebrannt. Schwarze, gähnende Fensterhöhlen. So hatte sie sich das nicht vorgestellt. Sie war erschüttert. Hirschgarten, Karlshorst, Rummelsburg – Ruinen und Trümmer, Geröllhänge und Schutthalden, teils schon überwuchert von Unkraut.

Der Zug fuhr in den Schlesischen Bahnhof ein. Die drei zurück-

gekehrten deutschen Kommunistinnen zogen los. Sie entdeckten in der Nähe eine Stadtbezirksstelle der SED. Von dort wurden sie dann in die Wallstraße gebracht, in das damalige Gästehaus der SED. Da es Sonntag war, gab es weder irgendetwas Warmes zu essen oder zu trinken noch sahen sie jemand von den Mitarbeitern.

Drei Tage nach der Ankunft erhielt sie einen Anruf ihres Sohnes, Wolfgang Leonhard. Am nächsten Morgen um 9 Uhr fand das Wiedersehen statt.

Als sie verhaftet wurde, war er fünfzehn Jahre alt gewesen, jetzt war er 27. Er war Dozent an der SED-Parteihochschule. Bei einem der nächsten Gespräche kam es zur politischen Verständigung. Ihr Sohn vertraute ihr seine geheimen Gedanken und Pläne an. Er berichtete über seine Opposition gegen das Ulbrichtsche und Stalinsche System.

Wolfgang (Wolodja) stand auf Seiten der Verfemten und befeindeten Jugoslawen und Susanne Leonhard verstand, daß ihre Odyssee noch lange nicht zu Ende war.

Sie blieb zunächst noch in Ost-Berlin, war dort für einen Verlag tätig und stand in ständiger Beziehung zu ihrem Sohn, der am 12. März 1949 aus der damaligen Sowjetzone Deutschlands nach Jugoslawien floh. Durch einen telefonischen Hinweis hatte er ihr das Datum genannt. Sie floh gleichzeitig nach Westdeutschland, nahm ihren Wohnsitz in Stuttgart und schrieb dort ihr Buch „Gestohlenes Leben". Das Manuskript war bereits im April 1950 abgeschlossen, aber erst später gab sie es zur Veröffentlichung.

Anfangs lebte sie in der Befürchtung, durch eine offene Abrechnung mit dem stalinistischen System sich zwangsläufig auf die Seite derjenigen gedrängt zu sehen, die den Kommunismus ablehnen. Dann aber verwarf sie ihre früheren Bedenken. Sie erkannte, daß es in Deutschland und in der ganzen Welt viele Menschen gibt, die ihren sozialistischen Ideen treu geblieben sind, aber dennoch das stalinistische Zerrbild eines „sozialistischen Staates" offen an den Pranger stellten.

„In diese Front reihe ich mich mit meinem Buch über die Sowjetunion ein. Ich bin dieselbe überzeugte revolutionäre Sozialistin geblieben, die ich war, als ich im Spartakusbund unter Karl Liebknecht kämpfte und gerade, weil ich das Ziel des Kommunismus *in der Erlösung der Menschheit aus der Sklaverei sehe, empöre ich mich dagegen, daß der stalinistische Sklavenhalterstaat von seinen treuen Anhängern wie von seinen heftigsten Gegnern als kommunistisch bezeichnet wird".* An dieser Überzeugung hat sie die letzten dreißig Jahre unbeirrt festgehalten.

Lebenswege

Das Ende, das ein Anfang war
Die letzten Tage des Dritten Reiches
Band 849, 128 Seiten

Ursula von Mangoldt
Gebrochene Lebenslinien
Mein Weg zwischen den Zeiten
Band 850, 192 Seiten

Marianne Feuersenger
Mein Kriegstagebuch
Führerhauptquartier und Berliner Wirklichkeit
Band 955, 224 Seiten

Gabriele Strecker
Überleben ist nicht genug
Frauen 1945–1950
Band 915, 128 Seiten

Irma Hildebrandt
In der Fremde zu Hause?
Begegnungen mit Emigranten und Flüchtlingen
in der Schweiz
Band 967, 128 Seiten

Als Hitler kam
50 Jahre nach dem 30. Januar 1933
Erinnerungen prominenter Augenzeugen
Band 978, 144 Seiten

in der Herderbücherei

Lebenswege

Tisa von der Schulenburg
Ich hab's gewagt
Bildhauerin und Ordensfrau –
ein unkonventionelles Leben
Band 874, 224 Seiten

Eleanor L. Dulles
Hier ist Eleanor
Meine Karriere als Wirtschaftsexpertin
und Diplomatin
Vorwort Richard von Weizsäcker
Band 990, 240 Seiten

Ludek Pachman
Zug um Zug
Ein Leben zwischen Schach und Politik
Band 984, 128 Seiten

Alfons Rosenberg
Die Welt im Feuer
Wandlungen meines Lebens
Band 1011, 160 Seiten

Käthe Kruse
Ich und meine Puppen
Band 934, 240 Seiten

in der Herderbücherei